Die Bedeutung der Mitwirkung des Privaten für das Zustandekommen eines ihn betreffenden mitwirkungsbedürftigen Verwaltungsaktes

Europäische Hochschulschriften
Publications Universitaires Européennes
European University Studies

Reihe II
Rechtswissenschaft

Série II Series II
Droit
Law

Bd./Vol. 1024

PETER LANG
Frankfurt am Main · Bern · New York · Paris

Ulrich Ludwig Hühne

Die Bedeutung der Mitwirkung des Privaten für das Zustandekommen eines ihn betreffenden mitwirkungsbedürftigen Verwaltungsaktes

PETER LANG
Frankfurt am Main · Bern · New York · Paris

Die Deutsche Bibliothek- CIP-Einheitsaufnahme

Hühne, Ulrich Ludwig:

Die Bedeutung der Mitwirkung des Privaten für das Zustandekommen eines ihn betreffenden mitwirkungsbedürftigen Verwaltungsaktes / Ulrich Ludwig Hühne. - Frankfurt am Main ; Bern ; New York ; Paris : Lang, 1991

(Europäische Hochschulschriften : Reihe 2, Rechtswissenschaft ; Bd. 1024)
Zugl.: Göttingen, Univ., Diss., 1990
ISBN 3-631-43246-1

NE: Europäische Hochschulschriften / 02

D 7
ISSN 0531-7312
ISBN 3-631-43246-1

Printed in Germany 1 2 3 5 6 7

Meinen Eltern

INHALTSVERZEICHNIS

Abkürzungsverzeichnis

AllgVerwR	Allgemeines Verwaltungsrecht
BW	Baden-Württemberg
BaWüVGH	Baden-Württembergischer Verwaltungsgerichtshof
BJB	Beamtenjahrbuch. Wissenschaftliche Monatsschrift für das Deutsche Berufsbeamtentum
bzgl.	bezüglich
ders.	derselbe
Diss.jur.	juristische Dissertation
Fn.	Fußnote
i.V.m.	in Verbindung mit
m.w.N.	mit weiterem Nachweis, mit weiteren Nachweisen
LBO BW	Bauordnung für Baden-Württemberg
Rdnr(n).	Randnummer(n)
Schl.-Holst.	Schleswig-Holstein
u.a.	unter anderem
usw.	und so weiter
v.	vom
Vor.	Vorbemerkung

Die im übrigen verwendeten Abkürzungen sind dem Abkürzungsverzeichnis der Rechtssprache von Hildebert Kirchner und Fritz Kastner, 3. Aufl., Berlin-New York 1983, entnommen.

Einleitung

Die vorliegende Untersuchung ist der Frage nach Form und Umfang der Mitwirkung des Betroffenen beim Erlaß eines Verwaltungsaktes gewidmet. Der Begriff des "Betroffenen" wird hier in einem bestimmten Sinne gebraucht, der sich der Regelung des § 43 Abs.1 S.1 VwVfG anschließt. Betroffener ist derjenige, dessen geschützte Rechtssphäre oder dessen rechtlich geschützte Interessen vom Verwaltungsakt berührt werden.1)

Die Bedeutung der Mitwirkung des Betroffenen beim Erlaß eines Verwaltungsaktes ist schon in der älteren Verwaltungsrechtslehre heftig diskutiert worden.2) Demzufolge kann auf eine Vielzahl von Untersuchungen zurückgeblickt werden, die allesamt nach einer Antwort auf die Frage suchen, ob und inwieweit Verwaltungsakt und Mitwirkungshandlung einander bedingen. Auch in jüngster Zeit wird diesem Problem wieder in vermehrtem Umfange Beachtung geschenkt,3) da eine befriedigende Lösung bislang nicht entwickelt werden konnte.

---

1 Vgl. W. Dörffler, Verwaltungsakte mit Drittwirkung, NJW 1963, 14; Meyer, in: Meyer/Borgs, VwVfG, § 41 Rdnr. 6 ff.; Schwarze, in: Knack, VwVfG, § 41 Rdnr. 4.3; zum Verwaltungsakt mit Dritt- oder Doppelwirkung vgl. im einzelnen unten 8. Kapitel, B. I. 2. und die dort aufgeführten Fundstellen.

2 Vgl. R. Elleringmann, Die rechtliche Natur der Beamtenanstellung, BJB 1935, S.286 ff.; Fritz Fleiner, Institutionen des Deutschen Verwaltungsrechts, 8. Aufl. 1928, S.146 ff., 192 ff.; W. Jellinek, Zweiseitiger Verwaltungsakt und Verwaltungsakt auf Unterwerfung, in: Festgabe für das PrOVG, 1925, S.84 ff.; ders., Verwaltungsrecht, 3. Aufl., S.249 ff.; Otto Mayer, Zur Lehre vom öffentlich-rechtlichen Vertrage, AöR 3 (1888), 3 (40); ders., Deutsches Verwaltungsrecht, Band I, 3. Aufl. 1924, S.98.

3 Vgl. etwa die Untersuchungen von Chr. Gusy, Der Antrag im Verwaltungsverfahren, BayVBl 1985, 484; F. Kirchhof, Der Verwaltungsakt auf Zustimmung, DVBl 1985, 651; M. Sachs, Volenti non fit iniuria, VerwArch 76(1985), 398; M. Schnell, Der Antrag im Verwaltungsverfahren, Diss. jur. Bochum 1985; P. Stelkens, Der Antrag - Voraussetzung eines Verwaltungsverfahrens und eines Verwaltungsaktes?, NuR 1985, 213.

Das Problem der Mitwirkung des Betroffenen beim Erlaß des Verwaltungsaktes ist nicht mit dem Problem der Beteiligung Privater an Entscheidungsprozessen der öffentlichen Verwaltung identisch, das in der Rechtslehre unter dem Stichwort "Partizipation" diskutiert wird.1) Die "Partizipation" hat neben ihrer rechtlichen noch eine politische Dimension. Man versteht darunter die rechtsstaatliche und demokratische Einbindung des Privaten in den administrativen Vollzug der geltenden Gesetze. Hier stehen aber nur solche Verwaltungsentscheidungen zur Diskussion, an denen der Private unmittelbar als Betroffener beteiligt ist und die ihm gegenüber konkrete Rechtswirkungen entfalten. Dies bedeutet jedoch nicht, daß die grundrechtliche Bedeutung seiner Beteiligung unberücksichtigt bleiben soll.

Der Untersuchungsgegenstand wird weiter dadurch eingeschränkt, daß hier nur ein Teil solcher Verwaltungsentscheidungen behandelt wird, die auf den Erlaß eines Verwaltungsaktes abzielen. Bestimmte komplexe oder spezielle Verwaltungsverfahren, wie etwa Planfeststellungsverfahren, förmliche Verwaltungsverfahren, Verfahren zum Abschluß eines Verwaltungsvertrages, Verfahren zur Abgabe einer Zusicherung oder zum Erlaß eines Realhandelns und Sonderverfahren der Sozial-2) und Finanzverwaltung3) sowie Rechtsbehelfs- und Gerichtsverfahren bilden nicht den Gegenstand dieser Untersuchung.

---

1 Vgl. dazu P.Dagtoglou, Partizipation Privater an Verwaltungsentscheidungen, DVBl 1972, 712; ders., Partizipation an Verwaltungsentscheidungen, VVDStRL 31 (1973), S.179 ff. (221 f., 243 f., 252 f., 258); G. Kisker, Gruppenmitbestimmung in der öffentlichen Verwaltung, DÖV 1972, 520; W. Schmitt Glaeser, Die Position der Bürger als Beteiligte im Entscheidungsverfahren gestaltender Verwaltung, in: P. Lerche/W. Schmitt Glaeser/ E. Schmidt-Aßmann, Verfahren als staats- und verwaltungsrechtliche Kategorie, 1984, S.35 ff.; R. Walter, Partizipation an Verwaltungsentscheidungen, VVDStRL 31 (1973), S.147 ff. (153 f., 176 ff.).

2 Z.B.: Die im 6. Buch der RVO geregelten Sonderverfahren gemäß §§ 1735 ff. RVO.

3 Z.B.: Spezialgesetzlich geregelte Besteuerungsverfahren, wie etwa das Verfahren gemäß § 14 KVStDV.

Im Gegensatz zu früheren Untersuchungen wurde hier als Ausgangspunkt der Betrachtung die Mitwirkungshandlung des Betroffenen gewählt. Die Analyse der Mitwirkungshandlung kann am besten Aufschluß darüber geben, ob und in welcher Weise deren unterschiedliche Ausgestaltung Auswirkungen auf den Hoheitsakt hat. Beim Erlaß hoheitlicher Akte sind drei Formen der Mitwirkung des Betroffenen denkbar:1)

1. Die Mitwirkungshandlung enthält lediglich ein formell-rechtliches Element und soll nach dem Willen des Privaten ausschließlich der Einleitung des Verwaltungsverfahrens dienen.
2. Der Private fügt dem formell-rechtlichen Element ein materiell-rechtliches hinzu. Er erklärt zum einen, daß er die Einleitung eines Verwaltungsverfahrens wünsche, und zum anderen den Umfang seines Einverständnisses mit dem in Frage stehenden Hoheitsakt.
3. Die Mitwirkungshandlung weist lediglich die Eigenschaft einer materiell-rechtlichen Einverständniserklärung auf. Der formell-rechtliche Charakter fehlt hier deshalb, weil die Einleitung eines Verwaltungsverfahrens nicht angestrebt wird. Dies trifft für alle Fälle zu, in denen die Behörde ein Verwaltungsverfahren bereits von Amts wegen eingeleitet hat, die Einleitung durch einen Dritten erfolgte oder aber die Behörde das Verwaltungsverfahren mit dem Erlaß eines Verwaltungsaktes abgeschlossen hat2) und der Betroffene lediglich sein Einverständnis mit der getroffenen Regelung erklären will oder muß.

---

1 Zur folgenden Unterscheidung vgl. etwa: P. Badura, Der mitwirkungsbedürftige Verwaltungsakt mit belastender Auflage, JuS 1964, 103(105); H. Hablitzel, Zur Dogmatik des Antrages beim mitwirkungsbedürftigen Verwaltungsakt, BayVBl 1974, 352 (395); Siebecke, S.33 ff.; Stelkens, in: Stelkens/Bonk/Leonhardt, VwVfG, § 45 Rdnr.6; § 35 Rdnr.117; P. Weides, Verwaltungsverfahren und Widerspruchsverfahren, 2. Aufl. 1981, § 4 III. 1., S.36.

2 Ob das Verfahren mit Erlaß des Verwaltungsaktes, mit dem Eintritt seiner Wirksamkeit oder erst mit seiner Unanfechtbarkeit abgeschlossen ist, kann hier noch offen bleiben. Dazu im einzelnen 6. Kapitel, A. II. 2. a (3) und b.

Die erste Mitwirkungsform, die ausschließlich einen formell-rechtlichen Charakter aufweist, ist nur recht selten vorzufinden. Als Beispiele sind die Anmeldung des Kandidaten zur 1. juristischen Staatsprüfung und die Anmeldung eines Kraftfahrzeuges zur Hauptuntersuchung durch den TÜV nach § 29 StVZO zu nennen.1) Auch der Anzeige des Steuerpflichtigen nach § 371 AO kommt nur eine verfahrenseinleitende Funktion zu. In materiell-rechtlicher Form hat er auf die durchzuführende Verwaltungsentscheidung keinen Einfluß. Dasselbe gilt für den Antrag auf Altersruhegeld. Auch hier besitzt die Mitwirkungshandlung des Betroffenen lediglich eine formell-rechtliche Funktion, denn sie zielt ausschließlich auf die Einleitung eines Rentenfestsetzungsverfahrens ab.2) Demgegenüber besitzt die Mitwirkungshandlung auch materiellen Einfluß, wenn der Betroffene vorgezogenes Altersruhegeld begehrt. In diesem Fall ist der Leistungsbezug nicht ausschließlich an formelle Voraussetzungen, wie etwa das Erreichen der Altersgrenze, gebunden, sondern wird darüber hinaus an das materielle Einverständnis des Betroffenen geknüpft.3)

Die zweite Form der Mitwirkung, die formell-rechtliche und materiell-rechtliche Mitwirkung zu einer formalen Einheit verbindet, ist die regelmäßige und damit häufigste Form privater Mitwirkung. Gewährungen der Leistungsverwaltung, etwa im Lastenausgleichs- und Sozialversicherungsrecht, sind mitwirkungsbedürftig. Hier wird das Qualitätserfordernis4) der Mitwirkung durch die Ausgestaltung der jeweiligen gesetzlichen Vorschriften bestimmt. Derjenige, der eine Leistung wünscht, hat bei der zuständigen Behörde einen entsprechenden Antrag zu stellen. Gleiches gilt bei der

---

1 P. Weides, Verwaltungsverfahren und Widerspruchsverfahren, § 4 III. 1., S.36.

2 F. Kirchhof, Der Verwaltungsakt auf Zustimmung, DVBl 1985, 651(653)

3 BSGE 13, 79(81); K.Schroeter, in: Dersch, RVO-Gesamtkommentar, § 1545 Anm.5.

4 Der in dieser Untersuchung verwendete Begriff "Qualitätserfordernis" bezieht sich auf die Frage, ob die Mitwirkungshandlung nach dem Willen des Gesetzgebers ein materiell-rechtliches Element oder ein formell-rechtliches Element oder beide aufweisen muß.

Erteilung einer Baugenehmigung oder einer straßenrechtlichen Sondernutzungserlaubnis. Auch hier setzt der Antragsteller ein behördliches Verfahren in Gang, in dessen Verlauf die Rechtmäßigkeit seines Begehrens überprüft wird. Gleichzeitig erklärt er, daß er auch inhaltlich, also materiell-rechtlich, mit einer bestimmten behördlichen Entscheidung, die am Ende dieses Verwaltungsverfahrens stehen wird, einverstanden ist.

Die dritte Form der Mitwirkung ist beispielsweise im Steuerrecht häufig anzutreffen.1) Auch hier handelt die Verwaltung regelmäßig mit dem Instrument des Verwaltungsaktes.2) Die Beteiligung des Betroffenen am Besteuerungsverfahren besitzt hier jedoch fast ausschließlich materiell-rechtliche Bedeutung, da die Verfahren regelmäßig3) von Amts wegen durchgeführt werden. Die Bezeichnung als "Antrag", die begriffslogisch auch ein formell-rechtliches Element impliziert, ist insoweit ungenau und daher für diese Form der Mitwirkung nicht zu verwenden.4)

Als weiteres Beispiel für eine Mitwirkungshandlung des Betroffenen, der ausschließlich materiell-rechtliche Bedeutung zukommt, ist das in § 56 Abs.2 OWiG vorgesehene Einverständnis zu nennen. § 56 Abs.1 OWiG gestattet der Verwaltungsbehörde, den Betroffenen zu verwarnen und ein Verwarnungsgeld zu erheben, wenn dieser eine geringfügige Ordnungswidrigkeit begangen hat. Diese Verwarnung ist gemäß § 56 Abs.2 S.1 OWiG nur wirksam, wenn der Betroffene mit ihr einverstanden ist.5) Der Erklärung dieses Einverständnisses kommt nur materielle Bedeutung zu, da eine Einleitung des Ordnungswidrigkeitsverfahrens durch den Betroffenen nicht vorgesehen ist. Gemäß § 47 OWiG liegt die Verfolgung von Ordnungswidrigkeiten im pflichtgemäßen Ermessen der Behörde. Im übrigen gelten im Ordnungswidrigkeitsverfahren die Vorschriften der

---

1 Vgl. etwa: §§ 12 GrEStG, 28 KVStG.
2 Vgl. §§ 118 ff. AO.
3 Vgl. § 86 AO.
4 Dazu 3. Kapitel, B. II.
5 Die weiteren Tatbestandsvoraussetzungen seien hier außer acht gelassen.

Strafprozeßordnung und damit auch das Legalitätsprinzip analog, welches jedoch in bestimmten Fällen durch das Opportunitätsprinzip eine Einschränkung erfährt.1) Für eine formell-rechtliche Mitwirkungshandlung des Betroffenen ist daher an dieser Stelle kein Raum.

Selbst einer Mitteilung des Betroffenen gegenüber der Verwaltungsbehörde, er habe ordnungswidrig gehandelt, wäre jegliche formell-rechtliche Bedeutung abzusprechen. Eine derartige Mitteilung ist nicht als Antrag im Rechtssinne zu qualifizieren, weil ihr der verfahrenseinleitende Charakter fehlt. Da die Rechtsmacht zur Einleitung eines Verfahrens nicht (auch) beim Betroffenen, sondern ausschließlich bei der Behörde liegt, ist diese Mitteilung lediglich als Anzeige oder Anregung zu verstehen.2)

Doch allein mit der Feststellung, daß die Mitwirkungshandlung des Privaten in dreierlei Weise ausgestaltet sein kann, ist noch keine Aussage darüber getroffen, welche Bedeutung die jeweilige Ausgestaltung der Mitwirkungshandlung für den in Frage stehenden Hoheitsakt hat. Mitunter ist unklar, ob sich das gesetzliche Mitwirkungserfordernis auf eine formell-rechtliche oder eine materiell-rechtliche Mitwirkungshandlung bezieht. Die Sozialhilfe beispielsweise, die eine Gewährung der Leistungsverwaltung darstellt, könnte eine materiell-rechtlich und formell-rechtlich antragsbedürftige Leistung darstellen. Insoweit hat jedoch das Bundesverwaltungsgericht zutreffend festgestellt, daß diese nicht antragsabhängig ist.3) Gemäß § 5 BSHG setzt die Sozialhilfe ein, sobald dem Träger der Sozialhilfe bekannt wird, daß die Voraussetzungen für ihre Gewährung vorliegen. Damit ist klar, daß ein gegebenenfalls durchzuführendes Verwaltungsverfahren nicht von einer formell-rechtlichen Mitwirkung des Betroffenen abhängig

---

1 So durch die Vorschriften der §§ 153, 153a, 154 I Nr.1, 153 c Abs.1 Nr.3 StPO; vgl. dazu etwa Kleinknecht/Meyer, StPO, § 152 Rdnr.7.

2 Vgl. dazu 1. Kapitel, B. I. 3.

3 BVerwG, NVwZ 1985, 49

ist. Unklar bleibt jedoch, was an dieser Stelle der Begriff "antragsunabhängig" bedeutet. Darunter könnte verstanden werden, daß jede Form der Mitwirkung entbehrlich ist. Andererseits könnte damit nur gemeint sein, daß lediglich auf den Verfahrensanstoß, das formell-rechtliche Element also, verzichtet werden kann. Daher bleibt zu prüfen, ob nicht die rechtmäßige Gewährung der Sozialhilfe ein antragsunabhängiges materiell-rechtliches Einverständnis des Empfängers fordert, oder ob derartige Zuwendungen auch ohne oder sogar gegen den Willen des Bedürftigen erfolgen können.1)

Mitwirkungshandlung und Verwaltungsakt stehen in einem ganz bestimmten Verhältnis von Ursache und Wirkung. Danach verschiebt sich die Grenze zwischen den Rechtssphären von Bürger und Staat. Die Möglichkeit und der Umfang dieser Grenzverschiebung können gesetzlich vorgesehen oder grundgesetzlich geboten sein. Die durch das geltende Recht vielfach geforderte Beteiligung des Privaten an den ihn betreffenden Entscheidungen der öffentlichen Verwaltung bildet die Grundlage des mitwirkungsbedürftigen Verwaltungsaktes. Diese Erscheinungsform des Verwaltungsaktes rückt durch die Mitwirkung des von ihm Betroffenen in die Nähe des öffentlich-rechtlichen Vertrages und steht somit in der Mitte zwischen diesem und dem "klassischen" Verwaltungsakt, der allein aufgrund staatlicher Rechtsmacht ergehen kann. Diese Einflußnahme geht aber nach derzeit herrschender Verwaltungsrechtsdogmatik nicht soweit, daß beide Parteien in gleichwertiger Weise kraft ihrer Willensübereinkunft Rechtswirkungen zu entfalten in der Lage sind. Rechtserzeugende Wirkung wird allein dem Hoheitsakt

---

1 Das gleiche gilt für andere Leistungen in der Sozial- und Leistungsverwaltung, die grundsätzlich auf Antrag gewährt werden, jedoch auch von Amts wegen gewährt werden können, wenn kein Antrag vorliegt. So etwa bei der Gewährung von Altersruhegeld nach den §§ 1248 ff. RVO, Witwenrente nach § 1264 RVO, Hinterbliebenenrente nach § 1290 RVO und die Leistungen nach dem HHG; vgl. dazu auch die Entscheidung BVerfGE 37, 363 (385 ff., 390 ff.).

zuerkannt.1) Dieser begründe und verändere Rechtspositionen. Er allein sei eine Maßnahme, die Rechtserheblichkeit besitze, indem sie für den Eintritt einer Rechtsfolge Verbindlichkeit beanspruche. Er allein sei eine einseitige Willensbekundung des Staates2) und besitze als solche Anspruch auf Beachtung.3)

Wird das Rechtsinstitut des Verwaltungsaktes in dieser Weise verstanden, so fragt sich, welche Bedeutung der Mitwirkungshandlung eines von ihm Betroffenen überhaupt noch zukommen kann, wenn doch die Regelungsfunktion im Verwaltungsakt liegt und das Rechtsverhältnis zwischen Staat und Bürger durch einen einseitigen Willensakt gestaltet wird. Dies zu prüfen wird der Gegenstand der vorliegenden Untersuchung sein.

---

1 Vgl. Kirchhof, DVBl 1985, 651(652); H.-J. Koch, Allgemeines Verwaltungsrecht, S.48.
2 Wittern, Grundriß des Verwaltungsrechts, § 8 III 3, S.114.
3 Forsthoff, Lehrbuch des Verwaltungsrechts, Bd.1, Allgemeiner Teil, S.224.

1. Kapitel

Der Funktionszusammenhang von Mitwirkungshandlung und Verwaltungsakt

A. Das Erfordernis der Mitwirkungshandlung und deren Bedeutung für das Verhältnis zwischen Bürger und Staat

Die folgenden Erörterungen sollen zeigen, in welchem Wirkungsverhältnis Mitwirkungshandlung und Verwaltungsakt stehen und warum für das Rechtsgebilde des mitwirkungsbedürftigen Verwaltungsaktes in unserem Rechtssystem überhaupt Raum ist. Der Verwaltungsakt als klassisches Handlungsinstrument der öffentlichen Verwaltung wird traditionell dadurch gekennzeichnet, daß der jeweilige Träger öffentlicher Gewalt aufgrund ihm verliehener Hoheitmacht tätig wird und daher befugt ist, Verwaltungsakte zu erlassen, die von einer Mitwirkungshandlung des durch sie Betroffenen unabhängig sind. Unser heutiges Rechtssystem aber kennt eine unübersehbare Vielzahl von Verwaltungsakten, die in bestimmter Weise von einer Mitwirkungshandlung einer Privatperson abhängig sind. Heute geht man wie selbstverständlich davon aus, daß in bestimmten Fällen der rechtmäßige Erlaß eines Verwaltungsaktes nur dann erfolgen kann, wenn der Betroffene an seinem Zustandekommen in irgendeiner Art und Weise einverständlich mitwirkt.

Die Vorstellung beispielsweise, jemand könnte gegen seinen Willen in den Beamtenstatus versetzt und der Dienstpflicht unterworfen werden, wirkt nach heutigem Rechtsverständnis befremdend. Ein solcher Verwaltungsakt wäre nach allgemeiner Ansicht als rechtswidrig anzusehen.1) Ein derart liberales Rechtsverständnis, das die Rechtmäßigkeit hoheitlichen Handelns in bestimmten Fällen dem Willen des Betroffenen unterwirft, widerspricht der klassischen Vorstellung vom Verwaltungsakt. Nach ursprünglichem Rechtsverständnis ist der Verwaltungsakt eine Rechtseinrichtung, "welche

---

1 Die Frage, in welchen Fällen der rechtswidrige Verwaltungsakt darüber hinaus als nichtig angesehen werden muß, ist Gegenstand des 7. und 8. Kapitels.

dem Einzelnen Halt gewährt und ihn darüber sicherstellt, wohin es geht." Er ist "ein der Verwaltung zugehöriger obrigkeitlicher Ausspruch, der dem Untertanen im Einzelfall bestimmt, was für ihn Rechtens sein soll."1)

Im modernen Leistungs- und Sozialstaat hat die Verwaltung Aufgaben übernommen, die sich mit diesem Rechtsverständnis nicht mehr vereinbaren lassen. Die Verwaltung will nicht nur gegenüber dem Bürger sicherstellen, was für ihn Rechtens ist, sondern hat eine fürsorgende und soziallenkende Funktion erhalten. Dies macht es notwendig, Verwaltungstätigkeit in Einklang mit den Interessen der Betroffenen zu bringen. Daher ist es in bestimmten Fällen unabdingbar, daß die Verwaltung ein Einvernehmen mit dem Bürger herstellt, bevor sie durch den Erlaß eines Verwaltungsaktes ein Rechtsverhältnis regelt und den Rechtskreis des Betroffenen erweitert oder schmälert.

Die Mitwirkung des Betroffenen an Entscheidungen der öffentlichen Verwaltung ist vom Gesetzgeber vielerorts vorgesehen. In bestimmten Bereichen schreiben Gesetze vor, daß Verwaltungstätigkeit erst dann stattzufinden hat, wenn der von ihr Betroffene die vom Gesetz geforderte Mitwirkungshandlung zur Verfahrenseinleitung vorgenommen hat. In vielen anderen Fällen ist festgelegt, daß ein Verwaltungsakt nur dann zu ergehen hat, wenn der Betroffene auch sein inhaltliches Einverständnis zum Ausdruck gebracht hat. Die Willensbekundung hat meist in der Form der "Antragstellung" zu erfolgen.

Die Mitwirkung des Betroffenen beim Erlaß eines Verwaltungsaktes ist in den verschiedensten Bereichen öffentlicher Verwaltung vorgesehen. Mitwirkungshandlungen lassen sich einmal überall dort feststellen, wo der Gesetzgeber bestimmte Verhaltensweisen einer Erlaubnis- oder Genehmigungspflicht unterworfen hat. Der Bürger darf diese Verhaltensweisen nur dann ausführen, wenn und soweit

---

1 Otto Mayer, Deutsches Verwaltungsrecht, Band I, 3. Aufl. 1924, S.93.

er durch die Verwaltung von dem bestehenden Verbot freigestellt worden ist. Die Rechtmäßigkeit seines Freistellungsbegehrens wird in einem Verwaltungsverfahren überprüft, an dem der Betroffene, meist in Form einer Antragstellung, mitzuwirken hat.

Auch der weite Bereich der Leistungsverwaltung kennt eine Vielzahl von Mitwirkungshandlungen durch Privatpersonen. Immer dann, wenn der Private eine Leistung vom Staat in Anspruch nehmen will, hat er bei der Durchführung des Verwaltungsverfahrens, in dem sein Leistungsanspruch überprüft wird, mitzuwirken. Diese Mitwirkung erfolgt ebenfalls regelmäßig in der Form der Antragstellung.

I. Kollision des individuellen Freiheitsanspruchs mit Rechtsgütern der Gemeinschaft

Die Mitwirkung eines Bürgers am Verwaltungsverfahren hat, wie soeben angedeutet, häufig dann zu erfolgen, wenn dieser ein Verhalten oder Vorhaben beabsichtigt, das der administrativen Erlaubnis bedarf.1) Eine Erlaubnis- oder Genehmigungspflicht ist überall dort zu finden, wo die grundrechtlich geschützte Rechtssphäre des einzelnen mit wichtigen Gemeinschaftsgütern zu kollidieren droht. Dies hat zur Folge, daß eine Vielzahl von Verhaltensweisen nach dem Willen des Gesetzgebers einer Kontrolle durch die Verwaltung unterworfen sind. Mit dieser administrativen Kontrollfunktion soll der Freiheitsanspruch einzelner mit wichtigen Interessen der Gemeinschaft in Einklang gebracht werden.2)

Um dieses Ziel durchzusetzen, bedient sich der Gesetzgeber bestimmter Instrumentarien. Das wichtigste ist die Verbotsnorm. Sie soll verhindern, daß der Bürger sich gemeinschaftsschädigend verhält. Indem die Verbotsnorm ein bestimmtes Verhalten unter-

---

1 P. Badura, in: Erichsen/Martens (Hrsg.), Allgemeines Verwaltungsrecht, 8. Aufl., § 39 I, S.392 f.

2 Vgl. R.Pietzner, Das Verbot mit Erlaubnisvorbehalt, JA 1973, 691.

sagt, greift sie jedoch auch regelmäßig in die geschützte Rechtssphäre des Betroffenen ein.
Da die Verbotsnorm in ihrer Absolutheit regelmäßig gegen das Übermaßverbot verstößt, wird sie seitens des Gesetzgebers mit einem Erlaubnis- oder Befreiungsvorbehalt versehen. In diesen Fällen der Erlaubnisverwaltung ist die Verbotsnorm zweistufig konstruiert.1) Sie setzt sich aus Verbot und der Möglichkeit der Aufhebung dieses Verbots zusammen. Die indidivuelle Ausgestaltung der jeweiligen Verbotsnorm richtet sich nach dem mit ihr verfolgten Zweck. Es sind zwei Fallgruppen zu unterscheiden.

Das "präventive Verbot mit Erlaubnisvorbehalt" dient nicht dem Zweck, die unter Verbot gestellte Tätigkeit wirklich zu verhindern, sondern soll gewährleisten, daß die fragliche Tätigkeit einer wirksamen administrativen Kontrolle unterzogen wird. Die Erlaubnis ist grundsätzlich zu erteilen und kann nur dann versagt werden, wenn im konkreten Fall durch die beabsichtigte Tätigkeit Gefahren drohen.2) Sofern die Voraussetzungen vorliegen, besteht ein Rechtsanspruch auf die Erteilung der Erlaubnis.3) Dieses präventive Verbot ist also seitens der Behörde dann aufzuheben, wenn und soweit im konkreten Einzelfall überragende Gemeinwohlinteressen nicht verletzt sind, oder aber die privaten Belange des Antragstellers diese überwiegen.4)

Das "repressive Verbot mit Befreiungsvorbehalt" hingegen soll das vom Verbot umschriebene Verhalten generell verhindern. Hiervon gestattet der Befreiungsvorbehalt eine Ausnahme. "Die Genehmigung ist nicht lediglich eine zur präventiven Kontrolle

---

1 D.Schmalz, Allgemeines Verwaltungsrecht, Teil 1, S.131.
2 Chr. Gusy, Verbot mit Erlaubnisvorbehalt - Verbot mit Dispensvorbehalt, JA 1981, 80(81).
3 BVerfGE 49, 89(144 ff.) = NJW 1979, 359.
4 Gusy, a.a.O.; vgl. zur Verbotskonstruktion auch K.H. Friauf, Das Verbot mit Erlaubnisvorbehalt, JuS 1962, 422; K. Haselau, Stellt eine Erlaubnis oder Ausnahmebewilligung "lediglich natürliche" Handlungsfreiheit wieder her?, DÖV 1965, 449 ff.; H. Krüger, "Verbot mit Erlaubnisvorbehalt" und "Gewährung mit Auslesevorbehalt", DÖV 1958, 673.

vorgesehene formelle Voraussetzung für die rechtmäßige Ausübung einer an sich nicht verbotenen Betätigung, sondern enthält der Sache nach die Aufhebung eines repressiven Verbotes des objektiven Rechts. Sie ist somit eine materielle Voraussetzung für das Recht überhaupt. Durch die Genehmigung wird das Recht, die beabsichtigte Tätigkeit durchzuführen, ..., erst konstitutiv begründet."1)

Beiden rechtstechnischen Kontruktionen ist gemein, daß die von der Behörde gegebenenfalls durchzuführende Aufhebung des Verbots in der Form eines Verwaltungsaktes erfolgt. Dieser Verwaltungsakt verschiebt die Grenze zwischen zwei Rechtssphären. Die des Staates wird geschmälert, die des Bürgers erweitert. Dieser Hoheitsakt ist daher als begünstigender Verwaltungsakt zu qualifizieren. Ob diese "Grenzverschiebung" durch einen einseitigen Willensakt des Staates erfolgen kann oder ob dazu eine Mitwirkungshandlung des Betroffenen erforderlich ist, wird im weiteren Verlauf dieser Untersuchung zu klären sein.

II. Die Mitwirkung des Betroffenen in der Leistungsverwaltung

Im Gegensatz zur Eingriffsverwaltung, die mit Instrumenten wie Befehl und Zwang in die Rechtssphäre des Betroffenen eingreift, ist das wichtigste Handlungsinstrument der Leistungsverwaltung der begünstigende Verwaltungsakt. Staatliches Handeln in der Leistungsverwaltung setzt regelmäßig voraus, daß der Betroffene in bestimmter Weise am Verwaltungsverfahren mitwirkt. Mit seiner Mitwirkungshandlung zeigt er gegenüber der Verwaltung an, daß er die Gewährung einer bestimmten Leistung wünscht. Damit entsteht auf der Grundlage seines subjektiven öffentlichen Rechts zwischen beiden ein konkretes Verwaltungsrechtsverhältnis. Auf seinen Antrag hin oder von Amts wegen wird ein Verwaltungsverfahren eröffnet, in dessen Verlauf überprüft wird, ob der Betroffene die gesetzlichen Voraussetzungen seines Leistungsbegehrens erfüllt.

---

1 BVerfGE 20, 150(157).

Die Mitwirkungshandlung dient hier im weitesten Sinne dazu, die abstrakte Rechtsbeziehung zwischen Bürger und Verwaltung zu konkretisieren.

B. Die Bedeutung der Mitwirkungshandlung für den zu erlassenden Verwaltungsakt

Wie eingangs dargelegt, kann die Mitwirkungshandlung des Betroffenen in dreierlei Weise ausgestaltet sein. Welche Form die jeweils erforderliche ist, wird vom Gesetzgeber festgelegt. Dieser bestimmt in den jeweiligen Vorschriften, die das Mitwirkungserfordernis enthalten, welche Qualität die Mitwirkungshandlung aufzuweisen hat. Nur eine Mitwirkungshandlung, die dem jeweils gültigen Qualitätserfordernis genügt, ist geeignet, den Erlaß des entsprechenden Verwaltungsaktes zu tragen.
Mit der Feststellung, daß in bestimmten Fällen eine Mitwirkungshandlung gefordert sein kann, ist noch keine Aussage darüber getroffen, welche Auswirkungen die Vornahme einer solchen Mitwirkungshandlung auf den Verwaltungsakt hat. Die folgenden Ausführungen widmen sich also dem Funktionszusammenhang von Mitwirkungshandlung und Verwaltungsakt im engeren Sinne; vornehmlich der Frage, welche Mechanismen durch die Vornahme der jeweiligen Mitwirkungshandlung ausgelöst werden.

Zunächst ist darauf hinzuweisen, daß der hier verwendete Begriff "Mitwirkungshandlung" allgemein ungebräuchlich ist. Meist wird die Beteiligung des Betroffenen unter dem Begriff "Antrag" behandelt. Dieser Begriff ist nach der hier vertretenen Auffassung jedoch zu eng, da er solche Mitwirkungshandlungen nicht erfaßt, die das den Antrag kennzeichnende formell-rechtliche Element nicht enthalten. Diese sind demzufolge auch nicht als "Antrag" zu bezeichnen.1) Der Begriff "Mitwirkungshandlung" wird hier als Oberbegriff verwendet und steht für jede Art tätiger und rechts-

---

1 Vgl. dazu schon Einleitung sowie im folgenden 3. Kapitel, B. II.

erheblicher Beteiligung des Betroffenen beim Zustandekommen von Verwaltungsakten.

Auch in den jeweiligen gesetzlichen Vorschriften, die eine Mitwirkungshandlung verlangen, wird dieser Begriff nicht verwandt. Meist wird auch hier die erforderliche Mitwirkungshandlung als "Antrag" bezeichnet. Dieser Begriff ist in den geltenden Gesetzen weit gebräuchlich. Der Betroffene, der eine solche Mitwirkungshandlung vornimmt, heißt demzufolge "Antragsteller". Die gesetzlichen Vorschriften legen aber nicht offen, was sich hinter dem Begriff "Antrag" verbirgt. Insbesondere bleibt unklar, ob und inwieweit der Antrag nur eine formell-rechtliche oder darüber hinaus auch materiell-rechtliche Funktion aufzuweisen hat.

Gelegentlich finden sich gesetzliche Vorschriften, die eine Mitwirkungshandlung vorsehen, aber den Begriff "Antrag" nicht verwenden. Hier ist dann von "Einvernehmen"1) oder "Zustimmung"2) die Rede. Da in diesen Fällen der Mitwirkungshandlung nur materiell-rechtliche Bedeutung zukommt, wäre die Bezeichnung dieser Mitwirkungshandlungen als "Antrag" auch unrichtig.

Weiterhin ist darauf hinzuweisen, daß mancherorts nicht zwischen formell-rechtlicher und materiell-rechtlicher Mitwirkung unterschieden wird.3) Während bei einigen Autoren das formell-rechtliche Element im Vordergrund des Interesses steht und diese die Mitwirkungshandlung nur als Mittel zur Verfahrenseinleitung ansehen,4) erkennen andere lediglich die materiell-rechtliche Funktion und räumen demzufolge die Rechtsmacht zur Verfahrenseinleitung allein dem Staate ein.5)

---

1 Z.B.: § 12 GrEStG.
2 Z.B.: § 28 KVStG.
3 Dazu im einzelnen 4. Kapitel, B. I. 2.
4 Eyermann/Fröhler, VwGO, 7. Aufl., Anh. § 42 Rdnr.6; W. Jellinek, Verwaltungsrecht, S.271; C.H.Ule, Anm. zum Urteil des HessVGH vom 19.1.1949, DV 1949, 502 f.
5 Otto Mayer, Zur Lehre vom öffentlich-rechtlichen Vertrage, AöR 3 (1888), S.3 ff.; ders., Deutsches Verwaltungsrecht, Band I, 3. Aufl. 1924, S.92 ff.

Überwiegend wird anerkannt, daß die Mitwirkungshandlung des Betroffenen in bestimmten Fällen sowohl formell-rechtliche, als auch materiell-rechtliche Qualität besitzen kann.1) Meist wird bei der Betrachtung der Mitwirkung die Bedeutung formeller Mitwirkung vernachlässigt und daher dem materiell-rechtlichen Element die Präponderanz zuerkannt.2)

Diejenigen Mitwirkungshandlungen, die ein formell-rechtliches Element aufweisen und damit zumindest auch der Verfahrenseinleitung dienen, werden nach ganz herrschendem juristischen Sprachgebrauch als "Anträge" bezeichnet.3) Dieser Terminologie können wir uns bedenkenlos anschließen. Enthält ein Antrag darüber hinaus noch ein materiell-rechtliches Element, so besitzt er einen sog. dualistischen Charakter.4) Auch dies ist richtig. Jedoch ist festzustellen, daß allgemein die Existenz solcher Mitwirkungshandlungen übersehen wird, die lediglich ein materiell-rechtliches Element enthalten.5) Diese sind, da sie das den An-

---

1 P. Badura, Der mitwirkungsbedürftige Verwaltungsakt mit belastender Auflage, JuS 1964, 103(105); H.Hablitzel, Zur Dogmatik des Antrages beim mitwirkungsbedürftigen Verwaltungsakt, BayVBl 1974, 392(395); B.-F. Hoffmann, Die aufgedrängte Erlaubnis. Zur Lehre von der sog. "modifizierenden Auflage", DVBl 1977, 514(516); Siebecke, S.34 ff.; Stelkens, in: Stelkens/Bonk/Leonhardt, VwVfG, § 45 Rdnr.6; § 35 Rdnr. 117; P. Weides, Verwaltungsverfahren und Widerspruchsverfahren, 2. Aufl. 1981, § 4 III.1., S.36.

2 P.Badura, a.a.O., JuS 1964, 103(105); H.Fliegauf, Inwieweit ist nach geltendem Recht die Anordnung der Abschiebungshaft durch die Verwaltungsbehörde noch zulässig?, DVBl 1961, 270 ff.; D.Middel, Öffentlich-rechtliche Willenserklärungen von Privatpersonen, Diss.jur. Berlin 1971, S.26.

3 Vgl. statt vieler: Leonhardt, in: Stelkens/Bonk/Leonhardt, VwVfG, § 22 Rdnr.9 ff.; zu den Voraussetzungen des Antrages vgl. Schnell, S.32 ff.

4 Vgl. Badura, JuS 1964, 103(105).

5 Vgl. etwa: Badura, in: Erichsen/Martens (Hrsg.), Allgemeines Verwaltungsrecht, § 39 II, S.393 ff.; Chr.Gusy, Der Antrag im Verwaltungsverfahren, BayVBl 1985, 484(486): "Anträge im Verwaltungsverfahren haben stets verfahrensrechtliche Wirkungen", der jedoch an gleicher Stelle, a.a.O., S. 489, drei Mitwirkungsformen anerkennt; Hablitzel, BayVBl 1974, 392 (395); Schnell, S.25 f.: "Ein materiell-rechtlicher antrags-

trag kennzeichnende formell-rechtliche Element nicht enthalten, auch nicht als solcher zu bezeichnen.

Die Frage nach dem Verhältnis von Mitwirkungshandlung und Verwaltungsakt erfordert die getrennte Untersuchung beider Elemente der Mitwirkungshandlung, denn es ist möglich, daß ihnen nicht zuletzt im Hinblick auf die Rechtsfolgen eine unterschiedliche Bedeutung zukommt.

I. Das formell-rechtliche Element der Mitwirkungshandlung als Mittel zur Verfahrenseinleitung

1. Der Grundsatz des Amtsverfahrens

Gemäß § 22 S.1 VwVfG entscheidet die Behörde nach pflichtgemäßem Ermessen, ob und wann sie ein Verwaltungsverfahren durchführt. Das Verwaltungsverfahren und auch dessen Einleitung werden also von der Offizialmaxime beherrscht.1) Dieses Prinzip deckt exekutive Tätigkeit und ermöglicht daher den administrativen Vollzug der Gesetze in den jeweiligen Aufgabengebieten der handelnden Behörde, insbesondere im Bereich der Gefahrenabwehr und Eingriffsverwaltung.

Während grundsätzlich die Offizialmaxime mit dem Opportunitätsprinzip verbunden ist, und aus dieser Verbindung der Ermessensfreiraum der Behörde resultiert, enthält § 22 S.2 Nr.1, 1. Alt. VwVfG zu diesem Grundsatz eine Ausnahme. Dort wird die Offizialmaxime durch das Legalitätsprinzip begrenzt und bestimmt. Danach hat die Behörde von Amts wegen immer dann tätig zu werden, wenn dieses Tätigwerden bei Vorliegen eines bestimmten Sachverhalts durch eine Rechtsvorschrift vorgeschrieben wird.2),3)

---

bedürftiger Verwaltungsakt ist stets auch verfahrensrechtlich antragsbedürftig ...".

1 Vgl. P.Badura, in: Erichsen/Martens (Hrsg.), Allgemeines Verwaltungsrecht, § 39 I, S.392; W.Clausen, in: Knack, VwVfG, § 22 Rdnr.3; Kopp, VwVfG, § 22 Rdnr.1 ff.; J. Martens, Einführung in die Praxis des Verwaltungsverfahrens, JuS 1978, 99.

2 Leonhardt, in: Stelkens/Bonk/Leonhardt, VwVfG, § 22 Rdnr.7.

2. Das Antragsverfahren

Eine Ausnahme vom genannten Grundsatz der Offizialmaxime enthalten § 22 S.2 Nr.1, 2. Alt. und § 22 S.2 Nr.2 VwVfG. Dort wird die Offizialmaxime durch die Dispositionsmaxime verdrängt. Die Behörde muß auf Antrag tätig werden, bzw. sie darf nur auf Antrag tätig werden, sofern dieser vorliegt. Hier entfaltet der Antrag seine formell-rechtliche Wirkung, denn er hat die Einleitung eines Verwaltungsverfahrens zur Folge. Das hier geltende Dispositionsprinzip besagt, daß Gegenstand und Beginn des Verfahrens von einem oder mehreren Beteiligten bestimmt werden.1) Der genaue Verfahrensbeginn wird durch den Eingang des Antrages bei der Behörde bestimmt, und zwar unabhängig davon, ob der Antrag zulässig ist, die Behörde über die Durchführung des Verfahrens nach pflichtgemäßem Ermessen zu entscheiden hat oder zur Durchführung des Verfahrens verpflichtet ist.2)

Durch den Antrag wird der Antragsteller Beteiligter3) am Verwaltungsverfahren i.S.d. § 13 VwVfG; mit dem Inhalt des Antrages legt er den Umfang des Verwaltungsverfahrens fest.4) Das Antragserfordernis kann ausdrücklich in den jeweiligen gesetzlichen Vorschriften enthalten sein,5) oder sich implizit aus der Natur der Sache ergeben.6) Das Antragserfordernis besteht dort nicht, wo Antrags- und Amtsverfahren in gleichwertiger Weise nebenein-

---

3 Z.B.: § 5 BSHG, §§ 17, 20 BImSchG, § 44 Abs.5 VwVfG.
1 Borgs, in: Meyer/Borgs, VwVfG, § 22 Rdnr.5.
2 Obermayer, VwVfG, § 22 Rdnr.8.
3 F.Kopp, Der Beteiligtenbegriff des Verwaltungsverfahrensrechts, in: Festschrift für den R.Boorberg Verlag, 1977, S.159(163).
4 Vgl. zur Abgrenzung von Antrags- und Amtsverfahren die interessanten Ausführungen von Siebecke, S.3 ff., die jedoch teilweise durch den Erlaß des Verwaltungsverfahrensgesetzes vom 25. Mai 1976 gegenstandslos geworden sind.
5 Z.B.: § 71 NBauO, § 3 Abs.5 BRKG, § 10 BImSchG, § 16 SGB, § 1 WoGG, § 189 BEG, § 7 HeimkDVO, § 9 KgfEG, § 46 BAFöG, § 8 Abs.1 RuStAG, §§ 1301, 1545, 1546, 1551 RVO.
6 Z.B.: § 8 Abs.1 BFStrG, §§ 7 Abs.1, 27 Abs.1 SprengG, § 1 BErzG.

ander stehen.1) Der Antrag bedarf grundsätzlich keiner bestimmten Form, es sei denn, daß sie im speziellen Fall gesetzlich vorgeschrieben ist.2)

3. Anregungen, Anzeigen

Von den Anträgen sind die Anregungen und Anzeigen zu trennen. Die Anregung zielt darauf, die Behörde zum Tätigwerden von Amts wegen zu veranlassen,3) ist aber selbst nicht geeignet, Rechtswirkungen zu entfalten.

In formell-rechtlicher Hinsicht führt die Anregung nicht zur Einleitung eines Verwaltungsverfahrens und macht den Anregenden nicht zum Beteiligten i.S.d. § 13 VwVfG. In materiell-rechtlicher Hinsicht fehlt der Anregung der verfahrensbegrenzende Effekt.

Anzeigen hingegen stellen eine Mitteilung des Bürgers gegenüber der Verwaltungsbehörde dar. Soweit das Gesetz eine derartige Mitteilungspflicht konstatiert und diese rechtstechnisch mit einem Verbot verknüpft, ist ein sog. Verbot mit Anzeigevorbehalt gegeben.4)

Darunter fallen all jene Fälle, in denen der Gesetzgeber die Vornahme bestimmter Handlungen durch den Betroffenen davon abhängig macht, daß diese bei der Behörde angezeigt werden.5) Diese Anzeigen haben ebenfalls weder formell-rechtlichen noch materiell-rechtlichen Einfluß auf das Verwaltungsverfahren, da in

---

1 Z.B.: § 10 Abs.1 HandwO.

2 Z.B.: § 64 VwVfG, § 2 AtVfV, § 10 BImSchG, § 5 Abs.1 NamÄndG. Meist ist Schriftform erforderlich; mitunter sind dem Antrag Mehrfachausfertigungen, Pläne, Zeichnungen oder sonstige Unterlagen beizufügen. Zur Zulässigkeit gesetzlicher und behördlicher Formvorschriften siehe im einzelnen 9. Kapitel, D. und 10. Kapitel, C. II.

3 H. Maurer, Allgemeines Verwaltungsrecht, § 19 Rdnr.16.

4 W.Schick, Das Verbot mit Anzeigevorbehalt, BayVBl 1967,341; als Beispiele sind etwa § 14 Abs.1 VersG und § 14 Abs.1 GewO zu nennen.

5 R.Pietzner, Das Verbot mit Erlaubnisvorbehalt, JA 1973, ÖR S.197(199).

diesen Fällen der Bürger lediglich als Informant gegenüber der Behörde handelt. Bei dem von der Behörde auf die Anzeige gegebenenfalls durchzuführenden Verfahren handelt es sich wieder um ein Amtsverfahren. Die Frage, inwieweit sich präventives oder repressives Verbot mit Anzeigevorbehalt unterscheiden, ist für diese Untersuchung nicht von Interesse.1)

II. Die materiell-rechtliche Funktion der Mitwirkungshandlung

Wie bereits dargestellt,2) kann der Mitwirkungshandlung des Privaten ein materiell-rechtliches Element innewohnen. Mit diesem erklärt er sein "Einverstandensein" mit dem in Frage stehenden Hoheitsakt.

Diese Einverständniserklärung des Betroffenen ist in all jenen Fällen bedeutsam, in denen die Verwaltung mangels eigener Machtvollkommenheit zum rechtmäßigen oder rechtswirksamen Erlaß eines Verwaltungsaktes nicht befugt ist, da das Gesetz die einverständliche Beteiligung des Bürgers fordert. Derartige Fallkonstellationen sind sowohl in der Eingriffs - als auch in der Leistungsverwaltung denkbar. Es drängen sich zwei Fragen in den Vordergrund der Betrachtung, nämlich, welche Funktion der materiell-rechtlichen Mitwirkungshandlung des Betroffenen beim Erlaß eines belastenden Verwaltungsaktes zukommt und in welchem Umfang auch beim Erlaß begünstigender Verwaltungsakte ein materiellrechtliches Element der Mitwirkungshandlung für die Rechtmäßigkeit des Hoheitsaktes unabdingbar ist.

Für beide Bereiche wird der Gegenstand der vorliegenden Untersuchung dadurch eingeschränkt, als ausschließlich mitwirkungsbedürftige Verwaltungsakte Berücksichtigung finden, die gesetzlich vorgesehen sind. Die Frage, ob und inwieweit eine Mitwirkungshandlung des Betroffenen die Rechtsgrundlage eines soge-

---

1 Vgl. dazu die Ausführungen von Pietzner, a.a.O.
2 S. oben S. 3 f.

nannten "gesetzlosen Verwaltungsaktes" zu bilden vermag, findet vorliegend keine Beachtung.1)

Die Rechtsbeziehungen zwischen Bürger und Verwaltung sind in vielfältiger Weise ausgestaltet und durch eine unübersehbare Vielzahl gesetzlicher Regeln kodifiziert. Die Existenz mitwirkungsbedürftiger Verwaltungsakte beruht auf dem Nebeneinander rechtserheblicher Exekutivtätigkeit einerseits und der Anerkennung privatautonomer Gestaltungsbefugnisse andererseits. In den Grundrechtsbestimmungen des Grundgesetzes verkörpert sich "eine objektive Werteordnung, die als verfassungsrechtliche Grundentscheidung für alle Bereiche des Rechts gilt."2) Die die Privatautonomie des Einzelnen gewährleistende Grundrechtsnorm des Art.2 Abs.1 GG ist als Abwehrrecht gegenüber Eingriffen der Verwaltung zu verstehen. Durch diese Bestimmung wird grundsätzlich jedem gewährleistet, sein Leben nach seinen Vorstellungen einzurichten.3) Dieses Recht beschränkt sich nicht auf privatautonome Rechtsgestaltungen auf dem Gebiete des Privatrechts, sondern läßt auch selbstbestimmte Rechtsgestaltung auf dem Gebiet des öffentlichen Rechts zu. Es respektiert damit auch den Willen des Bürgers betreffend seiner Teilhabe am Erlaß mitwirkungsbedürftiger Verwaltungsakte ebenso wie die in der Verfassung gleichfalls nicht ausdrücklich genannte Vertragsfreiheit und Wettbewerbsfreiheit.

Diese im Rechts- und Wirtschaftsleben wichtigen geschützten Freiheiten unterliegen nur den Schranken des Art.2 Abs.1 GG,4) der von der "verfassungsmäßigen Ordnung" spricht, worunter die verfassungsmäßige Rechtsordnung zu verstehen ist. Die verfas-

---

1 Vgl. dazu etwa: M. Sachs, Volenti non fit iniuria, VerwArch 76 (1985), 398; E. Schulke, Die Zustimmung des Betroffenen als Rechtsgrundlage belastender Verwaltungsakte, DÖV 1959, 132 ff.; P. Stelkens, Der Antrag - Voraussetzung eines Verwaltungsverfahrens und eines Verwaltungsaktes?, NuR 1985, 213 (214).

2 BVerwGE 13, 343(347).

3 Vgl. BVerwGE 11, 133(135).

4 Vgl. BVerwGE 17, 306(309).

sungsmäßige Rechtsordnung wird durch "die Gesamtheit der Normen, die formell und materiell der Verfassung gemäß sind,"1) gebildet. Hierzu zählen auch solche Normen, die den Erlaß eines mitwirkungsbedürftigen Verwaltungsaktes regeln und seine rechtlichen Wirkungen in bestimmtem Umfange dem privatautonomen Willen des von ihm Betroffenen unterwerfen. Daraus folgt, daß diese Normen in formeller Hinsicht nicht zu beanstanden sein dürfen und auch unter materiell-rechtlichen Erwägungen strenger Prüfung standhalten müssen. Dabei muß andererseits gewährleistet sein, daß der Betroffene im Rahmen seiner gesetzlich vorgesehenen privatautonomen Rechtsgestaltung keine Rechtswirkungen erzeugt, die die sittengesetzliche Ordnung gemäß Art.2 Abs.1 GG verletzen oder den Wesensgehalt seiner Grundrechte bedrohen können.

Die Anforderungen an die Rechtmäßigkeit eines Verwaltungsaktes sind weiterhin in entscheidendem Maße von seinem Inhalt abhängig. Dementsprechend könnten belastender und begünstigender Verwaltungsakt unterschiedliche Anforderungen an die jeweilige Mitwirkungshandlung knüpfen. §§ 43 ff. VwVfG privilegieren den begünstigenden Verwaltungsakt. Dieser unterliegt grundsätzlich keinen geringeren Rechtmäßigkeitsanforderungen als der belastende Verwaltungsakt, doch genießt der Bürger hinsichtlich dessen Bestandskraft einen erheblichen Vertrauensschutz. Daraus könnte zu folgern sein, daß die Verwaltung unter erleichterten Voraussetzungen befugt ist, begünstigende Verwaltungsakte zu erlassen.

Für diese Vermutung spricht, daß ein Verwaltungsakt, der den Betroffenen von bestehenden Verboten freistellt, ihm Leistungen gewährt oder sonstige Rechte zuspricht, von der Schutzfunktion der Grundrechte möglicherweise nicht erfaßt wird.

Die Grundrechte sind als Abwehrrechte des Bürgers gegenüber Handlungen des Staates konzipiert. Sie schützen also vor etwaigen Schmälerungen seiner Rechtssphäre. Der Schutzbereich der Grund-

---

1 Vgl. BVerfGE 6, 32 (37 f.); BVerwGE 10, 340(344).

rechte ist aber möglicherweise nicht berührt, wenn der Staat den Rechtsgüterbestand des Einzelnen erweitern will. Es fragt sich daher, ob er dazu ohne weiteres befugt ist, oder ob auch ein gesetzlich vorgesehener begünstigender Verwaltungsakt einer einverständlichen Mitwirkungshandlung des Betroffenen bedarf. An dieser Stelle könnte die rechtliche Bedeutung materieller Mitwirkung beim begünstigenden Verwaltungsakt liegen. Für den belastenden Verwaltungsakt hingegen ist zu untersuchen, in welchem Wirkungsverhältnis Mitwirkungshandlung, Verwaltungsakt und die beides miteinander verknüpfende Rechtsnorm stehen.

1. Die Mitwirkungshandlung des Betroffenen als rechtliche Voraussetzung für den Erlaß eines belastenden Verwaltungsaktes

Da belastende Verwaltungsakte in Freiheit, Eigentum oder sonstige geschützte Rechtsgüter eingreifen, bedürfen sie zu ihrer Rechtmäßigkeit regelmäßig[1] einer gesetzlichen Ermächtigung, d.h., sie müssen sich auf einen gültigen Rechtssatz zurückführen lassen. Das Prinzip vom Vorbehalt des Gesetzes findet im Bereich der Eingriffsverwaltung allgemein Anerkennung. Nur ein formell und materiell rechtmäßiges Gesetz ist, unter der Voraussetzung richtiger Anwendung, geeignet, als Grundlage für administrative Eingriffe in den Rechtskreis des Bürgers zu dienen.[2] Die historische Entwicklung des Gesetzesvorbehalts findet dort ihren Anfang, wo in der Hand des Landesherrn monopolisierte Staatsgewalt auf verschiedene Gewaltenträger aufgeteilt wurde.[3] Diese liberalen Bestrebungen richteten sich auf eine Kontrolle der Staatsgewalt und dienten damit dem Schutz der Rechtssphäre der Bürger. Die

1 Die möglichen Ausnahmen bilden, wie weiter oben dargelegt, nicht den Gegenstand dieser Untersuchung.

2 BVerwGE 47, 194 (197 ff.); 48, 305(308 ff.); BVerwG NJW 1958, 1153 ff.; Th.Maunz/R.Zippelius, Deutsches Staatsrecht, § 12 III.4., S. 91; J. Schachel, Nebenbestimmungen zu Verwaltungsakten, Jura 1981, 449(456 ff.); Stern, Staatsrecht I, § 20 IV 4, S.805; K.Vogel, Gesetzgeber und Verwaltung, VVDStRL 24 (1966), 125(151); Wolff/Bachof I, § 30 III b 2, S.184 f.

3 F.Ossenbühl, in: Erichsen/Martens (Hrsg.), Allgemeines Verwaltungsrecht, § 5 II, S.66.

Grundrechte bilden heute die Grenze zwischen zwei Macht- und Rechtssphären. Der Gesetzesvorbehalt ermöglicht dem Staat unter bestimmten Voraussetzungen, diese Grenze zu überschreiten und in die Rechtssphäre des Bürgers einzudringen. Demzufolge bedürfen administrative Eingriffe in den Rechtskreis des Bürgers eines gültigen Gesetzes, das die Voraussetzungen für den eingreifenden Akt tatbestandsmäßig normiert.1)

Der Vorbehalt des Gesetzes gewährleistet daher die allgemeine Handlungsfreiheit und den Schutz des Eigentums, sofern nicht gesetzliche Ermächtigungen Eingriffe gestatten,2) denn "es ist eine der Grundforderungen des gewaltengliedernden demokratischen Rechtsstaates, daß die Regierungs- und Verwaltungsbehörden nicht aus eigener Machtvollkommenheit, sondern nur aufgrund einer ihnen von der Volksvertretung erteilten Ermächtigung in die Rechte und Freiheiten der Personen eingreifen dürfen."3)

Neben dem "klassischen" Verwaltungsakt, der ohne eine Beteiligungsform des Betroffenen und allein aufgrund staatlicher Rechtsmacht ergehen kann, gibt es einen weiten Bereich hoheitlicher Tätigkeit, in dem die Verwaltung mit dem Instrument des belastenden Verwaltungsaktes tätig wird, sich diese Tätigkeit aber nicht allein aus einer gesetzlichen Grundlage rechtfertigt, sondern darüber hinaus noch einer Mitwirkungshandlung des Betroffenen bedarf. Hierin findet sich eine Einschränkung staatlicher Gewalt, da der Gesetzgeber die rechtmäßige oder rechtswirksame Vornahme exekutiver Tätigkeit darüber hinaus einer Beteiligungshandlung des Bürgers unterwirft.

Der Mitwirkungshandlung des Betroffenen kommt in diesen Fällen nicht eine gesetzessubstituierende Funktion zu, sondern sie steht vielmehr als Rechtmäßigkeitsbedingung neben der Rechtsgrundlage,

---

1 BayVGH, DVBl 1955, 253(255) m. Anm. v. Ule; Wolff/Bachof I, § 30 III b 2, S.184 f.

2 Vgl. P.Selmer, Der Vorbehalt des Gesetzes, JuS 1968, 489 (489,492,494); Vogel, VVDStRL 24 (1966), 125(151).

3 Wolff/Bachof I, § 30 III a 1, S.183.

deren Ergänzung sie bildet. Dieses Nebeneinander von Gesetz und Mitwirkungshandlung beruht auf dem Willen des Gesetzgebers, der durch die Errichtung und Ausgestaltung der jeweiligen Norm zum Ausdruck bringt, daß rechtmäßiges, belastendes Verwaltungshandeln in bestimmtem Umfang dem Willen des Betroffenen unterliegt. Diese Verknüpfung von Gesetz und Privatwillen ist immer dann geboten, wenn einerseits der Schutz wichtiger Gemeinschaftsgüter es nicht verlangt, die Verwaltung zu einer vom privaten Willen unabhängigen Tätigkeit zu ermächtigen. Andererseits besteht hier die Möglichkeit, die Interessen der Allgemeinheit und die des Betroffenen in eine ausgewogene Konkordanz zu bringen und dadurch die Grundrechte der Beteiligten im erforderlichen Umfang zu beachten. Dadurch wird dem Privatwillen in größtmöglicher Weise im Verwaltungsverfahren Rechnung getragen. Dies zeigen die Beispiele der Verwarnung gemäß § 56 OWiG, die Zustimmung des Eigentümers in die Widmung seines Grundstücks zur öffentlichen Straße und auch die Einberufung eines Minderjährigen in den Wehrdienst zur Bundeswehr sehr deutlich.

Staat und Bürger stehen jeweils eigene Rechtssphären zu. Die Rechtsordnung bildet die Grenze zwischen beiden. Unter Beachtung der jeweils geltenden gesetzlichen Voraussetzungen ist es möglich, daß der Bürger - aus welchen Gründen auch immer - auf bestimmte Rechte verzichtet und damit seine Rechtssphäre schmälert.1) Durch diesen Verzicht entsteht kein rechtsfreier Raum, sondern die Sphäre hoheitlicher Gewalt wird entsprechend vergrößert. Bei Beachtung allgemeiner sonstiger rechtsstaatlicher Grundsätze und beim Vorliegen einer materiell und formell rechtlich nicht zu beanstandenen, gesetzlichen Regelung bestehen gegen eine derartige Gewaltverschiebung keine Bedenken. Zu fordern ist jedoch, daß der Willensbildungs- und -äußerungsprozeß des Be-

---

1 So schon L.v.Köhler, Grundlehren des Deutschen Verwaltungsrechts, 1935, S.161 f., der betont, daß der Grundsatz der Gesetzmäßigkeit der Verwaltung nur das Handeln der öffentlichen Gewalt einschränke, jedoch dem Einzelnen nicht verbiete, auf seine subjektiv öffentlichen Rechte zu verzichten.

troffenen wirklich störungsfrei verlaufen ist1) und er auf Rechtspositionen verzichtet, die ihm zur freien Gestaltung überlassen sind.2)

2. Die Mitwirkungshandlung des Betroffenen als rechtliche Voraussetzung eines begünstigenden Verwaltungsaktes

Die Frage nach dem Erfordernis einer einverständlichen Mitwirkungshandlung des Betroffenen ist auch im Hinblick auf begünstigende Verwaltungsakte zu erörtern. Diese Fragestellung erscheint zunächst irritierend und überflüssig, denn wir konnten feststellen, daß der belastende Verwaltungsakt, gerade weil er in die Rechte des Betroffenen eingreift, strengen rechtlichen Bindungen unterliegt. Für den begünstigenden Verwaltungsakt hingegen könnten diese Bindungen nicht bestehen. Es erscheint daher widersprüchlich, die Rechtmäßigkeit eines begünstigenden Verwaltungsaktes vom "Einverständnis" des Betroffenen abhängig machen zu wollen, denn es ist zunächst kein Grund ersichtlich, aus dem sich der Bürger gegen die Wohltaten spendende Verwaltung schützen müßte. Dies gilt insbesondere dann, wenn die zu gewährenden Begünstigungen nicht mit irgendwelchen Belastungen, wie Auflagen usw. verbunden sind. Daraus könnte der Schluß zu ziehen sein, daß immer dann, wenn der Verwaltungsakt einen begünstigenden Inhalt aufweist, die Exekutive zur - von einer Mitwirkungshandlung unabhängigen - eigenschöpferischen Rechtsgestaltung befugt ist.

So wird auch in der Literatur die Ansicht vertreten, daß beim Erlaß eines begünstigenden Verwaltungsaktes die Mitwirkung des Betroffenen entbehrlich sei, weil der ausschließlich begünstigende Verwaltungsakt keine grundrechtsbelastende Wirkung habe. Das Beispiel etwa der Baugenehmigung zeige, daß diese lediglich

---

1 Vgl. P.Krause, Willensmängel bei mitwirkungsbedürftigen Verwaltungsakten und öffentlich-rechtlichen Verträgen, JuS 1972, 425(430).

2 Vgl. dazu die umfangreiche Auflistung von D.Middel, Öffentlich-rechtliche Willenserklärungen von Privatpersonen, Diss. jur. Berlin 1971, S.32 f.

grundgesetzlich garantierte Freiheit wieder herstelle und - von der Gebührenpflicht einmal abgesehen - den Antragsteller nicht belaste. Dem Betroffenen stehe es zu, die ihm zugedachte Begünstigung in Anspruch zu nehmen oder nicht. Daher werde der Betroffene durch einen begünstigenden Verwaltungsakt nicht belastet. Eine Belastung sei nur dann anzunehmen, wenn der Erlaß eines begünstigenden Verwaltungsaktes mit belastenden Folgen für den Antragsteller verbunden sei.1)

Es wird aber auch die Auffassung vertreten, daß beim Erlaß eines begünstigenden Verwaltungsaktes eine einverständliche Mitwirkungshandlung des Betroffenen erforderlich ist. Der im deutschen Recht geltende sog. "selbstverantwortliche, individualistische Rechtserwerb"2) unterscheide sich vom gemeinwirtschaftlichen Erwerbsgrundsatz, nach dem jedem sein Anteil an Rechten und Pflichten von oben herab zugewiesen werde. Daher sei es beispielsweise unmöglich, jemanden, der es nicht wolle, das Eigentum an einer Sache zu übertragen. Von diesem Grundsatz mache auch der Erwerb von Todes wegen keine Ausnahme, da der Erbe die Möglichkeit der Ausschlagung habe. Dieser für das Zivilrecht entwickelte Erwerbsgrundsatz gelte auch für die hoheitlichen Beziehungen zwischen der öffentlichen Gewalt und dem Bürger. Er fände seine Rechtfertigung darin, daß die Gemeinschaft dem einzelnen nichts aufbürden oder gegen seinen Willen an Rechten verschaffen soll, was nicht auch der Gemeinschaft irgendwie nütze.3)

---

1 Siehe dazu Gitzinger, Verwaltungsakt auf Unterwerfung, Antragsbedingter Verwaltungsakt oder Öffentlichrechtlicher Vertrag, Diss. jur. Saarbrücken 1963, S.31 f., und Siebecke, Die mitwirkungsbedürftigen Verwaltungsakte, Diss.jur. Münster 1958, S.15.

2 Vgl. Gitzinger, S.31 f.; H.Lehmann/H. Hübner, Allgemeiner Teil des Bürgerlichen Gesetzbuches, 16. Aufl., S.134; Siebecke, S.15.

3 Siebecke, S.15 f.; vgl. auch Chr.Bellstedt, Bedürfen Subventionen gesetzlicher Grundlage?, DöV 1961, 161 (169,171) und N. Achterberg, Kriterien des Gesetzesbegriffes unter dem Grundgesetz, DöV 1373, 289(295), der sich für einen umfassenden Gesetzesvorbehalt ausspricht, weil der den Gerichten verfassungsmäßig erteilte Rechtsschutzauftrag nur erfüllt werden könne, wenn das Handeln der Verwaltung anhand gesetz-

Dieser Erwerbsgrundsatz wird teilweise nicht näher begründet.1) Soweit er begründet wird, wird eine Vielzahl von Argumenten zu seiner Rechtfertigung herangezogen. Die Geltung dieses Grundsatzes und damit auch das daraus resultierende Erfordernis einer einverständlichen Mitwirkungshandlung beim Erlaß eines begünstigenden Verwaltungsaktes wird damit belegt, daß das in Art.2 Abs.1 GG garantierte Recht zur freien Entfaltung der Persönlichkeit es dem Staat verbiete, seine Leistungen seinem Bürger gegen dessen Willen aufzudrängen.2) Auf der Grundlage dieser Erkenntnis sei die Abgrenzung zwischen begünstigenden und belastenden Verwaltungsakten von der Willensrichtung des Betroffenen her vorzunehmen. Auch dort, wo materielle Begünstigungen durch den Verwaltungsakt gegeben seien, trete daneben durch die Vernachlässigung der Autonomie des Betroffenen eine Beschwer ein.3) Jede von dem Betroffenen nicht gewollte Begünstigung stelle eine Belastung dar.4)

Diese Argumentation überzeugt. Daher ist der zweiten Ansicht zu folgen, die beim Erlaß eines begünstigenden Verwaltungsaktes eine Mitwirkungshandlung des Betroffenen fordert. Welche Qualität diese Mitwirkungshandlung aufzuweisen hat, und was mit einem Verwaltungsakt geschieht, der ohne einen solche erlassen worden ist, bleibt der weiteren Untersuchung vorbehalten. An dieser Stelle genügt die Feststellung, daß der mitwirkungsbedürftige

---

licher Maßstäbe nachprüfbar sei. Dies gelte gleichermaßen für eingreifendes wie für begünstigendes Verwaltungshandeln.

1 So etwa Heinrichs, in: Palandt, BGB, 48. Aufl., § 333 Anm. 1) a).

2 Stelkens, in: Stelkens/Bonk/Leonhardt, VwVfG, § 45 Rdnr.6.

3 P.Krause, Rechtsformen des Verwaltungshandelns, Berlin 1974, S.220 ff.; Sachs, VerwArch 76 (1985), 398(417 f.).

4 OVG Münster, NJW 1976, 688; P.Badura, Der mitwirkungsbedürftige Verwaltungsakt mit belastender Auflage, JuS 1964, 103 (106); F.Kirchhof, Der Verwaltungsakt auf Zustimmung, DVBl 1985, 651(657); Sachs, a.a.O.; Stelkens, in: Stelkens/Bonk/Leonhardt, VwVfG, § 35 Rdnr.116, § 45 Rdnr.6; vgl. zur Problematik außerdem: Weides, Verwaltungsverfahren und Widerspruchsverfahren, § 30 VI 1 b bb), S.320.

begünstigende Verwaltungsakt zu seiner Rechtmäßigkeit regelmäßig einer entsprechenden Mitwirkungshandlung des Betroffenen bedarf. Ausnahmen gelten nicht einmal dort, wo ein Gesetz der Exekutive eigenständiges Handeln gestattet, wie es etwa bei der Leistungsgewährung nach dem BSHG der Fall ist. Gemäß § 5 BSHG setzt diese ein, sobald dem Träger der Sozialhilfe bekannt ist, daß die Voraussetzungen für ihre Gewährung vorliegen, doch ist daraus nicht zu folgern, die Gewährung könne auch gegen den Willen des Betroffenen erfolgen. Dies verbieten die genannten Erwerbsgrundsätze.

Damit stellt das Einverständnis des Betroffenen (genauer: das materiell-rechtliche Element seiner Mitwirkungshandlung) die Grundlage eines ihn begünstigenden Verwaltungsaktes dar. Je nachdem, ob ein Gesetz die Behörde ermächtigt, selbständig tätig zu werden oder eine Mitwirkung des Betroffenen verlangt, ist zu unterscheiden, was im Einzelfall gefordert wird. Regelmäßig wird der Erlaß des Hoheitsaktes formell-rechtliche und materiell-rechtliche Mitwirkung des Betroffenen voraussetzen. Ausnahmen von dieser Regel ergeben sich, wie im Falle der Sozialhilfegewährung, aus der jeweiligen gesetzlichen Regelung. Doch ist damit noch keine Aussage darüber getroffen, in welchem Verhältnis Verwaltungsakt und Mitwirkungshandlung zueinander stehen, welche Rechtsqualität die Mitwirkungshandlung aufweisen muß und welche Rechtsfolgen an eine fehlende oder fehlerhafte Mitwirkungshandlung zu knüpfen sind.

2. Kapitel

Das System der mitwirkungsbedürftigen Verwaltungsakte in Schrifttum und Rechtsprechung

A. Entwicklung der Verwaltungsrechtslehre

Schon in der älteren Verwaltungsrechtslehre wurde anerkannt, daß vielerorts erst eine formelle oder materielle Mitwirkungshandlung des Betroffenen zur Rechtmäßigkeit des Verwaltungshandelns führt. Zur Frage der Bedeutung der Mitwirkungshandlung wurden verschiedene Auffassungen entwickelt. Dabei wurde die Bedeutung der Mitwirkung immer im Zusammenhang mit den Folgen ihres Fehlens oder ihrer Fehlerhaftigkeit betrachtet. Davon abweichend sollen hier die verschiedenen Stellungnahmen zum mitwirkungsbedürftigen Verwaltungsakt zunächst vornehmlich unter dem Gesichtspunkt wiedergegeben werden, wie die Bedeutung der Mitwirkungshandlung als solche gewürdigt wird. An späterer Stelle soll dann dargestellt werden, welche Folgen jeweils an das Fehlen oder die Fehlerhaftigkeit der Mitwirkungshandlung geknüpft werden.1)

I. Otto Mayers "Verwaltungsakt auf Unterwerfung"

Der von Otto Mayer sogenannte "Verwaltungsakt auf Unterwerfung" wurde von ihm am Beispiel der Beamtenernennung entwickelt. Dieses Beispiel wurde von ihm deshalb gewählt, weil gerade hier der Abschluß eines öffentlich-rechtlichen Vertrages an der fehlenden Gleichwertigkeit der Parteien scheiterte. Beim Vertrag sei "die Willenseinigung der Betheiligten ... die Trägerin des Erfolges ... kraft eines Rechtssatzes, der diese Wirkung mit ihr ver-

1 Dazu 7. und 8. Kapitel.

knüpft."1) Diese Gleichwertigkeit fehle jedoch dort, wo ein Partner dem anderen unterworfen sei.2)

Da andererseits der Staat in seiner Macht Beschränkungen unterliege, er nur in beschränktem Maße seine Bürger unterwerfen könne, sei er vielerorts auf die freiwillige Unterwerfung des Staatsbürgers angewiesen. Der Verwaltungsakt, der auf eine freiwillige Unterwerfung folgte, wurde von O. Mayer als "Verwaltungsakt auf Unterwerfung" bezeichnet.3)

O. Mayer sah in der fehlenden oder mangelhaften Mitwirkungshandlung keinen Nichtigkeitsgrund. Die Einwilligung war für ihn nicht Wirksamkeitsbedingung, sondern lediglich Rechtmäßigkeitsvoraussetzung.4) Diese Auffassung hatte in der Rechtslehre viele Anhänger gefunden;5) die Rechtsprechung hingegen vermochte sich ihr nicht anzuschließen. An Einzelfällen6) zeigte sich, daß nach dieser Lehre der Staatsgewalt eine zu große rechtliche Bedeutung beikam, da der betroffene Bürger zur Rückgängigmachung des Verwaltungsaktes auf die Anfechtung und den Rechtsweg angewiesen war. Auch das Preußische Oberverwaltungsgericht vermochte Mayer nicht zu folgen.7) Nach seiner Rechtsauffassung war die nicht von

---

1 Otto Mayer, Zur Lehre vom öffentlich-rechtlichen Vertrage, AöR 3 (1888), 3 (40).

2 Otto Mayer, a.a.O, S.41 ff.; so auch W. Apelt, Der verwaltungsrechtliche Vertrag, Leipzig 1920, S.103, 105; G.Meyers/ G. Anschütz, Lehrbuch des Staatsrechts, Leipzig 1919, S.577; H.Schulze, Lehrbuch des Deutschen Staatsrechts, Band 1, Leipzig 1886, S.321.

3 O. Mayer, a.a.O., S.41; ders., Deutsches Verwaltungsrecht Bd.I, S.98.

4 O. Mayer, Deutsches Verwaltungsrecht, Band I, S.94 f.; Band II, S.148 f.

5 So etwa K.Kormann, System der rechtsgeschäftlichen Staatsakte, Berlin 1910, S.37 ff.; H.Preuß, Das städtische Amtsrecht in Preußen, Berlin 1902, S.86 f., 96 f.; dagegen etwa F.Fleiner, Institutionen des Verwaltungsrechts, 8. Aufl. 1928, S.192 ff.

6 RGZ 96, 302(305); RGSt 56, 19.

7 Urteil v. 5. Okt. 1922, Bd.78, S.251 ff.; vgl. auch RGZ 108, 345 f.

einem entsprechenden Antrag gedeckte Versetzung eines Regierungsrates in den Ruhestand als ungültig1) anzusehen.

II. Walter Jellineks Theorie vom "zweiseitigen Verwaltungsakt"

Die weitere Entwicklung führte dann zu W. Jellineks Theorie vom "zweiseitigen Verwaltungsakt".2) Diese Theorie wollte der Mitwirkungshandlung ein stärkeres Gewicht beikommen lassen, als es nach der Lehre O. Mayers der Fall war. Danach besteht dieser Verwaltungsakt aus einer privaten Willenserklärung des Betroffenen und einer öffentlich-rechtlichen, die Vermutung der Rechtmäßigkeit und Gültigkeit in sich tragenden Willenserklärung des Staates. Als Beispiele nannte Jellinek die Anstellung im Staatsdienst, die Entlassung aus dem Staatsdienst auf Antrag sowie die Entlassung aus dem Staatsverbande.3)

In der Sache selbst fand Jellineks Theorie Anerkennung,4) jedoch stieß der Begriff des "zweiseitigen Verwaltungsaktes" auf regen Widerspruch.5) Diese Kritik hatte zum Inhalt, daß ein Verwaltungsakt von seiner Natur her immer nur ein einseitiger sein könne, der Begriff des zweiseitigen Verwaltungsaktes sei abzuleh-

---

1 ungültig = nichtig.

2 Walter Jellinek, Zweiseitiger Verwaltungsakt und Verwaltungsakt auf Unterwerfung, in: Festgabe für das PrOVG, 1925, S.84 ff.

3 W. Jellinek, Verwaltungsrecht, S.251.

4 Badura, JuS 1964, 103(104); B.Beyer, Die Bedeutung der Zustimmung eines Beteiligten zu Verwaltungsakten, Verw Arch 32 (1927), 226 ff.; A.Brand, Das Beamtenrecht, 3. Aufl. 1928, S.63; B.Drews, Preußisches Polizeirecht, Allgemeiner Teil, 5. Aufl. 1936, S.97; B.Drews/G.Wacke, Allgemeines Polizeirecht, Allgemeiner Teil, 6. Aufl. 1957, S.129; E. Forsthoff, Lehrbuch des Verwaltungsrechts, Band 1, Allgemeiner Teil, 10. Aufl. 1973, § 11, 4, S.213.

5 Badura, JuS 1964, 103(104); F.Fleiner, Institutionen des Deutschen Verwaltungsrechts, 8.Aufl. 1928, S.193 f.; Forsthoff, a.a.O., § 11, 4, S.213; Wolff-Bachof I, § 48 IV., S.408 f.

nen,1) weil er die Grenze zum öffentlich-rechtlichen Vertrage verwische.2)

III. Rudolf Elleringmanns Theorie vom "zustimmungsbedürftigen Verwaltungsakt"

Mit dieser Theorie wandte sich Elleringmann3) gegen die Lehren Mayers und Jellineks und versuchte, die Mängel beider zu beseitigen. Von ihm wurde anerkannt, daß Anstellungs- und Zustimmungserklärung jede für sich als selbständiges publizistisches Rechtsgeschäft aufzufassen seien. Hierbei bilde die Anstellungserklärung das Hauptgeschäft und sei amtlicher Art; die Zustimmungserklärung stelle ein nichtamtliches publizistisches Rechtsgeschäft dar. Im Verhältnis zum Hauptgeschäft sei die Zustimmung Nebengeschäft mit akzessorischem Charakter.4)

B. Heutiger Stand der Rechtslehre und Sprachgebrauch

Auch in der heutigen Verwaltungsrechtslehre wird über die Rechtsqualität von Mitwirkungshandlung und Verwaltungsakt und über die Rechtsfolgen, die eine fehlerhafte Mitwirkungshandlung in Bezug auf den Verwaltungsakt auslöst, heftig diskutiert. Diskussionsgegenstand ist einerseits die Vielzahl der zur Verfügung stehenden Begriffe, weil häufig ungleiche Bezeichnungen für gleiche Sachverhalte und gleiche Bezeichnungen für ungleiche Sachverhalte verwendet werden. Andererseits weichen bei der Bewertung der rechtlichen Inhalte die vertretenen Ansichten oft

---

1 A.A. wohl Eyermann/Fröhler, VwGO, 7.Aufl. 1980, Anh. § 42 Rdnr.6; H.v.Rosen-v.Hoewel, Allgemeines Verwaltungsrecht, S.89; J. Salzwedel, in: I.v.Münch (Hrsg.), Besonderes Verwaltungsrecht, 8. Abschnitt, III, 1., S.752; G.Schroeder-Printzen, Allgemeines Verwaltungsrecht in Leitsätzen, 2. Aufl. 1970, S.38; die diesen Begriff noch immer verwenden.

2 G.Scholz, Allgemeines Verwaltungsrecht II., S.30 f.; Ule/Laubinger, Verwaltungsverfahrensrecht, § 48 II.4., S.356 f.; Wolff/Bachof I, § 48 IV., S.408 f.

3 Rudolf Elleringmann, Die rechtliche Natur der Beamtenanstellung in Theorie und Rechtsprechung, BJB 1935, S.286.

4 Ebenda, S.293 f.

erheblich voneinander ab. Beim Studium des einschlägigen Schrifttums fällt neben der Kritik an der allgemeinen Begriffsverwirrung[1] der Hinweis auf, die Dogmatik des mitwirkungsbedürftigen Verwaltungsaktes sei bislang noch ungeklärt.[2] Beidem ist zuzustimmen.

Sind "Verwaltungsakt auf Unterwerfung", "zweiseitiger Verwaltungsakt", "mitwirkungsbedürftiger Verwaltungsakt", "mitwirkungsbedingter Verwaltungsakt", "antragsbedingter Verwaltungsakt", "zustimmungsbedürftiger Verwaltungsakt", "zusammenwirkungsbedürftiger Verwaltungsakt", "Verwaltungsakt auf Zustimmung", nur inhaltslose, synonym verwandte Begriffe, die sich auf ein und denselben Sachverhalt beziehen, oder gibt es sachliche Unterschiede, die auch eine unterschiedliche Bezeichnung erfordern? Es soll nun im folgenden versucht werden, die in Schrifttum und Rechtsprechung bestehenden sachlichen und terminologischen Abweichungen herauszuarbeiten, um sodann ein System zu entwickeln, in das sich Handlungsformen und Begriffe einordnen lassen. Dabei ist die Frage nach der Rechtsqualität von Mitwirkungshandlung und Verwaltungsakt von der Suche nach geeigneten Bezeichnungen scharf zu trennen.

I. Die Einteilung von Wolff/Bachof

Nach der von Wolff/Bachof[3] vertretenen Auffassung steht der Begriff "mitwirkungsbedürftiger Verwaltungsakt" als Oberbegriff für die Verwaltungsakte, die einer Mitwirkung des Adressaten bedürfen. Diese "mitwirkungsbedürftigen Verwaltungsakte" zerfallen in zwei Untergruppen. Das Abgrenzungskriterium ist auf die Art

1 Vgl. H.Hablitzel, Zur Dogmatik des Antrages beim mitwirkungsbedürftigen Verwaltungsakt, BayVBl 1974, 392(394 f.)

2 So P. Krause, Willensmängel bei mitwirkungsbedürftigen Verwaltungsakten und öffentlich-rechtlichen Verträgen, JuS 1972, 425(427).

3 Wolff/Bachof I, § 48, S.402; gleicher Ansicht etwa Middel, Öffentlich-rechtliche Willenserklärungen von Privatpersonen, S.27, der sich ausdrücklich auf diese Einteilung beruft.

der Mitwirkungshandlung bezogen: "der Adressat müsse zustimmen oder könne sich unterwerfen". Folglich heißen diese beiden Untergruppen bei Wolff/Bachof "zustimmungsbedürftige Verwaltungsakte" und "Verwaltungsakte auf Unterwerfung".

II. Die Einteilung von Schiedermair

Auch Schiedermair1) erkennt in den "mitwirkungsbedürftigen Verwaltungsakten" eine Obergruppe, die er jedoch im Gegensatz zu Wolff/Bachof nicht in zwei, sondern in drei Untergruppen unterteilt. Diese Untergruppen werden von den "Verwaltungsakten auf Antrag", den "zustimmungsbedürftigen Verwaltungsakten" und den "Verwaltungsakten auf Unterwerfung" gebildet.

Das Wesen der "Verwaltungsakte auf Antrag" erkennt Schiedermair darin, daß bei diesen die Behörde nicht von Amts wegen tätig werde, sondern bei der Einleitung eines Verwaltungsverfahrens von einem förmlichen Antrag des Interessenten abhängig sei. Der Antrag gehöre nicht zum materiellen Inhalt des ergehenden Bescheides, sondern stelle eine im Formalen, im Verwaltungsrecht liegende Voraussetzung für das Tätigwerden der Verwaltung dar. Als Beispiele werden die Erteilung der Fahrerlaubnis, einer Baugenehmigung oder einer gewerberechtlichen Konzession, sowie die Ausstellung eines Reisepasses und eines Staatsangehörigkeitsausweises genannt.2)

Das Gegenstück zu diesen Verwaltungsakten bilden nach Schiedermair die "zustimmungsbedürftigen Verwaltungsakte". Bei diesen Verwaltungsakten habe die Mitwirkung des Interessenten materiellrechtliche Bedeutung. Seine Willenserklärung bedeute für die Behörde die Ermächtigung, einen Verwaltungsakt ganz bestimmten Inhalts zu erlassen. Hierher gehörten die Beamtenernennung und die Einbürgerung. Dabei sei ohne Bedeutung, ob diese Zustimmung als

---

1 W.Schiedermair, Der Verwaltungsakt auf Unterwerfung, Diss. jur. Würzburg 1967.
2 Schiedermair, a.a.O., S.9

die notwendige und dem Verwaltungsakt vorangehende Willenserklärung als Antrag, als Zustimmung oder anderswie bezeichnet werde. Bei dieser Untergruppe der Verwaltungsakte begebe sich der Betroffene - ohne daß er dazu verpflichtet wäre oder verpflichtet werden könnte - in einen besonderen Pflichtenkreis. Hierher gehöre auch die Gruppe von Verwaltungsakten, in denen das Gesetz die Anwendung eines besonderen Verfahrens von dem "Einverständnis" des Betroffenen oder von seiner "Unterwerfung" abhängig gemacht habe. Eine gebührenpflichtige Verwarnung könne etwa dann erteilt werden, wenn der Betroffene damit einverstanden sei. Die "zustimmungsbedürftigen Verwaltungsakte" seien dadurch gekennzeichnet, daß es sich bei diesen ausschließlich um gesetzlich geregelte Fälle handele. Der den Betroffenen belastende Verwaltungsakt beruhe auf einer gesetzlichen Grundlage, setze aber gleichwohl dessen materiell-rechtliche Mitwirkungshandlung voraus.1)

Von den "Verwaltungsakten auf Antrag" und den "zustimmungsbedürftigen Verwaltungsakten" grenzt Schiedermair die "Verwaltungsakte auf Unterwerfung" ab, die im wesentlichen den Gegenstand seiner Untersuchung bilden. Diese Erscheinungsform wird zunächst definiert und dann auf ihre Zulässigkeit untersucht.

Der "Verwaltungsakt auf Unterwerfung" wird von Schiedermair unter zwei Aspekten untersucht. Er erkennt diesem Rechtsinstitut sowohl eine verwaltungsverfahrensrechtliche als auch eine rechtsstaatliche Bedeutung zu. Verwaltungsverfahrensrechtlich trage er zur Differenzierung dieses Verwaltungsaktes gegenüber anderen Erscheinungsformen bei. Rechtsstaatlich rechtfertige er Eingriffe gegenüber dem Betroffenen dort, wo eine dem Grundsatz des Vorbehalts des Gesetzes entsprechende Ermächtigung fehle. Dieser Verwaltungsakt sei immer dann anzunehmen, wenn für seinen Erlaß keine ausreichende gesetzliche Grundlage vorhanden sei und der Betroffene diesen fehlerhaften Verwaltungsakt bewußt hinnehme.2)

---

1 Schiedermair, S.9 f.
2 Schiedermair, S.10 f.

III. Die Einteilung von Gitzinger

Eine mit derjenigen von Wolff/Bachof weitgehend übereinstimmende Einteilung nimmt Gitzinger1) vor. Auch nach seiner Ansicht stellen die mitwirkungsbedürftigen Verwaltungsakte eine Obergruppe dar, die in zwei Untergruppen aufzugliedern seien.

Die eine Untergruppe bilden nach Gitzinger die von ihm sog. "antragsbedingten Verwaltungsakte".2) Dieser Verwaltungsakt stelle eine Rechtsfigur dar, die zwischen Verwaltungsakt auf Unterwerfung und öffentlich-rechtlichem Vertrag stehe.3)

Die andere Untergruppe bilden die "Verwaltungsakte auf Unterwerfung". Diese seien im Gegensatz zur ersten Untergruppe der "antragsbedingten Verwaltungsakte" durch eine individuelle rechtliche Konstruktion gekennzeichnet.4) Während bei jenen das Zusammenwirken von Staat und Bürger im äußeren Tatbestand mit dem Zustandekommen eines öffentlich-rechtlichen Vertrages übereinstimme, entspräche der Verwaltungsakt auf Unterwerfung der auf O. Mayer zurückzuführenden Verbindung von Gesetzesvorbehalt und liberaler Staatsauffassung. Bei diesem Verwaltungsakt ersetze die Einwilligung des Bürgers ein fehlendes gesetzliches Eingriffsrecht des Staates und konstituiere somit die Rechtmäßigkeit des Verwaltungsaktes.

---

1 Gitzinger, S.22.
2 Wobei er die Begriffe "mitwirkungsbedingter Verwaltungsakt" und "mitwirkungsbedürftiger Verwaltungsakt im engeren Sinne" synonym gebraucht.
3 Gitzinger, S.30 ff.
4 Gitzinger, S.21 ff.

IV. Die Einteilung von Siebecke

Auch Siebecke, der sich auf die Wolff'sche[1] Einteilung bezieht, sieht in den "mitwirkungsbedürftigen Verwaltungsakten" eine Obergruppe. Diese unterteilt er in "Verwaltungsakte auf Unterwerfung" und "zustimmungsbedürftige Verwaltungsakte".
Den zustimmungsbedürftigen Verwaltungsakt definiert er als "einen auf gesetzlicher Ermächtigung beruhenden 'unvollkommenen Verwaltungsakt', dessen Rechtmäßigkeit aus sich selbst zu beurteilen ist, dessen Rechtswirksamkeit aber abhängt von der vorher oder nachher ausdrücklich oder konkludent zu erteilenden Zustimmung der betroffenen Zivilperson, wenn aus dem Gesetz auf das Erfordernis einer solchen Zustimmung geschlossen werden kann".[2]

Im Verwaltungsakt auf Unterwerfung erkennt Siebecke einen "hoheitlichen Akt der öffentlichen Verwaltung, der zu den gesetzlichen Voraussetzungen seiner Rechtmäßigkeit (Tatbestand) auch die Unterwerfung der betroffenen Zivilperson zähle und ohne diese Unterwerfung zwar wirksam aber mangelhaft sei."[3] Die Unterwerfung sei geeignet, auch einem rechtswidrigen Verwaltungsakt zur Geltung zu verhelfen, denn in der Unterwerfung liege der Verzicht auf das zulässige Rechtsmittel.[4]

V. Die Einteilung von Kirchhof

Nach der von Kirchhof[5] vertretenen Auffassung stellen die "mitwirkungsbedürftigen Verwaltungsakte" eine Obergruppe dar. Dieser Begriff sei jedoch zu weit geraten, denn er erfasse unterschiedslos alle Arten und Subjekte der Mitwirkung.
Einen Unterfall des mitwirkungsbedürftigen Verwaltungsaktes bilde der "Verwaltungsakt auf Zustimmung". Dieser Begriff, den Kirchhof

---

1 Wolff/Bachof I, § 48, S.402 ff.
2 Siebecke, S.89 f.
3 Siebecke, S.119.
4 Siebecke, S.111.
5 Kirchhof, DVBl 1985, 651 ff.

damit in die Diskussion eingeführt hat, sei der Bezeichnung "zustimmungsbedürftiger Verwaltungsakt" vorzuziehen, da nicht eine beliebige Person zuzustimmen habe, sondern der Adressat des Verwaltungsaktes. Der Verwaltungsakt sei gerade auf dessen Zustimmung hin konzipiert.
Den auf W. Jellinek zurückzuführenden Begriff des "zweiseitigen Verwaltungsaktes" lehnt auch Kirchhof ab.1) Unter Berufung auf die bereits bekannten Argumente2) schließt er sich der herrschenden Meinung an. Bemerkenswert ist jedoch, daß Kirchhof auch den Verwaltungsakt auf Unterwerfung ablehnt. Dieser Begriff sei untauglich, weil er für ein gescheitertes Rechtsinstitut stehe, dessen Funktion verfassungswidrig sei. Dieses Rechtsinstitut habe Schiffbruch erlitten, weil weder damals zu Zeiten Mayers noch heute die Erklärung des Privaten in der Lage sei, die fehlende gesetzliche Grundlage zu ersetzen und damit den Rechtsgrund für den Verwaltungsakt zu bilden. Hinzu komme, daß der Gesetzesvorbehalt neben privaten Rechten auch Positionen im öffentlichen Interesse schützen solle, auf die jedoch eine private Unterwerfung nie einwirken könne, da diese nur Rechte treffe, die im privaten Interesse des Bürgers geschaffen worden seien. Da die private Unterwerfung den Mangel des Gesetzes nicht beseitigen könne, sei auch die Bezeichnung unangebracht, da sie die verfassungswidrige Gesetzessubstitution impliziere.3)

Der "Verwaltungsakt auf Zustimmung" hingegen sei geeignet, in zulässiger Weise den einseitigen Staatsakt mit dem privaten Willen zu verbinden. Er sei immer dort zulässig, wo überhaupt ein Verwaltungsakt ergehen könne.

Während sich Kirchhof mit der Aussage, der "mitwirkungsbedürftige Verwaltungsakt" stelle einen Oberbegriff dar, dem allgemeinen Sprachgebrauch anschließt, setzt er sich mit seinen ablehnenden Ausführungen zum Verwaltungsakt auf Unterwerfung in deutlichen

1 Kirchhof, ebenda, S.651(653 f.).
2 Dazu 2. Kapitel, A. II.
3 Kirchhof, ebd., S.654.

Widerspruch zur herrschenden Meinung,1) die dessen Verfassungsmäßigkeit nicht bestreitet.

Diese Ausführungen geben keine Auskunft darüber, wie die Obergruppe der "mitwirkungsbedürftigen Verwaltungsakte" zu unterteilen ist. Als einzige Untergruppe wird der "Verwaltungsakt auf Zustimmung" genannt. Welche andere Untergruppe das Gegenstück zu diesem bilden soll, bleibt unerwähnt. Dies könnte den Schluß zulassen, daß beide Gruppen und Begriffe denselben materiellen Gehalt aufweisen und damit gleichzusetzen sind.

VI. Die Position der Rechtsprechung zum Phänomen des mitwirkungsbedürftigen Verwaltungsaktes

Ein Studium der zu diesem Fragenkomplex ergangenen Judikatur macht deutlich, daß sich auch bei den Gerichten eine einheitliche Linie nicht hat durchsetzen können. Insgesamt betrachtet, können aus der Judikatur für die vorliegende Untersuchung nur wenige Erkenntnisse abgeleitet werden. Eine Stellungnahme zur Systematik der mitwirkungsbedürftigen Verwaltungsakte ist der auf die Lösung von Einzelfällen bedachten Rechtsprechung nicht zu entnehmen. Vielmehr wird anhand bestimmter Fallgruppen und Einzelfallösungen versucht, generelle Aussagen zu entwickeln.2) Mag die Lösung des Einzelfalles hier und da zu einem sachgerechten Ergebnis führen, scheitert jedoch die Transformation der aus der Einzelfallösung abgeleiteten generellen Aussage auf andere Fälle oder Fallgruppen daran, daß diese Aussage einer sauberen rechtstechnischen und rechtsdogmatischen Konstruktion entbehrt. Dies soll im folgenden anhand einiger Beispiele nachgewiesen werden.

---

1 Siehe dazu die umfassende Darstellung des Streitstandes im folgenden unter VII.

2 So etwa die folgenden Entscheidungen: BVerwGE 11, 18, zur konkludenten Mitwirkung betreffend der Zweckentfremdung von Wohnraum bei der Wohnbewirtschaftung; BVerwG, DVBl 1969,665, zur Übernahme einer Verpflichtung durch den Subventionsempfänger; BVerwG, AgrarR 1981, 77, zur Subventionsrückforderung aufgrund Verwaltungsakt auf Unterwerfung; BSG, NVwZ 1983, 767, zur Rechtsfolge fehlerhafter Antragstellung bei einer Beitragserstattung.

Zunächst ist ein Urteil des Bundesverwaltungsgerichts1) darzustellen. Es handelt sich dabei um eine Entscheidung zur Frage der Rückzahlungspflicht des Subventionsempfängers für den Fall bestimmungswidriger Subventionsverwendung. Die Subventionsgewährung sei, so führt das Gericht aus, von der Verpflichtung des Begünstigten abhängig, die Mittel bestimmungsgemäß zu verwenden. Die Rechtsbeziehung zwischen Behörde und Betroffenen werde folglich durch einen Verwaltungsakt auf Unterwerfung gestaltet. Die Übernahme der Verpflichtung durch den Betroffenen stelle eine zulässige Unterwerfung dar, die den Verwaltungsakt rechtswirksam mache.2)

Für den Fall der Weitergabe subventionierter Ware richte sich dieser Verwaltungsakt an all diejenigen, die die Ware erwerben. Der Verkäufer, der auf die Bedingungen der Subvention pflichtgemäß hinweise, sei der Überbringer dieses Verwaltungsaktes und damit Bote der Behörde. Es sei nicht erforderlich, daß der Verwaltungsakt den Empfänger bestimme, denn auch eine Allgemeinverfügung richte sich "an den es anginge". Wenn ein Verwaltungsakt auch einen Einzelfall regele und folglich konkret sein müsse, so betreffe dies doch nur die Bezogenheit auf einen bestimmten Sachverhalt, nicht auch seinen Empfängerkreis. Dieser Verwaltungsakt stelle daher einen "Verwaltungsakt auf Unterwerfung 'an den es angeht'" dar.
Diesem Urteil lassen sich damit folgende, für die Zwecke der vorliegenden Untersuchung bedeutsame Feststellungen entnehmen: Der Verwaltungsakt auf Unterwerfung wird als Rechtsinstitut

---

1 BVerwG, Urt.v. 28.6.1968, JZ 1969, 69 = MDR 1969, 1034 = DVBl 1969, 665 = DÖV 1969, 394 = NJW 1969, 809 = JuS 1969, 190 Nr.9 (Hermann Weber) = VerwArch 61 (1970), 174 (Menger/ Erichsen); vgl. insbesondere die Kritik von Renck, JuS 1971, 77 und Sachs, VerwArch 76 (1985), 398 (403) m.w.N.

2 BVerwG, a.a.O.

anerkannt.1) Das Bundesverwaltungsgericht geht darüber hinaus von der Existenz eines "Verwaltungsaktes auf Unterwerfung an den es angeht" aus. Die Verpflichtung des Empfängers, unter bestimmten Voraussetzungen die Subventionsleistungen zurückzugewähren, werde in einem Verwaltungsakt auf Unterwerfung verankert. Der Mitwirkungshandlung des Betroffenen, hier der Unterwerfungserklärung, komme Wirksamkeitsbedeutung zu. Bleibe diese Erklärung aus, sei der Verwaltungsakt unwirksam.

Daneben ist eine Entscheidung des Bundessozialgerichts2) darzustellen. Dieser Entscheidung liegt ein Rechtsstreit um die wirksame Erstattung von Rentenversicherungsbeiträgen zugrunde. Die Klägerin, eine türkische Staatsangehörige, war in der Bundesrepublik Deutschland versicherungspflichtig beschäftigt. Die von ihr erworbenen Rentenanwartschaften wurden ihrem Ehemann im Wege der Beitragserstattung ausgezahlt. Dieser hatte sich durch Vorlage gefälschter Papiere gegenüber dem Rentenversicherungsträger legitimiert und damit die Auszahlung an sich veranlaßt.

Das Bundessozialgericht hat dazu festgestellt, daß der Beitragserstattungsbescheid nichtig sei und damit gegenüber der Versicherten keine Wirkungen entfalte. Die Nichtigkeit folge daraus, daß diesem Bescheid kein wirksamer Antrag zugrunde liege.3)
Ein Verwaltungsakt, der nur auf Antrag ergehen dürfe, sei in der Regel nichtig, wenn kein wirksamer Antrag vorliege. Das Fehlen des erforderlichen Antrages stelle grundsätzlich einen schweren und offenkundigen Fehler dar, der die Nichtigkeit des Verwaltungsaktes zur Folge habe. Dieser Grundsatz gehöre zu den elemen-

---

1 Der Verwaltungsakt auf Unterwerfung findet als Handlungsform der öffentlichen Verwaltung in allen Instanzen und Rechtswegen Anerkennung. Vgl. dazu folgende Entscheidungen: BGH, NVwZ 1985, 517 (518); BSGE 48, 120 = SGb 1981, 26; BSG, NVwZ 1984, 62 (63); BVerwG, DVBl 1969, 665; NJW 1977, 1838; AgrarR 1981, 77; DVBl 1983, 810(812); OVG Lüneburg, NVwZ 1985, 500 (501); OVG Münster, NJW 1985, 1042; VG Schleswig, NJW 1982, 348.

2 BSG, Urt. v. 15.10.1981, NVwZ 1983, 767.

3 Das Antragserfordernis wurde für diesen Fall aus § 1303 Abs. 1 RVO hergeleitet.

taren Regeln des allgemeinen Verwaltungsrechts und sei nicht erst durch das Verwaltungsverfahrensgesetz bzw. das Sozialgesetzbuch X eingeführt worden. Gerade bei einer Beitragserstattung, die zumeist mit schwerwiegenden Konsequenzen für den Versicherten verbunden sei, habe das Fehlen eines Antrages die Nichtigkeit des Erstattungsbescheides zur Folge.

Zum Beleg für seine Rechtsauffassung, der Grundsatz, nach dem der fehlende Antrag zur Nichtigkeit des Verwaltungsaktes führe, gehöre zu den elementaren Regeln des Verwaltungsrechts, verweist das Bundessozialgericht auf seine eigene Rechtsprechung und auf die Ausführungen Forsthoffs zum fehlerhaften Verwaltungsakt.1) Diese Tatsache gilt es für die weitere Untersuchung festzuhalten. Des weiteren ist festzustellen, daß auch das Bundessozialgericht in der Mitwirkungshandlung des Betroffenen einen Umstand erblickt, der nicht nur für die Rechtmäßigkeit des Verwaltungsaktes von Bedeutung ist, sondern darüber hinaus auch für dessen Rechtswirksamkeit.

Als drittes Beispiel ist eine weitere Entscheidung des Bundessozialgerichts2) darzustellen, die gleichfalls einige, für diese Untersuchung wichtige Aussagen enthält.

Die Klägerin, ein Bauunternehmen, beantragte bei der Beklagten für eine bestimmte Anzahl bei ihr beschäftigter Arbeiter die Gewährung von Lohnkostenzuschüssen nach den Richtlinien des Bundesministers für Arbeit und Sozialordnung.3) Im Rahmen der formularmäßigen Antragstellung wurde von der Klägerin erklärt, daß sie die betreffenden Arbeitnehmer ohne die Gewährung der Lohnkostenzuschüsse nicht einstellen würde. Sie sei bereit, die empfangenen Leistungen in einem Betrag zurückzuzahlen, wenn sie

1 Das BSG , a.a.O., S.768, zitiert BSGE 12, 265(268); BSG, SozR 2200, § 1303 Nr.12 und Forsthoff, Lehrbuch des Verwaltungsrechts, 10. Aufl. 1973, S.226.

2 Urt. d. 7. Sen.d.BSG v. 22.3.1979, BSGE 48, 120 = SGb 1981, 26, mit ablehnender Anm. von F.Jülicher.

3 BAnz.1974, Nr.236, S.4.

aufgrund falscher Angaben zu Unrecht gewährt würden oder die Klägerin innerhalb von sechs Monaten nach der Einstellung einen Arbeiter entlassen würde, ohne aus wichtigem Grund dazu berechtigt zu sein. Als die durch Lohnkostenzuschüsse geförderten Arbeitsverhältnisse allesamt vor Ablauf des sechsmonatigen Zeitraumes endeten, forderte die Beklagte die von ihr gewährten Leistungen zurück.

Das Bundessozialgericht hat dazu festgestellt, daß die Beklagte berechtigt sei, die von ihr gewährten Leistungen aufgrund eines rechtmäßigen Verwaltungsaktes zurückzufordern. Die Verwaltung dürfe eine Leistung von der vorherigen "Selbstverpflichtung des Empfängers", die Leistung unter näher bestimmten Voraussetzungen zurückzuzahlen, abhängig machen, wenn dadurch künftigen ungewissen Umständen Rechnung getragen werden solle, die für die Leistungszusage maßgebend sind. Bei dieser Form der Leistungsgewährung handele es sich um einen Verwaltungsakt auf Unterwerfung.

Die Verwaltungsbehörde sei berechtigt, ihr Rückforderungsbegehren auf einem im Leistungsbescheid enthaltenen Vorbehalt zu stützen, wenn sich der Empfänger damit einverstanden erklärt habe. Nicht nur beim Vertrag, sondern auch beim Verwaltungsakt auf Unterwerfung beruhe die Verpflichtung des Leistungsempfängers darauf, daß er sich mit der Verwaltung eingelassen habe und mit dieser die ihn belastende Verpflichtung "vereinbart" habe.

Auch hier geht das Bundessozialgericht davon aus, daß sich der Betroffene der Verwaltung in bestimmter Weise unterwerfen könne. An der Rechtmäßigkeit des Verwaltungsaktes auf Unterwerfung hat das Gericht keine Zweifel. Es geht vielmehr davon aus, daß die Rechtmäßigkeit des Verwaltungsaktes daraus folge, daß der Leistungsempfänger bestimmte Verpflichtungen übernehme. Diese mit der Verwaltungsbehörde getroffene "Vereinbarung" rechtfertige die Rückforderung der Leistungen, wenn der Empfänger gegen übernommene Pflichten verstoßen habe.

VII. Zusammenfassung des Streitstandes

Die vorstehenden Ausführungen zeigen, daß die Auseinandersetzung um das Rechtsinstitut des mitwirkungsbedürftigen Verwaltungsaktes noch nicht als abgeschlossen betrachtet werden kann. Es kann eine Vielzahl unterschiedlicher Benennungen und Einteilungen festgestellt werden.

Dieses vielfältige und unübersichtliche Meinungsspektrum erscheint erstaunlich, weil es nur eine begrenzte Anzahl von Faktoren gibt, die grundsätzlich geeignet sind, die Einteilung und Abgrenzung einerseits, sowie die auftretenden Rechtsfolgen andererseits zu beeinflussen. Neben der Mitwirkungshandlung, die bekanntlich in dreierlei Weise ausgestaltet sein kann, kommen der Inhalt des Verwaltungsaktes, der begünstigend oder belastend sein kann, sowie die Ausgestaltung der einschlägigen Rechtsgrundlage in Betracht, die nicht immer, aber doch sehr oft Auskunft über den Grad der Bedeutung gibt, die der Gesetzgeber der Mitwirkungshandlung beimißt. Wie sich diese drei Faktoren auf das Verhältnis von Mitwirkung und Verwaltungsakt auswirken, wird der Gegenstand der weiteren Untersuchung sein. Doch zunächst sind die dargestellten Meinungen daraufhin zu untersuchen, ob sich zu bestimmten Problembereichen Aussagen treffen lassen, die als gesichert gelten können, oder ob zumindest zum gegenwärtigen Streitstand eine klare Übersicht gegeben werden kann.

Die Gesamtschau der Stellungnahmen und Einteilungen in Schrifttum und Rechtsprechung läßt infolge der bestehenden inhaltlichen, terminologischen und systematischen Abweichungen eine abschließende Bewertung nicht zu. Einige zusammenfassende Feststellungen lassen sich jedoch insoweit treffen, als sich bei der Erörterung verschiedener Detailfragen ein relativ klarer Streitstand herausgebildet hat, bei denen sich die jeweiligen Vertreter der widerstreitenden Ansichten gegenüberstellen lassen. Dies gilt im wesentlichen für die beiden nachgenannten Problempunkte.

1. Die Obergruppe der mitwirkungsbedürftigen Verwaltungsakte

Eine Aussage läßt sich zunächst in Bezug auf den "mitwirkungsbedürftigen Verwaltungsakt" machen. Hinter diesem Begriff verbirgt sich nach überwiegend vertretener Ansicht eine bestimmte Handlungsform der öffentlichen Verwaltung. Diese "mitwirkungsbedürftigen Verwaltungsakte" werden als Obergruppe angesehen und beinhalten demzufolge alle Verwaltungsakte, die einer bestimmten Mitwirkungshandlung des Betroffenen bedürfen.1)

---

1 In diesem Sinne etwa: U.Battis, Allgemeines Verwaltungsrecht, Rdnr.162; Brandel, in: Schweickhardt (Hrsg.), Allgemeines Verwaltungsrecht[1], 4.Aufl., Rdnr.370; H.D.Braun/U. Kanzok, Allgemeines Verwaltungsrecht und Verwaltungsverfahren, Rdnr. 203; Erichsen, in: Erichsen/Martens (Hrsg.), Allgemeines Verwaltungsrecht, § 12 IV, S.217; Gitzinger, S.22; Kirchhof, DVBl 1985, 651(653); Schiedermair, S.9 ff.; Ule/Laubinger, Verwaltungsverfahrensrecht, § 48 II. 4., S. 356 f.; Weides, Verwaltungsverfahren und Widerspruchsverfahren, § 7 VI, S.99; Wolff/Bachof I, § 48, S.402.

2. Der Verwaltungsakt auf Unterwerfung

Weiterhin kann festgestellt werden, daß der "Verwaltungsakt auf Unterwerfung" als zulässige und sachgerechte Handlungsform öffentlicher Verwaltung von Rechtsprechung1) und herrschender Lehre2) entgegen im Schrifttum vertretener Auffassung3) anerkannt wird. Dabei muß jedoch deutlich darauf hingewiesen werden, daß mit der Bezeichnung "Verwaltungsakt auf Unterwerfung", soweit sie

---

1 BSGE 48, 120 = SGb 1981, 26; BSG, NVwZ 1984, 62; BVerwG, DVBl. 1969, 665; NJW 1977, 1838; AgrarR 1981, 77; DVBl 1983, 810; OVG Lüneburg, NVwZ 1985, 500 (501); OVG Münster, NJW 1985, 1042; VG Schleswig, NJW 1982, 348.

2 Brandel, in: Schweickhardt (Hrsg.), Allgemeines Verwaltungsrecht, 4. Aufl., Rdnr.370; H.-D. Braun/U.Kanzok, Allgemeines Verwaltungsrecht und Verwaltungsverfahren, Rdnr. 203; M.Bullinger, Vertrag und Verwaltungsakt, Diss. jur. Stuttgart 1962, S.112,249; Gitzinger, S.21 ff.; K.H. Klein, Gutachten und Urteil im Verwaltungsprozeß, 2.Aufl., S.97; P.Krause, Die Willenserklärungen des Bürgers im Bereich des öffentlichen Rechts, VerwArch 61 (1970), 297 (332); H.Lohaus, in: Schroeder-Printzen, Allgemeines Verwaltungsrecht in Leitsätzen, 3. Aufl., Rdnr.339 ff.; G. Lüke/R. Zawar, Die Fehlerhaftigkeit von Rechtsakten, JuS 1970, 205, 495(496); W.Merk, Deutsches Verwaltungsrecht, Band 1, 1962, S.823; M.Oldiges, Richtlinien als Ordnungsrahmen der Subventionsverwaltung, NJW 1984, 1927 (1931); G.Pieper, Die Zulässigkeit und Funktion des öffentrechtlichen Vertrages im Verhältnis Staat - Bürger, DVBl 1967, 11(14); H.v.Rosen-v.Hoewel, Allgemeines Verwaltungsrecht, S.89; G. Schroeder-Printzen, Allgemeines Verwaltungsrecht in Leitsätzen, 2. Aufl., S.38; Schwarze, in: Knack, VwVfG, § 35 Rdnr. 5.1.6.; Stelkens, NuR 1985, 213(214); Weides, Verwaltungsverfahren und Widerspruchsverfahren, § 7 VI 2, S.100; Wittern, Grundriß des Verwaltungsrechts, § 8 III 3, S.114; Wolff/ Bachof I, § 48 III a 1, S.408.

3 Achterberg, Allgemeines Verwaltungsrecht (Lehrbuch), § 21 Rdnr. 100; Bull, Allgemeines Verwaltungsrecht, Rdnr.638; nicht ganz eindeutig etwa Erichsen, in: Erichsen/Martens (Hrsg.), Allgemeines Verwaltungsrecht, § 12 IV, S. 218; H.Faber, Verwaltungsrecht, § 20 II, S.168; V.Götz, Die Rückforderung von Subventionen, NVwZ 1984, 480(482); I. Heberlein, Auswirkungen der Verwaltungsverfahrensgesetze auf die Systematik des Verwaltungsrechts, S.266, wendet sich gegen die Bezeichnung; F.Jülicher, Anm. zum Urt. des BSG vom 22.3. 1979, SGb 1981, 26 (31 f.); Kirchhof, DVBl 1985, 651 (654); W.Schiedermair, Der Verwaltungsakt auf Unterwerfung, Diss. jur. Würzburg 1967, S.167 ff.

verwendet wird, nicht immer derselbe Kreis von Verwaltungsakten umschrieben wird.1)

1 Vgl. etwa die Unterschiede bei Otto Meyer, AöR 3 (1888), 3 (40), ders., Deutsches Verwaltungsrecht, Band I, S.94 f., einerseits, und Wolff/Bachof I, § 48 III, S.408 f., andererseits.

3. Kapitel

Das System der mitwirkungsbedürftigen Verwaltungsakte nach hier vertretener Auffassung

Die erforderliche Systematisierung der Begriffe und Handlungsformen hat beim "mitwirkungsbedürftigen Verwaltungsakt" zu beginnen. Dieser stellt auch nach hier vertretener Auffassung eine Obergruppe dar.1) Er ist eine besondere Ausprägung und damit seinerseits eine Untergruppe des in § 35 VwVfG definierten Verwaltungsaktes. Im Regelfall ist die Verwaltungsbehörde befugt, aufgrund der ihr verliehenen Hoheitsmacht Verwaltungsakte zu erlassen. Diese sind grundsätzlich von einem Verhalten des Betroffenen unabhängig.

Der "mitwirkungsbedürftige Verwaltungsakt" hingegen setzt voraus, daß der Betroffene in bestimmter Weise mitwirkt. "Mitwirkungsbedürftigkeit" bedeutet, daß der rechtmäßige und/oder rechtswirksame Erlaß eines Verwaltungsaktes eine bestimmte Art der Beteiligung des von ihm Betroffenen fordert.

Das Mitwirkungserfordernis kann, wie eingangs festgestellt,2) vom Gesetzgeber in dreierlei Weise ausgestaltet sein. Demzufolge kommen drei Formen der Mitwirkungshandlung in Betracht. Die "mitwirkungsbedürftigen Verwaltungsakte" bedürfen also zu ihrer Rechtmäßigkeit und/oder Rechtswirksamkeit einer dieser Mitwirkungshandlungen. Welche dieser drei Formen im konkreten Fall gegeben sein muß, ist den jeweiligen gesetzlichen Vorschriften zu entnehmen, die das Mitwirkungserfordernis enthalten.
Der Begriff "Mitwirkung" steht damit nach hier vertretener Auffassung als Oberbegriff für jede Art tätiger und rechtserheblicher Beteiligung des Privaten beim Zustandekommen eines ihn betreffenden Verwaltungsaktes.

---

1 Zum Streitstand siehe 2. Kapitel, B. VII.
2 Siehe dazu die in der Einleitung genannten drei Formen der Mitwirkung.

Die Obergruppe der mitwirkungsbedürftigen Verwaltungsakte zerfällt in zwei Untergruppen. Nach herrschender und beizutretender Ansicht ist hier zwischen belastenden und begünstigenden Verwaltungsakten zu unterscheiden. Demzufolge besteht die eine Gruppe aus mitwirkungsbedürftigen belastenden Verwaltungsakten, die andere Gruppe aus mitwirkungsbedürftigen begünstigenden Verwaltungsakten.1)

A. Mitwirkungsbedürftige belastende Verwaltungsakte

I. Erscheinungsformen und Bezeichnung

Die mitwirkungsbedürftigen belastenden Verwaltungsakte werden dadurch gekennzeichnet, daß der Betroffene einverständlich an der vom Verwaltungsakt ausgehenden, ihn belastenden Regelung mitwirkt. Diese Verwaltungsakte werden nach verbreitetem juristischem Sprachgebrauch als "Verwaltungsakte auf Unterwerfung" bezeichnet.2) Dieser Begriff hat sich eingebürgert und repräsentiert eine im folgenden noch näher zu bestimmende Handlungsform. Keineswegs ist davon auszugehen, er stehe für ein verfassungsrechtlich gescheitertes Rechtsinstitut.3)

---

1 Eine Unterscheidung zwischen begünstigenden und belastenden mitwirkungsbedürftigen Verwaltungsakten findet sich auch bei H.-D. Braun/U.Kanzok, Allgemeines Verwaltungsrecht und Verwaltungsverfahren, Rdnr.203; M.Bulling, Zur Frage des mangelnden Antrags bei antragsbedürftigen begünstigenden Verwaltungsakten, DÖV 1962, 378(379); dagegen Heberlein, S.266, "Die Unterscheidung von belastendem oder begünstigendem Verwaltungsakt wirkt sich auf die Bedeutung der Adressatenbeteiligung nicht aus."

2 Zum Streitstand siehe weiter oben 2. Kapitel, B. VII. 2.

3 So aber Kirchhof, DVBl 1985, 651(654); ähnlich wie dieser auch Heberlein, S.266; Schiedermair, S.168; siehe auch die im 2. Kapitel, B. II., V. zitierten Stimmen, die gleichfalls dieser Handlungsform ablehnend gegenüberstehen.

1. Erscheinungsformen

Bei den hier zu untersuchenden, auf gesetzlicher Grundlage beruhenden mitwirkungsbedürftigen belastenden Verwaltungsakten rechtfertigt die Unterwerfung des Betroffenen hoheitliches Handeln dort, wo dieses zwar gesetzlich vorgesehen, aber letztlich davon abhängig gemacht worden ist, daß sich der Betroffene damit einverstanden erklärt.

So bildet etwa die Widmung eines Privatgrundstücks zur öffentlichen Straße einen auf gesetzlicher Grundlage beruhenden Verwaltungsakt auf Unterwerfung. Die in den einschlägigen gesetzlichen Vorschriften[1] geforderte Zustimmung des Eigentümers oder des sonst zur Nutzung dinglich Berechtigten bildet die "Unterwerfung" des Betroffenen in den exekutiven Akt, der nach dem Willen des Gesetzgebers ohne diese nicht fehlerfrei erfolgen kann.
Als weitere Beispiele für einen solchen Verwaltungsakt sind die Beamtenernennung und die Verwarnung nach § 56 OWiG zu nennen. § 56 Abs.2 S.1 OWiG fordert für die Wirksamkeit der Verwarnung das "Einverständnis" des Betroffenen. Die Verwarnung bildet damit einen auf einer gesetzlichen Grundlage beruhenden Verwaltungsakt, der nach dem Willen des Gesetzgebers nur dann erlassen werden kann, wenn sich der Betroffene seinem Regelungsgehalt und damit den ihn belastenden Folgen unterwirft.
Zu dieser Untergruppe mitwirkungsbedürftiger Verwaltungsakte zählt auch die gemäß § 5 Abs.1 S.5 WPflG zulässige Einberufung eines Minderjährigen zum Wehrdienst in der Bundeswehr.

2. Die Tauglichkeit der Bezeichnung "Verwaltungsakt auf Unterwerfung"

Die Zulässigkeit des auf gesetzlicher Grundlage beruhenden Verwaltungsaktes auf Unterwerfung begegnet als Handlungsform der öffentlichen Verwaltung grundsätzlich keinen Bedenken. Auch

---

1 Vgl. etwa § 2 Abs.2 FStrG, § 5 Abs.2 BremLStrG, § 6 Abs.2 NStrG, § 6 Abs.5 StrWGNW.

gegenüber dieser Bezeichnung sind Einwendungen nicht angebracht. Der stark obrigkeitsstaatliche Einschlag, der dem Ausdruck "Unterwerfung" beigemessen wird, steht dem nicht entgegen.1) Der von Otto Mayer am Beispiel der Beamtenernennung entwickelte Verwaltungsakt auf Unterwerfung unterscheidet sich nicht wesentlich von den heute vorzufindenden Erscheinungsformen. Die zentralen Elemente dieser Handlungsform haben keine Veränderung erfahren. Damals wie heute handelt es sich um einen Akt hoheitlicher Gewalt, dessen fehlerfreier Erlaß eine einverständliche Mitwirkungshandlung des von ihm Betroffenen voraussetzt. Allein die Ersetzung eines unliebsamen Begriffes durch einen anderen beseitigt noch nicht die inhaltlichen Schwierigkeiten. Die Beibehaltung dieses Ausdrucks ist aus mehreren Gründen wünschenswert. Zunächst scheiden andere in Frage kommende Begriffe aus, da sie bereits durch andere Handlungsformen besetzt sind.2) Darüber hinaus findet nicht nur die Handlungsform als solche, sondern auch die Bezeichnung in Rechtsprechung und Schrifttum weite Anerkennung.3) Letztlich ist hervorzuheben, daß der Begriff "Verwaltungsakt auf Unterwerfung" die Eigenart des mitwirkungsbedürftigen belastenden Verwaltungsaktes besonders gut kennzeichnet, was insbesondere das Beispiel der Einberufung eines Minderjährigen zum Dienst in der Bundeswehr belegt.

II. Funktion und Bedeutung

Die "Unterwerfung" des Betroffenen bildet die materiell-rechtliche Grundlage für den Erlaß eines ihn belastenden Verwaltungsaktes überall dort, wo die der Verwaltung durch die Gesetze verliehene Kompetenz dazu nicht ausreicht und die geltenden Rechtsvorschriften noch eine Mitwirkungshandlung des Betroffenen fordern. Die Unterwerfung hat immer materiell-rechtliche Bedeutung. In bestimmten Fällen besitzt sie darüber hinaus noch eine for-

---

1 Ebenso Schiedermair, S.12, in Fn.3.
2 Dazu im folgenden B.
3 Dazu 2. Kapitel, B. VII. 2.; An den Umstand, daß dieser Begriff mitunter für unterschiedliche Sachverhalte Anwendung findet, sei hier nochmals erinnert.

mell-rechtliche Funktion. Im bereits erörterten Beispielsfall der Verwarnung gem. § 56 OWiG kommt der Unterwerfung ausschließlich materiell-rechtliche Bedeutung zu, da die Rechtsmacht zur Verfahrenseinleitung ausschließlich der Behörde zusteht. Anders liegt der Fall der Beamtenernennung. Hier beeinflußt die Mitwirkung des Bewerbers auch die Einleitung eines Verwaltungsverfahrens. Der Bewerber "unterwirft" sich in materiell-rechtlicher Hinsicht den belastenden Folgen der Beamtenernennung, wie zum Beispiel der Dienstpflicht und Gehorsamspflicht. In formell-rechtlicher Hinsicht führt seine Bewerbung zur Einleitung eines Verwaltungsverfahrens, in dessen Verlauf die Voraussetzungen seiner Ernennung überprüft werden.

Streng genommen ist es so, daß sich der Betroffene nicht dem Verwaltungsakt als solchem, sondern nur einer von ihm ausgehenden (Teil-)Belastung unterwirft. Diese Feststellung soll an zwei Beispielen verdeutlicht werden. Für das Beispiel der Beamtenernennung stellt sich die Frage, warum diese nicht als begünstigender Verwaltungsakt zu qualifizieren ist,1) sondern einen Verwaltungsakt auf Unterwerfung darstellt.2) Der Bewerber, der sich um seine Einstellung in das Beamtenverhältnis bemüht, sieht in der erstrebten Beamtenernennung einen ihn begünstigenden Staatsakt. Die zu erwartende Rechtsposition und die damit verbundenen Vorteile erweitern seine Rechtssphäre. Demzufolge ist er selbstverständlich und gern bereit, die mit seiner Dienststellung verbundenen Pflichten zu übernehmen.

Der Grund, für diesen Fall einen Verwaltungsakt auf Unterwerfung anzunehmen, liegt darin, daß der Staat mangels entsprechender gesetzlicher Legitimation nicht befugt ist, jemanden gegen seinen Willen zur Dienstleistung heranzuziehen. Die Dienstverpflichtung

---

1 So Brandel, in: Schweickhardt (Hrsg.), Allgemeines Verwaltungsrecht, 4. Aufl., Rdnr.370; Erichsen, in: Erichsen/Martens (Hrsg.), Allgemeines Verwaltungsrecht, § 12 IV., S.217 f.

2 In diesem Sinne H.Lohaus, in: Schroeder/Printzen, Allgemeines Verwaltungsrecht in Leitsätzen, 3. Aufl., Rdnr. 339 ff.; H.v. Rosen-v.Hoewel, Allgemeines Verwaltungsrecht, S.89.

des Beamten erfolgt daher auf freiwilliger Basis, auf der Grundlage seiner materiellen Einverständniserklärung, der sogenannten "Unterwerfung". Das Erfordernis einer Mitwirkungshandlung des Bewerbers folgt hier aus der die Beamtenernennung vorsehenden Rechtsvorschrift1) und bezieht sich damit auf den belastenden Teil des erstrebten Verwaltungsaktes. Die Unterwerfung gewährt dem Staat eine ansonsten nicht zustehende Eingriffsermächtigung. Damit erhält dieser die Möglichkeit, durch einen einseitigen Staatsakt, wie ihn der Verwaltungsakt darstellt, den Betroffenen zur Dienstleistung zu verpflichten.

Anders liegen aber die Dinge bei der Subventionsgewährung. Gegen die Ansicht der Rechtsprechung,2) in diesen Fällen einen Verwaltungsakt auf Unterwerfung anzunehmen, bestehen erhebliche Bedenken. Die Subventionierung ist für den Betroffenen zunächst einmal rechtlich und wirtschaftlich vorteilhaft. Etwaige Nachteile für den Subventionsempfänger liegen einzig darin, daß er gehalten ist, die ihm gewährten Leistungen in bestimmter Weise zu verwenden und sie im Falle zweck- und bestimmungswidriger Verwendung zurückzuzahlen. Auch im Falle der Rückzahlung steht der Empfänger nicht schlechter da, als er stehen würde, hätte er die Subvention nie empfangen. Der subventionsgewährende Verwaltungsakt erweitert demzufolge die Rechtssphäre des Betroffenen.

Die Leistungsgewährung erfolgt aber nur dann, wenn er erklärt, er werde die Leistung entsprechend dem Subventionszweck verwenden und sie widrigenfalls zurückzahlen. Die Leistungsgewährung der Behörde und die Rückzahlungsverpflichtung des Subventionsempfängers sind also in bestimmter Weise miteinander verknüpft. Dies ist der Grund, warum der die Subvention gewährende Verwaltungsakt, obwohl er einen begünstigenden Inhalt aufweist, in der Rechtsprechung als Verwaltungsakt auf Unterwerfung angesehen

---

1 Vgl. etwa §§ 6, 9 Abs.1 Nr.3 BBG
2 Vgl. dazu die weiter oben dargestellten Entscheidungen BVerwG, DVBl 1969, 665; BSGE 48, 120 = SGb 1981, 26; siehe auch BVerwG, AgrarR 1981, 77.

wird. Die Unterwerfung bildet damit, so die Ansicht der Rechtsprechung, die Rechtsgrundlage für eine etwaige Rückforderung.1)

Ob schon die einvernehmliche Begründung einer Rückforderungsmöglichkeit die Annahme eines Verwaltungsaktes auf Unterwerfung rechtfertigt, erscheint zweifelhaft. Dies gilt insbesondere deshalb, weil die Rückzahlungsverpflichtung des Empfängers vom Eintritt eines ungewissen Ereignisses abhängt. Weiterhin wird übersehen, daß gerade und allein der Empfänger es ist, der den Eintritt dieses Ereignisses beeinflussen kann. Es steht in seinem Belieben, die empfangenen Leistungen zweckwidrig oder zweckgemäß zu verwenden. Folglich sind die aus der "Unterwerfung" resultierenden Rechtsfolgen vom Willen des Betroffenen abhängig. Dieses Wirkungsverhältnis von Ereignis und Rechtsfolge repräsentiert damit die typischen Merkmale einer Bedingung.

Empfängt der Betroffene bestimmte Leistungen, und ist das Behaltendürfen dieser Leistungen davon abhängig, daß er in Zukunft bestimmte Handlungen vornimmt oder unterläßt, so ist für einen Verwaltungsakt auf Unterwerfung kein Raum. Vielmehr ist von einer bedingten Subventionsgewährung auszugehen.

Die "Unterwerfung" hingegen kennzeichnet typischerweise das unbedingte materiell-rechtliche Einverstandensein des Betroffenen mit einer ihn belastenden Rechtsfolge. Dies machen die bereits diskutierten Beispiele der Zustimmung des Grundstückseigentümers in die Widmung seines Grundstücks, der Einberufung eines Minderjährigen zum Wehrdienst in der Bundeswehr und der Verwarnung gem. § 56 OWiG deutlich. Widmung, Einberufung und Verwarnung bilden klassische Beispiele für einen Verwaltungsakt auf Unterwerfung. In diesen Fällen erklärt der Betroffene seine vom Gesetz geforderte Unterwerfung unter die vom Verwaltungsakt ausgehende, ihn belastende Regelung. Die Entscheidung, ob er sich unterwirft, steht in seinem Ermessen. Hat er sich aber einmal unterworfen,

---

1 Besonders instruktiv ist die genannte Entscheidung des BVerwG, AgrarR 1981, 77.

ist er an die Folgen seiner Unterwerfung ohne den Eintritt weiterer Bedingungen gebunden. Würde diese Unterwerfung aber nur dann Rechtsfolgen entfalten, wenn er dies wünscht und den Eintritt eines von seinem Willen abhängigen Ereignisses herbeiführt, so ist, wie in den Fällen der Subventionsgewährung, nicht von einer Unterwerfung, sondern vielmehr vom Vorliegen einer Bedingung auszugehen.1)

III. Wesensmerkmale des Verwaltungsaktes auf Unterwerfung

Abschließend zeichnen sich folgende Definitionsmerkmale ab, die gegeben sein müssen, um einen Verwaltungsakt auf Unterwerfung annehmen zu können:

- Es muß sich um einen Verwaltungsakt handeln, der gegenüber dem Betroffenen (teil-)belastende Rechtswirkungen entfaltet.
- Dieser belastende Verwaltungsakt kann aber dann fehlerfrei erlassen werden, wenn der Betroffene in bestimmter Weise mitwirkt.
- Das Mitwirkungserfordernis ist für die hier diskutierten, auf gesetzlicher Grundlage beruhenden Verwaltungsakte allgemein aus den Grundrechten des Betroffenen oder konkret aus den gesetzlichen Vorschriften abzuleiten, die dieses ausdrücklich oder konkludent vorschreiben.
- Die Mitwirkungshandlung setzt immer das unbedingte materiellrechtliche Einverständnis des Betroffenen, die "Unterwerfung" also, in die vom Verwaltungsakt ausgehende, vom Gesetz vorgesehene, aber nicht gedeckte, ihn belastende Regelung voraus.
- Die Zulässigkeit der Unterwerfung findet dort ihre Grenze, wo

---

1 Für die Annahme einer Bedingung in den Fällen der Selbstverpflichtung des Betroffenen, zweck- und antragswidrig verwendete Subvention zurückzuzahlen, sprechen sich aus: Meinecke, DVBl 1984, 725(726); Chr. Gusy, Jura 1985, 578(580); Sachs, VerwArch 76 (1985), 398 (403); Stober, DÖV 1984, 265(270); Wolff/Bachof I, § 48 III a) 1., S.408; zur Verknüpfung von Verwaltungsakt und Bedingung vgl. im einzelnen Th. Elster, Begünstigende Verwaltungsakte mit Bedingungen, Einschränkungen und Auflagen, Göttingen 1979, S.54 ff.

der Betroffene Gefahr läuft, unverzichtbare grundrechtsgeschützte Rechtspositionen aufzugeben.

B. Mitwirkungsbedürftige begünstigende Verwaltungsakte

I. Erscheinungsformen

Die mitwirkungsbedürftigen begünstigenden Verwaltungsakte werden dadurch gekennzeichnet, daß sie für den Betroffenen eine Erweiterung seiner Rechtssphäre zur Folge haben, dieser jedoch am Erlaß des Verwaltungsaktes in bestimmter Weise mitzuwirken hat.1) Die Mitwirkung kann auch hier formell-rechtliche oder materiell-rechtliche Qualität besitzen. Mitunter ist dem Mitwirkungserfordernis auch zu entnehmen, daß die Mitwirkungshandlung des Privaten sowohl formell-rechtliche als auch materiell-rechtliche Qualität aufzuweisen hat. Dementsprechend sind drei Gruppen der mitwirkungsbedürftigen begünstigenden Verwaltungsakte zu unterscheiden, nämlich formell-rechtlich mitwirkungsbedürftige begünstigende, materiell-rechtlich mitwirkungsbedürftige begünstigende und formell- und materiell-rechtlich mitwirkungsbedürftige begünstigende Verwaltungsakte.

II. Funktion, Bedeutung und Bezeichnung

1. Formell-rechtlich mitwirkungsbedürftige begünstigende Verwaltungsakte

Diejenigen Verwaltungsakte, die der Untergruppe der formell-rechtlich mitwirkungsbedürftigen begünstigenden Verwaltungsakte angehören, sind kurz als "antragsbedürftige Verwaltungsakte" zu bezeichnen. Sie bilden den Abschluß eines Verwaltungsverfahrens, dessen Einleitung von einem "Antrag" des Betroffenen abhängt. Bedeutsam ist insofern das formell-rechtliche Element, da die hier herrschende Dispositionsmaxime die Rechtsmacht zur Verfahrenseinleitung dem Bürger zugewiesen hat, § 22 S.1 Nr.1, 2. Alt. und § 22 S.2 Nr.2 VwVfG.

---

1 Dazu 1. Kapitel, insbesondere dort B. II. 1.

2. Materiell-rechtlich mitwirkungsbedürftige begünstigende Verwaltungsakte

Die zweite Untergruppe der begünstigenden mitwirkungsbedürftigen Verwaltungsakte wird dadurch gekennzeichnet, daß hier die erforderliche Mitwirkungshandlung von ausschließlich materiell-rechtlicher Qualität zu sein hat. Vom Vorliegen eines "antragsbedürftigen" Verwaltungsaktes ist nicht auszugehen, da das den Antrag typischerweise kennzeichnende formell-rechtliche Element hier fehlt.

Daher stellt sich die Frage, ob dieser Gruppe ein anderer der bekannten Begriffe zugeordnet werden kann. Es kommt zunächst der Begriff des "zustimmungsbedürftigen Verwaltungsaktes" in Betracht.

Als "zustimmungsbedürftiger Verwaltungsakt" wird nach überwiegender und vorzugswürdiger Terminologie ein Verwaltungsakt bezeichnet, der zu seiner Rechtmäßigkeit oder Rechtswirksamkeit der Zustimmung einer öffentlich-rechtlichen Körperschaft oder Behörde bedarf.1) Das Bemühen um sprachliche Genauigkeit gebietet es, den Begriff "Zustimmung" für die hier in Rede stehenden Mit-

---

1 BVerwGE 11, 195(198); 22, 342(344); N.Achterberg, Allgemeines Verwaltungsrecht, Fälle und Lösungen, S.115; ders., Allgemeines Verwaltungsrecht, Lehrbuch, § 21 Rdnr.98, S. 441; K.H. Friauf, Die behördliche Zustimmung zu Verwaltungsakten anderer Behörden - Verwaltungsakt oder bloßer Verwaltungsinternum, DÖV 1961, 666(667); O.Frischman/O. Weingart, Zur selbständigen Anfechtbarkeit behördlicher Mitwirkungsakte, DÖV 1962, 721 ff.; Hablitzel, Zur Dogmatik des Antrags beim mitwirkungsbedürftigen Verwaltungsakt, BayVBl 1974, 392 (395); Franz Mayer, Allgemeines Verwaltungsrecht, 2. Kapitel, D, S.87; Stelkens, in: Stelkens/Bonk/Leonhardt, VwVfG § 35 Rdnr.97 f.; - vgl. als Beispiel für den Gebrauch des Begriffes im Gesetz das "Zustimmungs"-erfordernis in § 9 Abs.2, 3 FStrG und § 36 Abs.2 BauGB. Bemerkenswert ist auch hier die Begriffsvielfalt; vgl. dazu die Ausführungen von K.H. Klein, Die öffentlich-rechtliche Assessorarbeit, JuS 1963, 185(187). Den Begriff "Zustimmung" für eine Mitwirkungshandlung des Betroffenen verwenden: Chr.Heinze, Das Zusammenwirken von Behörden beim Erlaß von Verwaltungsakten, VerwArch 52 (1962), 159,275(288 ff.); Kirchhof, DVBl.1985, 651, "Der Verwaltungsakt auf Zustimmung"; Siebecke, S.82,88; Wolff/Bachof I, § 48 II, S.403.

wirkungshandlungen des Betroffenen auszuscheiden, da er bereits durch andere Handlungsformen hinreichend besetzt ist.

Auch der Begriff der "Genehmigung" ist nicht geeignet, die hier in Rede stehende Handlungsform hinreichend präzise zu kennzeichnen. Dieser Begriff wird im herrschenden juristischen Sprachgebrauch in zweierlei Weise verwandt. Im Zivilrecht steht er gem. § 184 Abs.1 BGB für die nachträgliche Zustimmung zu einem Rechtsgeschäft; im Verwaltungsrecht ist die "Genehmigung" terminus technicus für die von einer Behörde erteilte Erlaubnis.1)

Begriffslogisch impliziert die Genehmigung, die im Bereich des Zivilrechts bekanntlich auch nachträglich erklärt werden kann, die Rechtsfolge der schwebenden Unwirksamkeit. Diese ist jedoch im öffentlichen Recht -falls überhaupt-2) nur für bestimmte Fallgruppen anzuerkennen. In dieser Allgemeinheit muß diesem Begriff daher die Berechtigung versagt werden, für das materiell-rechtliche Element der Beteiligung eines Privaten bei Erlaß hoheitlicher Akte zu stehen.

Die hier in Rede stehende Mitwirkungshandlung ist daher zur deutlichen Abgrenzung von anderen Mitwirkungsformen und zur präzisen Einordnung in das System mitwirkungsbedürftiger Verwaltungsakte als "Einwilligung" zu bezeichnen. Dieser Begriff wird lediglich im Zivil-3) und Strafrecht4) verwandt für das öffent-

---

1 Siehe dazu etwa die Baugenehmigung gem. § 68 NBauO, Genehmigung gem. § 4 ff. BImSchG; synonym wird der Begriff "Erlaubnis" verwendet, vgl. etwa § 8 Abs.2 FStrG; vgl. zum Begriff auch Creifelds, Rechtswörterbuch, 7.Aufl., S.353, 448, 1357; Wolff/Bachof I, § 48 II a, S.403.

2 Vgl. zu den Rechtsfolgen die Ausführungen im 7. und 8. Kapitel sowie die ablehnende Haltung einer starken im Schrifttum vertretenen Ansicht zur Rechtsfolge der schwebenden Unwirksamkeit bei Verwaltungsakten, so etwa B.-F. Hoffmann, Die aufgedrängte Erlaubnis, Zur Lehre von der sog. "modifizierenden Auflage", DVBl 1977, 514(516). Klappstein, in: Knack, VwVfG, § 43 Anm. 2.2; Kopp, VwVfG, § 43 Rdnr.27; jeweils m.w.N. Zum Streitstand siehe die Übersicht unter 7. Kapitel, B. I. 3.

3 Vgl. H.Heinrichs, in: Palandt, BGB, Einf.v.§ 182, Anm.1.

4 Vgl. Th.Lenckner, in: Schönke/Schröder, StGB, Vorbem. §§ 32 ff. Rdnr.29 ff.

liche Recht ist er noch frei. Die "Einwilligung" stellt somit das materiell-rechtliche Einverständnis des Betroffenen zum Erlaß eines begünstigenden Verwaltungsaktes dar.

Die materiell-rechtliche Bedeutung der "Einwilligung" beim begünstigenden Verwaltungsakt ist gleichzusetzen mit der "Unterwerfung" beim belastenden Verwaltungsakt. Rechtstechnisch besteht zwischen beiden kein Unterschied. Hier wie dort schafft die Erklärung des Betroffenen eine materiell-rechtliche Voraussetzung für den Erlaß des Hoheitsaktes und gewährt dem Staat die Berechtigung - um damit auf das bereits erwähnte Bild zurückzukommen -, die Grenze zwischen den Rechtssphären beider mit dem Instrument des Verwaltungsaktes zu verschieben.

Die Gruppe dieser ausschließlich materiell-rechtlich mitwirkungsbedürftigen begünstigenden Verwaltungsakte ist daher mit dem Begriff "einwilligungsbedürftige Verwaltungsakte" zu überschreiben. Dies ermöglicht eine klare begriffliche und inhaltliche Abgrenzung zu anderen Untergruppen des mitwirkungsbedürftigen Verwaltungsaktes.

3. Formell- und materiell-rechtlich mitwirkungsbedürftige begünstigende Verwaltungsakte

Folgt aus dem gesetzlichen Mitwirkungserfordernis, daß die Mitwirkungshandlung des Betroffenen formell-rechtliche und materiell-rechtliche Qualität aufzuweisen hat, so kommt es zu einer Verbindung der beiden vorgenannten Gruppen. Vielfach ist der Erlaß eines begünstigenden Verwaltungsaktes davon abhängig gemacht, daß der Betroffene eine verfahrenseinleitende Mitwirkungshandlung vornimmt und sich gleichzeitig mit der von der Behörde erstrebten Regelung materiell-rechtlich einverstanden erklärt.1) Als Beispiele sind etwa die Baugenehmigung und die straßenrechtliche Sondernutzungserlaubnis zu nennen. Beide bilden begünstigende Verwaltungsakte; in beiden Fällen ist die Erteilung der Genehmigung bzw. Erlaubnis von einer Antragstellung des Betroffenen

---

1 Siehe dazu die zweite Form der Mitwirkung, dargestellt in der Einleitung.

abhängig.1) Welche Qualität der zu stellende Antrag aufweisen muß, ist den das Antragserfordernis enthaltenden Vorschriften klar und eindeutig meist nicht zu entnehmen. Dies ergibt sich erst bei einer umfassenden Betrachtung der gesamten Regelungsmaterie, wie etwa in den genannten Beispielsfällen.

Eine Antragstellung, die in der qualifizierten Form formellrechtlicher und materiell-rechtlicher Mitwirkung erfolgt, wird häufig als "Antrag mit dualistischem Charakter"2) oder als "materieller Antrag"3) bezeichnet. Insbesondere der zweite Ausdruck scheint geeignet, die hier in Rede stehende Mitwirkungsform zu bezeichnen. Einerseits ist er kurz und präzise, andererseits vermag er über die dahinterstehende Mitwirkungsform und deren Funktion im Verwaltungsverfahren erschöpfende Auskunft zu erteilen. Der Begriff "materieller Antrag" ist daher für diese Form der Mitwirkung zu verwenden. Demzufolge ist die sich darauf beziehende Untergruppe der mitwirkungsbedürftigen begünstigenden Verwaltungsakte als "materiell-antragsbedürftige Verwaltungsakte" zu bezeichnen. Ihr rechtmäßiger und/oder rechtswirksamer Erlaß setzt das Vorliegen eines "materiellen Antrages" voraus.

---

1 Bei der Baugenehmigung erfolgt das Antragserfordernis aus der Statuierung eines präventiven Verbotes mit Erlaubnisvorbehalt: "Baumaßnahmen bedürfen der Genehmigung. Die Erteilung der Genehmigung setzt einen Bauantrag voraus"; vgl. etwa §§ 68, 72 NBauO, 87, 89 BremLBauO. Gleiches gilt bei der Sondernutzung einer öffentlichen Straße. Der Gesetzestext "Die Sondernutzung bedarf der Erlaubnis" impliziert das Antragserfordernis, vgl. §§ 18 NStrG, 8 FStrG.

2 Siehe etwa Badura, JuS 1964, 103(105); Chr.Gusy, Der Antrag im Verwaltungsverfahren, BayVBl 1985, 484(486), spricht von "Doppelcharakter"; Weides, Verwaltungsverfahren und Widerspruchsverfahren, § 4 III 1, S.36, von "Doppelfunktion".

3 Siehe etwa Hablitzel, BayVBl 1974, 392 (395); D.Middel, Öffentlich-rechtliche Willenserklärungen von Privatpersonen, Diss. jur. Berlin 1971, S.26.

4. Kapitel

Die rechtliche Qualifizierung der Mitwirkungshandlungen

Im Anschluß an die Untersuchung des Funktionszusammenhanges zwischen Mitwirkungshandlung und Verwaltungsakt ist nun zu ermitteln, nach welchen Rechtsregeln sich die Behandlung der Mitwirkungshandlung zu richten hat. Die Beantwortung dieser Frage erfordert jedoch zunächst die Feststellung, wie diese Mitwirkungshandlungen rechtlich zu qualifizieren sind. Denn erst wenn fest steht, welche rechtliche Qualität die jeweilige Mitwirkungshandlung aufweist, kann erörtert werden, welche Rechtsregeln hierauf Anwendung finden. Diese beiden Feststellungen bilden sodann die Grundlage der weitergehenden Frage, welches Schicksal Mitwirkungshandlung1) und Verwaltungsakt2) erleiden, wenn die Mitwirkungshandlung einen Fehler aufweist.

A. Die Mitwirkungshandlungen des Betroffenen als Willenserklärungen des öffentlichen Rechts

I. Die Qualifizierung der Mitwirkungshandlungen in Schrifttum und Rechtsprechung

Ein Studium des einschlägigen Schrifttums belegt, daß die Problematik der Willenserklärungen des öffentlichen Rechts kaum entwickelt worden ist. Dies gilt insbesondere für die Behandlung der Mitwirkungshandlungen bei mitwirkungsbedürftigen Verwaltungsakten.3) Dabei zeigt sich insbesondere im Schrifttum eine starke

---

1 Dazu 5. und 6. Kapitel.
2 Dazu 7. und 8. Kapitel.
3 So auch die Kritik von H.Hablitzel, Öffentlich-rechtliche Willenserklärung und Minderjährigenrecht, BayVBl 1973, 197 (198) und P.Krause, Willensmängel mit mitwirkungsbedürftigen Verwaltungsakten und öffentlich-rechtlichen Verträgen, JuS 1972, 425 ff., (427); mit der hier zu erörternden Problematik beschäftigen sich insbesondere die folgenden Arbeiten: Chr.Gusy, Der Antrag im Verwaltungsverfahren, BayVBl 1985, 484; H.Hablitzel, Zur Dogmatik des Antrages beim mitwirkungsbedürftigen Verwaltungsakt, Bay VBl 1974, 392; P.Krause, Die Willenserklärungen des Bürgers im Bereich des öffentlichen Rechts, VerwArch 61 (1970), 297; G.Küchenhoff,

Tendenz, jede Form der Mitwirkung des Privaten beim Erlaß eines Verwaltungsaktes als "Willenserklärung" zu qualifizieren und darauf die zivilrechtlichen Regeln über Willenserklärungen anzuwenden, ohne im Einzelfall zu überprüfen, ob die damit verbundenen Folgen auch wirklich angemessen sind.

Auffällig ist auch in diesem Problembereich die Widersprüchlichkeit des juristischen Sprachgebrauchs, die es zweifelhaft erscheinen läßt, daß unterschiedliche oder gleiche Bezeichnungen wirklich unterschiedliche oder gleiche Regelungsformen beinhalten.1) Dabei darf jedoch nicht übersehen werden, daß die Frage der Terminologie von der Frage der Rechtsqualität zu unterscheiden ist. Die weitere Untersuchung widmet sich also einerseits der rechtlichen Problematik und versucht andererseits, zur Klärung der verwendeten Begriffe beizutragen. Der aktuelle Meinungsstand läßt sich wie folgt darstellen.

1. Einheitliche Qualifizierung

Wie bereits weiter oben bemerkt, wird im allgemeinen nicht zwischen verschiedenen Mitwirkungshandlungen differenziert, sondern ganz allgemein vom "Antrag" gesprochen. Dieser "Antrag" wird dabei als formale Einheit betrachtet. Teilweise wird den unterschiedlichen Elementen der Mitwirkungshandlung keine Beachtung geschenkt, teilweise wird unter deren Berücksichtigung mit unterschiedlichen Begründungen eine einheitliche Qualifizierung vorgenommen.

Die öffentlich-rechtliche Willenserklärung der Privatperson, in: Festschrift für Laforet, S.317 ff.; D.Middel, Öffentlich-rechtliche Willenserklärungen von Privatpersonen, Diss. jur. Berlin 1971; M. Schnell, Der Antrag im Verwaltungsverfahren, Berlin 1986, S.120 ff.

1 So schon Krause, JuS 1972, 425(427); ebenso K.Kormann, System der rechtsgeschäftlichen Staatsakte, Berlin 1910, S.35 f., der betont, es komme auf den Inhalt und nicht auf die Bezeichnung an.

a) Einheitliche Qualifizierung als öffentlich-rechtliche Willenserklärungen

aa) ohne Bezugnahme auf die unterschiedliche Bedeutung der Mitwirkungshandlungen

Eine einheitliche Qualifizierung erfolgt meist ohne nähere Begründung. Dazu findet sich regelmäßig nur die Feststellung, der "Antrag sei als öffentlich-rechtliche Willenserklärung zu qualifizieren, auf die die Regeln des bürgerlichen Rechts anwendbar seien".1) Die unterschiedlichen Funktionen der Mitwirkungshandlungen finden bei dieser Betrachtungsweise keine Berücksichtigung.

bb) mit Bezugnahme auf die unterschiedliche Bedeutung der Mitwirkungshandlungen, aber unter deren Vernachlässigung

Bemerkenswert ist, daß verschiedene Autoren den dualistischen Charakter des Antrages erkennen und darauf hinweisen, daß dieser verschiedene Funktionen besitze, aber dennoch die jeweiligen Funktionselemente keiner differenzierten Betrachtung unterziehen. Vielmehr wird auch hier lediglich festgestellt, daß die Mitwirkungshandlung des Betroffenen (Antrag) den Charakter einer öffentlich-rechtlichen Willenserklärung besitze.2)

cc) mit Rücksicht auf das Überwiegen des materiell-rechtlichen Elements

Andernorts findet sich gleichfalls eine einheitliche Qualifizierung, die jedoch auf der Ansicht beruht, formelle und materielle Mitwirkung seien unterschiedslos zu behandeln, weil das formelle Element gegenüber dem materiellen Element in seiner Bedeutung zurücktrete.

---

1 So etwa Badura, in: Erichsen/Martens (Hrsg.), Allgemeines Verwaltungsrecht, § 39 II, S.393.

2 So etwa Leonhardt, in: Stelkens/Bonk/Leonhardt, VwVfG, § 22 Rdnr.11, 15 a; Weides, Verwaltungsverfahren und Widerspruchsverfahren, § 4 III. 1., S.36, und § 4 III. 5., S.39 ff.

Nach dieser Ansicht bildet das materiell-rechtliche Element den ausschlaggebenden Faktor für die Beurteilung der Mitwirkungshandlung.1) Während sich die mancherorts dazu vorgetragenen "Begründungen" in schlichten Behauptungen erschöpfen,2) findet sich nur gelegentlich ein Hinweis auf die Gründe, die eine derartige Qualifizierung rechtfertigen könnten. Danach müsse der gravierende und den Betroffenen beschwerende Mangel eines ohne die erforderliche Mitwirkung erlassenen Verwaltungsaktes nicht darin gesehen werden, daß die Verwaltung von Amts wegen statt auf Antrag tätig wurde, sondern vielmehr darin, daß sie eine Gestaltung oder Feststellung ohne oder gegen den eine materiell-rechtliche Voraussetzung darstellenden Willen des Betroffenen vorgenommen habe.3) Da das Verwaltungsverfahren der Feststellung und Durchsetzung des materiellen Rechts zu dienen habe, komme auch der materiellen Funktion des Antrages regelmäßig die ausschlaggebende Bedeutung zu.4)

b) Einheitliche Qualifizierung als Verfahrenshandlungen

Demgegenüber wird die unterschiedliche Funktion von formeller und materieller Mitwirkung zwar gleichfalls anerkannt, aber hier dem anderen beider Teile das Übergewicht zuerkannt und seine Rechtsqualität an diesem gemessen. Wo das formell-rechtliche Element im Vordergrund der Betrachtung steht, wird der materiell-

---

1 H.Fliegauf, Inwieweit ist nach geltendem Recht die Anordnung der Abschiebungshaft durch die Verwaltungsbehörde noch zulässig, DVBl 1961, 270 ff.; J.Martens, Die Rechtsprechung zum Verwaltungsverfahrensrecht, NVwZ 1986, 533; Middel, S.26.

2 So etwa Middel, S.26: "... wenn formeller und materieller Antrag zusammenfallen, ..., bilden sie eine Einheit, so daß nur die Rechtsnatur des materiellen Antrages entscheidend ist", mit dem verfehlten Hinweis auf Siebecke, S.33 ff., da dieser zwischen den einzelnen Mitwirkungshandlungen sorgfältig differenziert.

3 P.Badura, Der mitwirkungsbedürftige Verwaltungsakt mit belastender Auflage, JuS 1964, 103 (105 f.); ohne nähere Begründung ders., in: Erichsen/Martens (Hrsg.), Allgemeines Verwaltungsrecht, § 39 II, S.393.

4 Martens, NVwZ 1986, 533.

rechtlichen Mitwirkung nur eine untergeordnete Bedeutung beigemessen und das Fehlen der gesamten Mitwirkungshandlung demzufolge lediglich als eine Verletzung von Verfahrensvorschriften behandelt.1) In diesem Sinne stellt nach der von Bovermann und Bösche vertretenen Ansicht der fehlende Antrag auf Erteilung einer Baugenehmigung einen reinen Verfahrensfehler dar.2)

2. Differenzierende Qualifizierung

Im Gegensatz zu den soeben dargestellten Auffassungen wird im Schrifttum die Ansicht vertreten, die verschiedenen Mitwirkungsformen und ihre jeweiligen Funktionselemente seien nicht als einheitliche Erscheinung zu begreifen und zu bewerten, sondern je für sich differenziert zu untersuchen.

Siebecke etwa,3) der eine differenzierte Betrachtung vornimmt, betont, meist werde übersehen, daß sich hinter der einheitlichen Erscheinung eines Antrages vielfach Verfahrenseinleitung und Zustimmung, mithin zwei Willensäußerungen mit verschiedenen rechtlichen Inhalten verbergen. Im formellen Antrag4) erkennt Siebecke keine Willenserklärung, sondern lediglich eine "geschäftsähnliche Handlung". Eine Willenserklärung sei hier deshalb nicht anzunehmen, weil der formelle Antrag nicht geeignet sei, einen Rechtserfolg herbeizuführen, sondern lediglich eine Aufforderung an den Träger öffentlicher Gewalt darstelle, hoheitlich tätig zu werden. Eine Rechtsfolge trete hier nicht deshalb ein,

---

1 So etwa BSG, NVwZ 1983, 767; HessVGH, DÖV 1968, 809 = MDR 1968, 955; zur Position der Rechtsprechung vgl. schon 2. Kapitel, B. VI.; Eyermann/Fröhler, VwGO, 7. Aufl., Anh. § 42 Rdnr.6; W.Jellinek, Verwaltungsrecht, S.271; C.H. Ule, Anm. zum Urteil des HessVGH v. 19.1.1949, DV 1949, S.502 f.; C.H. Ule/W.Laubinger, Verwaltungsverfahrensrecht, § 57 IV 2.c., S.399.

2 W.D.Bovermann/D.Bösche, Allgemeines Verwaltungsrecht einschließlich Verwaltungsverfahrensrecht, S.183 f.

3 Siebecke, a.a.O., S.33 ff.

4 Siehe zur Einordnung der einzelnen Mitwirkungshandlungen nach hier vertretener Auffassung 3. Kapitel, zum formellen Antrag ebenda, B.II.1.

weil der Antragsteller sie gewollt habe, sondern weil das Gesetz sie an das Vorliegen einer bestimmten Willensäußerung anknüpfe.

Im materiellen Antrag, den er als "Antrag mit implizierter Zustimmung" bezeichnet,1) erkennt Siebecke hinsichtlich des formell-rechtlichen Elementes eine geschäftsähnliche Handlung und hinsichtlich des materiell-rechtlichen Elementes eine "schlichte Willenserklärung". Mit dieser Willenserklärung schaffe der Betroffene eine gesetzliche Bedingung für die Wirksamkeit des zustimmungsbedürftigen Verwaltungsaktes. Nur bei der Beurteilung seines rechtlichen Schicksals sei der Antrag als einheitliches Ganzes zu sehen.2) Der Verfahrensanstoß bleibe nicht wirksam, wenn die Zustimmung als materielles Element etwa wegen eines Verstoßes gegen die guten Sitten nichtig sei.

Hablitzel,3) der gleichfalls differenziert, mißt dem formellen Antrag ebenfalls nicht die Rechtsqualität einer Willenserklärung bei, da er zwar auch auf einen Rechtserfolg abziele, diesen aber nicht selbst herbeiführen könne. Es läge daher nur eine "öffentlich-rechtliche geschäftsähnliche" Handlung vor. Der materielle Antrag hingegen sei als öffentlich-rechtliche Willenserklärung zu qualifizieren, da hier der Private durch Abgabe von Willenserklärungen auch im öffentlichen Recht seine Rechtsbeziehungen mitgestalten könne und es somit in seinem Willen liege, einem Verwaltungsakt zur Wirksamkeit zu verhelfen.

Die Ansicht, daß der formelle Antrag nicht als Willenserklärung einzustufen sei, wird auch von Schnell4) vertreten. Bei der Erörterung der formell-rechtlichen Voraussetzungen eines Antrages wird von diesem betont, daß eine Handlung, die eine Behörde zu einer bestimmten Entscheidung veranlassen solle, als Erwirkungshandlung zu bezeichnen sei.

---

1 Siebecke, S.34 ff.
2 Siebecke, S.37.
3 Hablitzel, BayVBl 1974, 392(394 f.).
4 M.Schnell, Der Antrag im Verwaltungsverfahren, Berlin 1986, S.24, 108, 143 in Fn.94.

Neuerdings führt auch Stelkens1) eine differenzierte Betrachtung durch, die der einheitlichen Betrachtungsweise aber nahe kommt. Er unterscheidet zwischen zwei getrennten Willenserklärungen, nämlich zwischen dem von ihm sog. "verfahrensrechtlichen Antrag", wie er in den Vorschriften des Verwaltungsverfahrensgesetzes vorausgesetzt werde, und der materiell-rechtlichen Mitwirkung, die häufig in Form eines Antrages, aber auch in anderer Weise ergehen könne.2)

Die materiell-rechtliche Mitwirkung wird von Stelkens als "materiellrechtlicher Antrag (Zustimmung)" bezeichnet.3) In diesem Typ des Antrages erkennt er eine verwaltungsrechtliche Willenserklärung, auf die er ohne Bedenken die Vorschriften des Zivilrechts über Willenserklärungen anwendet.4) Zur Begründung seiner rechtlichen Qualifizierung führt Stelkens aus, "schon vor dem Erlaß des VwVfG sei es eine gesicherte Erkenntnis gewesen, daß der Antrag des Bürgers eine verwaltungsrechtliche Willenserklärung sei, eine Erklärung also, der die Rechtsordnung bestimmte Rechtsfolgen beimesse".5) Den verfahrensrechtlichen Antrag hingegen qualifiziert Stelkens als Verfahrenshandlung, hinsichtlich derer er die Anwendung zivilrechtlicher Vorschriften ablehnt.6)

II. Die Qualifizierung der Mitwirkungshandlungen in Anlehnung an das System der mitwirkungsbedürftigen Verwaltungsakte

Die Qualifizierung der Mitwirkungshandlungen hat nach hier vertretener Auffassung in Anlehnung an das System mitwirkungsbedürf-

---

1 P.Stelkens unterscheidet in der Abhandlung "Der Antrag-Voraussetzung eines Verwaltungsverfahrens und eines Verwaltungsaktes?", NuR 1985, 213, zwischen zwei getrennten Willenserklärungen, während er in: Stelkens/Bonk/Leonhardt, VwVfG, § 35 Rdnr. 117, im Antrag eine Willenserklärung mit zwei Elementen erkennt.

2 Stelkens, NuR 1985, 213(214) in Fn.16).

3 Ebenda, S.217.

4 Ebenda, S.219.

5 Ebenda, S.214.

6 Ebenda, S.217.

tiger Verwaltungsakte zu erfolgen. Die dort herausgearbeiteten Mitwirkungshandlungen[1]) sind jeweils einer gesonderten Untersuchung zu unterziehen, weil die bisher entwickelten Auffassungen infolge einer zu großen Ungenauigkeit nicht überzeugen können.

Den erstgenannten Auffassungen ist gemein, daß ihre jeweiligen Vertreter im Antrag eine einheitliche Erscheinung erblicken und diesen als Willenserklärung bewerten. Jedoch fehlt allerorts eine tragfähige Begründung, warum dies so ist, oder warum gerade der formelle bzw. materielle Aspekt den Rechtscharakter des Antrages zu bestimmen geeignet sein soll. Allein die Aussage, beim mitwirkungsbedürftigen Verwaltungsakt stelle das Fehlen des erforderlichen Antrages die Verletzung unabdingbarer Verfahrensvoraussetzungen dar,[2]) vermag nicht zu überzeugen. Eine Betrachtungsweise, die allein die formell-rechtliche Funktion einer Mitwirkungshandlung anerkennen will, übersieht, daß vielerorts erst die materiell-rechtliche Mitwirkungshandlung des Betroffenen die Behörde zum Erlaß eines Verwaltungsaktes befugt.[3]) Aus diesem Grunde könnte der von Badura vertretenen Ansicht beizutreten sein, die allein auf das den Willen des Betroffenen zum Ausdruck bringende materielle Element abstellen will.[4]) Dagegen spricht jedoch, daß bei dieser einseitig materiellen Betrachtungsweise all jene Fälle unberücksichtigt bleiben, in denen das Gesetz die Rechtsmacht zur Verfahrenseinleitung ausschließlich dem Privaten zugewiesen hat. Die verfahrenseinleitende Mitwirkungshandlung kann aber nicht ohne weiteres außer acht gelassen werden. Daher ist auch hier zwischen formell-rechtlicher und materiell-rechtlicher Mitwirkung zu unterscheiden.

Diejenigen Autoren, die in dieser Weise differenzieren, kommen zu dem Ergebnis, daß formell-rechtlicher und materiell-rechtlicher Mitwirkung eine unterschiedliche Bedeutung beizumessen

---

1 Siehe 3. Kapitel.
2 HessVGH, DÖV 1968, 809.
3 Dazu 1. Kapitel, B.II.
4 Dazu 4. Kapitel, A.I. 1. a) aa).

ist. Da aus den genannten Gründen dieser differenzierenden Auffassung beizutreten ist, stellt sich für die bekannten Mitwirkungshandlungen die Frage, ob sie als Willenserklärungen zu qualifizieren sind. Die differenzierte Betrachtung formeller und materieller Mitwirkung ist beim formellen Antrag ohnehin wegen Fehlens eines materiell-rechtlichen Elements nicht durchzuführen. Während sich dieser noch recht klar gegenüber Einwilligungs- und Unterwerfungserklärung abgrenzen läßt, bereitet die Beurteilung des materiellen Antrages größere Schwierigkeiten, da er beide Elemente in sich vereinigt. Doch allein aus der Verbindung formeller und materieller Elemente kann noch nicht der Schluß gezogen werden, beide besäßen die gleiche juristische Qualität. Die im äußeren Erscheinungsbild einheitliche Erklärung verbietet nicht die unterschiedliche Bewertung ihrer einzelnen Teile.1)

Aufgrund dieser Erwägungen erscheint es sachgerecht, die jeweiligen Mitwirkungshandlungen gesondert zu untersuchen, wobei für ihre rechtliche Qualifizierung vorab festzustellen ist, welche Wesensmerkmale eine zivilrechtliche bzw. eine öffentlich-rechtliche Willenserklärung aufzuweisen haben.

1. Die Wesensmerkmale einer Willenserklärung

Die Willenserklärung setzt sich aus objektivem und subjektivem Erklärungstatbestand zusammen. Der objektive Erklärungstatbestand setzt ein Verhalten voraus, das nach der Vereinbarung, dem Verständnis der Beteiligten oder der Verkehrssitte den Schluß auf einen bestimmten Verkehrswillen zuläßt.2) Fehlt der objektive Tatbestand, so liegt keine Willenserklärung vor. Dieser objektive Erklärungstatbestand kann in verschiedener Weise gegeben sein. Bei einer ausdrücklichen Willenserklärung kommt der Geschäftswille unmittelbar in der Erklärung zum Ausdruck. Eine konkludente

---

1 Siebecke, a.a.O., S.35; zustimmend Hablitzel, BayVBl 1974, 392(395).

2 U.Diederichsen, Allgemeiner Teil des Bürgerlichen Gesetzbuches, Rdnr.202.

Willenserklärung liegt vor, wenn sich Erklärungswille und Erklärungsinhalt aus dem tatsächlichen Verhalten der Person ergeben. Letztlich kann auch durch Schweigen ein Geschäftswille zum Ausdruck kommen, wenn die Rechtsordnung dieses mit bestimmten Rechtsfolgen verknüpft.1)

Der innere oder subjektive Tatbestand der Willenserklärung wird herkömmlich in drei Elemente unterteilt.2) Der Handlungswille bezeichnet den Willen, die als objektiven Erklärungsakt bezeichnete Handung überhaupt vorzunehmen.3) Fehlt ein derartiger, bewußter Willensakt, so liegt überhaupt keine Willenserklärung vor.4) Das Erklärungsbewußtsein wird als das Bewußtsein des Handelnden verstanden, überhaupt irgendeine rechtsgeschäftliche Erklärung abzugeben.5) Der Geschäftswille letztlich ist die auf einen bestimmten rechtlichen Erfolg gerichtete Absicht. Wille und Erklärung sind in der Weise miteinander verknüpft, daß entsprechend dem Willen des Erklärenden eine bestimmte Rechtsfolge eintritt.

Dabei ist fraglich, ob diese Rechtsfolge deshalb eintritt, weil der Erklärende sie will oder weil sie dem objektiven Inhalt seiner Erklärung entspricht. Diese Frage ist insbesondere dann von Bedeutung, wenn Wille und Erklärung voneinander abweichen.6) Die Divergenz von Wille und Erklärung kann einerseits ihren Ursprung darin haben, daß sich der Erklärende seiner Handlung oder deren Rechtsbedeutung nicht bewußt war, mithin ein Fall des Irrtums

---

1 Siehe nur E.Kramer, in: Münchener Kommentar zum BGB, vor § 116 Rdnr.24, 25, 30, 31 und die dort genannten Beispiele: Schweigen "gilt" als Ablehnung in den Fällen der §§ 108 Abs. 2 S.2, 177 Abs.2 S.2 BGB, 377 Abs.2 HGB; Schweigen "gilt" als Zustimmung in den Fällen der §§ 416 Abs.1 S.2, 496 S.2, 516 Abs.2 S.2, 568 BGB und § 362 HGB.

2 Vgl. H.Dilcher, in: J.v.Staudinger, BGB, Vorbem. zu §§ 116 ff. Rdnr.16.

3 Dilcher, a.a.O., Rdnr.17.

4 H.Heinrichs, in: Palandt, BGB, Einf.v.§ 116, Anm.4 a.

5 H.Brox, Allgemeiner Teil des Bürgerlichen Gesetzbuchs, Rdnr. 83.

6 Siehe dazu K.Larenz, Allgemeiner Teil des deutschen Bürgerlichen Rechts, § 19 I., S.300 ff.

vorliegt, oder aber der Erklärende bewußt etwas erklärt, was er nicht will.

2. Die Wesensmerkmale der öffentlich-rechtlichen Willenserklärung

Auf dem Gebiete des öffentlichen Rechts können solche Problemgestaltungen immer dann auftreten, wenn der Betroffene sich an seiner Mitwirkungshandlung nicht festhalten lassen möchte, etwa weil er sie infolge Irrtums oder arglistiger Täuschung vorgenommen hat. Bedeutung haben auch jene Fälle, in denen der Bürger ein erlaubnis- oder genehmigungspflichtiges Vorhaben ausführt, aber nicht bereit ist, die erforderliche Mitwirkungshandlung, etwa in Form der Antragstellung, vorzunehmen, oder glaubt, diese sei nicht erforderlich. Darüber hinaus müssen sonstige Defekte der Mitwirkungshandlung Berücksichtigung finden, sei es, daß sie auf eine Fehlerquelle in der Sphäre des Betroffenen, sei es, daß sie auf eine Fehlerquelle in der Sphäre der Behörde zurückzuführen sind, wobei insbesondere die Fälle falscher Beratung und Auskunftserteilung zu nennen sind. Die damit auf dem Gebiet des öffentlichen Rechts in Betracht zu ziehenden Fehlerursachen sind mit den im Zivilrecht auftretenden Problemgestaltungen im wesentlichen vergleichbar. Hier wie dort geht es um den rechtlichen Zusammenhang von Wille und Erklärung.

Der Begriff "öffentliche-rechtliche Willenserklärung" findet nicht durchgängig Verwendung. Häufig ist auch von einer "verwaltungsrechtlichen Willenserklärung" die Rede.1) Anderenorts werden die Mitwirkungshandlungen des Betroffenen als "nichtamtliche Willenserklärungen des öffentlichen Rechts",2) "schlichte Willenserklärungen",3) "Erwirkungshandlungen",4) "geschäftsähnliche

1 Wolff/Bachof I, § 48 II a 2, s.403.
2 Krause, VerwArch 61 (1970), 279(298).
3 Siebecke, a.a.O., S.37.
4 Schnell, a.a.O., S.24, 108, 143 Fn.94.

Handlungen"1) oder als "publizistische Willenserklärungen von Privatpersonen"2) bezeichnet.

Der heutige Sprachgebrauch hat sich damit von der ursprünglichen Begriffsbildung Kormanns deutlich entfernt. Dieser nannte die Beteiligung von Privatpersonen an Entscheidungsprozessen hoheitlicher Verwaltung "nichtamtliche publizistische Rechtsgeschäfte".3) Demgegenüber ist der Terminus "Willenserklärung" heute vorherrschend. Dieser dem Zivilrecht entliehene Begriff findet auch im öffentlichen Recht weitverbreitete Anwendung.

Der auf G. Küchenhoff4) zurückzuführende Begriff der "öffentlich-rechtlichen Willenserklärung" trägt dem Umstand Rechnung, daß ein Privater die Möglichkeit hat, durch Abgabe von Willenserklärungen auch auf dem Gebiete des öffentlichen Rechts seine Rechtsbeziehungen mitzugestalten. Diese Terminologie ist sachgerecht und damit zu verwenden. Sie bringt die auch im öffentlichen Recht vorhandene Rechtsgestaltung des Privaten durch Selbstbestimmung zum Ausdruck.5) Unter einer "öffentlich-rechtlichen Willenserklärung" ist eine rechtsgeschäftliche Handlung zu verstehen, die final auf die Herbeiführung eines Rechtserfolges auf dem Gebiet des öffentlichen Rechts bezogen ist. Sie wird von einem Bürger in seiner Eigenschaft als Privatperson, d.h., nicht in Ausübung öffentlicher Gewalt vorgenommen. Willenserklärungen sind auch im

---

1 Hablitzel, BayVBl 1974, 392(395); Siebecke, a.a.O., S.34; jeweils bezügl. des "formellen Antrages".

2 Middel, a.a.O., S.25.

3 K.Kormann, System der rechtsgeschäftlichen Staatsakte, 1910, S.21.

4 Vgl. dazu die grundlegenden Arbeiten von G.Küchenhoff: Die öffentlich-rechtliche Willenserklärung der Privatperson, in: Institut für Staatslehre und Politik in Mainz (Hrsg.), Verfassung und Verwaltung in Theorie und Wirklichkeit, Festschrift für W.Laforet, S.317 ff.; Die öffentlichrechtliche Willenserklärung nichthoheitlicher Art, BayVBl 1958, 325; Handelsrechtliche Willenserklärungen an die Öffentlichkeit und öffentlich-rechtliche Willenserklärungen von Privatpersonen, in: Jus et commercium. Studien zum Handels- und Wirtschaftsrecht, Festschrift für F.Laufke, S.271 ff.

5 F.L.Heiß/H.Hablitzel, Grundprobleme der Widmungszustimmungserklärung im Straßen- und Wegerecht, DVBl 1976, 93 (94).

öffentlichen Recht Handlungen, die auf die Herbeiführung eines rechtlichen Erfolges gerichtet und kraft Rechtsvorschrift geeignet sind, ihn herbeizuführen. Durch die Äußerung eines rechtserheblichen Willens tritt der Rechtserfolg ein, weil er vom Handelnden gewollt ist.1)

Die öffentlich-rechtliche Willenserklärung unterscheidet sich von der privatrechtlichen dadurch, daß hier der Rechtserfolg auf dem Gebiet des öffentlichen Rechts eintritt. Ob und wann dies der Fall ist, bestimmt sich nach einem von der Rechtsordnung vorgegebenen Verhältnis von Ursache und Wirkung. Allein die Beteiligung einer Behörde macht die an sie gerichtete Willenserklärung noch nicht zu einer öffentlich-rechtlichen. Umgekehrt kann, wie Küchenhoff2) nachgewiesen hat, bei einer behördlichen oder amtlichen Willenserklärung der Rechtserfolg auf dem Gebiete des Privatrechts eintreten. Auch ist die Entscheidung, ob es sich um eine öffentlich-rechtliche oder privatrechtliche Willenserklärung handelt, der Rechtsmacht des Privaten entzogen. Er vermag lediglich den Inhalt seiner Erklärung zu bestimmen. Auf welchem Gebiete aber der beabsichtigte Rechtserfolg eintritt, bestimmt sich nach objektiven Gesichtspunkten. Daher ist entscheidend, ob der Regelungsgegenstand dem öffentlichen Recht angehört. Die an dieser Stelle erforderliche Abgrenzung zwischen öffentlichem und privatem Recht erfolgt anhand der bekannten, von Rechtsprechung und Lehre entwickelten Theorien.3)

Weitaus problematischer als die Zuordnung zu einem bestimmten Rechtsgebiet ist die Qualifizierung der Mitwirkungshandlungen

---

1 Krause, VerwArch 61 (1970), 287(298 f.).

2 Küchenhoff, in: Festschrift für Laforet, S.319; so etwa der amtsgerichtliche Zuschlagsbeschluß im Zwangsversteigerungsverfahren über ein Grundstück.

3 Siehe zur Darstellung und Abgrenzung der einzelnen Theorien Middel, Öffentlich-rechtliche Willenserklärungen von Privatpersonen, S.23 ff. und v.Münch, in: Erichsen/Martens (Hrsg.), Allgemeines Verwaltungsrecht, § 2 II 1, S.16, der darauf hinweist, daß insgesamt wohl zwischen 20 und 30 Theorien entwickelt worden sind und mit Interessentheorie, Subjektionstheorie und Subjektstheorie die drei wichtigsten nennt.

als Willenserklärungen. Da sich aus den bereits erörterten Gründen eine pauschalierende Aussage verbietet, ist für jede Mitwirkungshandlung gesondert festzustellen, ob sie die Qualität einer Willenserklärung besitzt oder in anderer Weise zu qualifizieren ist.

3. Die Qualifizierung der einzelnen Mitwirkungshandlungen

a) Der formelle Antrag

In allen Fällen, in denen ein Gesetz eine bestimmte Mitwirkungshandlung des Bürgers verlangt, kommt dessen Willen ein bestimmter Einfluß auf den Bestand oder die Ausgestaltung eines öffentlich-rechtlichen Rechtsverhältnisses zu. Daraus ist aber noch nicht zu schließen, daß diese Mitwirkungshandlung, mit der der Betroffene seinem Willen Ausdruck verleiht, als Willenserklärung im rechtlichen Sinne anzusehen ist.

Was den formellen Antrag anbelangt, so ist der von Siebecke1) und Hablitzel2) vertretenen Auffassung zu folgen. Diese vertreten, wie weiter oben dargelegt,3) die Ansicht, der formelle Antrag sei nicht als öffentlich-rechtliche Willenserklärung zu qualifizieren. Ein Antrag, der lediglich als Mittel der Verfahrenseinleitung dient, zielt zwar final auch darauf ab, rechtliche Folgen herbeizuführen, er ist aber selbst außerstande, über diese, seine vordergründigste Funktion hinaus Rechtswirkungen zu entfalten. Durch die Stellung eines formellen Antrages begründet der Antragsteller ein Verwaltungsrechtsverhältnis, nimmt jedoch keinen Einfluß auf dessen inhaltliche Ausgestaltung. Der antragsgemäß erlassene Verwaltungsakt berücksichtigt lediglich die seinem Erlaß zugrunde liegenden Gesetze, nicht aber den Willen des Betroffenen. Dieser erlangt im Verwaltungsverfahren nur dann Gel-

---

1 Siebecke, S.33 f.
2 Hablitzel, BayVBl 1974, 392(395).
3 Dazu 4. Kapitel, A. I. 1. b)

tung, wenn die Mitwirkungshandlung materiell-rechtliche Qualität aufweist.1)

Daß der formelle Antrag keine Willenserklärung sein kann, wird weiterhin durch eine Überlegung bestätigt, die auf die Folgen seines Fehlens oder seiner Fehlerhaftigkeit abzielt. Ist beispielsweise der Antragsteller durch widerrechtliche Drohung oder Gewalt zur Antragstellung gezwungen worden, so liegt es nahe, ihn nicht an seinem Antrag festzuhalten. Das Lossagungsinteresse des Antragstellers richtet sich auf die Befreiung von den Folgen des erlassenen oder zu erlassenden Verwaltungsaktes. Das Verwaltungsverfahren als solches kann er aber nicht mehr aus der Welt schaffen, denn die Feststellung der Voraussetzungen seiner fehlerhaften Antragstellung ist bereits Verfahrenstätigkeit.2)

Dies ergibt sich aus § 9 VwVfG, der das "Verwaltungsverfahren" als die nach außen wirkende Tätigkeit der Behörden, die auf die Prüfung der Voraussetzungen, die Vorbereitung und den Erlaß eines Verwaltungsaktes oder auf den Abschluß eines öffentlich-rechtlichen Vertrages gerichtet ist, definiert. Darunter fällt zum einen die vom Antrag ausgelöste, auf den Erlaß eines Verwaltungsaktes gerichtete Tätigkeit und zum anderen auch der nachfolgende Teil des Verwaltungsverfahrens, in dem die Fehlerhaftigkeit der Mitwirkungshandlung festgestellt wird.3) Die verfahrenseinleitende Mitwirkungshandlung und die darauf folgende Verwaltungstätigkeit der Behörde ist unumkehrbar erfolgt.4) Da der Antragsteller beides nicht mit der Begründung beseitigen kann, er sei gezwungen worden, die Antragstellung gegen seinen Willen vorzunehmen, ist auch nicht vom Vorliegen einer Willenserklärung auszugehen. Die verfahrenseinleitende Handlung wird in der Regel vom Betroffenen willensmäßig gesteuert, doch ist daraus nicht der

---

1 Dies verkennend Gusy, BayVBl 1985, 484(485): "Daß Anträge öffentlich-rechtliche Willenserklärungen darstellen, ist heute unbestritten."

2 Ebenso J. Martens, JuS 1978, 99.

3 Vgl. Borgs, in: Meyer/Borgs, VwVfG, § 9 Rdnr.14.

4 Heberlein, S.279.

Schluß zu ziehen, es handele sich dabei um eine Willenserklärung im rechtlichen Sinne. Der durch die formell-rechtliche Mitwirkungshandlung eintretende Rechtserfolg ist vom Willen des Betroffenen unabhängig. Deshalb ist der formelle Antrag nicht als Willenserklärung, sondern als geschäftsähnliche Handlung oder Erwirkungshandlung zu qualifizieren.

b) Die Unterwerfungserklärung

Mit der materiell-rechtlichen Unterwerfungserklärung verleiht der Private seinem Willen bei der Ausgestaltung öffentlich-rechtliche Rechtsverhältnisse Ausdruck. Diese Erklärung ist auf die Herbeiführung eines bestimmten rechtlichen Erfolges gerichtet, denn sie schafft die Voraussetzung für belastendes staatliches Handeln überall dort, wo der Gesetzgeber in den genannten Fällen für den Erlaß eines Verwaltungsaktes eine einverständliche Mitwirkungshandlung des Betroffenen fordert.1) Bei der Unterwerfungserklärung ist es nicht erforderlich, daß der objektive Erklärungstatbestand in der Erklärung des Betroffenen ausdrücklich enthalten ist. Vom Vorliegen eines objektiven Erklärungstatbestandes ist vielmehr auch dann auszugehen, wenn sich der Erklärungswille und der Erklärungsinhalt aus dem tatsächlichen Verhalten des Betroffenen ergeben. Jedoch ist erforderlich, daß dieser objektive Tatbestand dem Handelnden nur dann zugerechnet wird, wenn auch die subjektiven Elemente einer Willenserklärung in seiner Person vorliegen. Ebenso wie bei einer zivilrechtlichen Willenserklärung muß auch hier der Betroffene die als "Unterwerfungserklärung" bewertete Handlung überhaupt willensmäßig vorgenommen haben. Darüber hinaus muß er gewollt haben, daß seiner Handlung vom Erklärungsgegner überhaupt rechtliche Bedeutung beigemessen wird. Handlung und Wille des Betroffenen sind nur dann als "Willenserklärung" zu qualifizieren, wenn sie auf die Erzielung eines bestimmten Rechtserfolges gerichtet sind. Bei der Unterwerfungserklärung richten sich also Wille und Erklärung des

---

1 Dazu 1. Kapitel, B.II.1. und 3.Kapitel, A.II.

Betroffenen auf den Erlaß eines belastenden Verwaltungsaktes. Da dessen Rechtsbestand in bestimmter Weise von dieser Erklärung abhängt, ist die Unterwerfungserklärung als öffentlich-rechtliche Willenserklärung zu bewerten.

c) Die Einwilligungserklärung

Die Einwilligungserklärung ist in Funktion und Bedeutung mit der Unterwerfungserklärung vergleichbar. In beiden Fällen wird durch die Erklärung des Betroffenen eine materiell-rechtliche Voraussetzung für den Erlaß eines Hoheitsaktes geschaffen. Die Einwilligungserklärung bezieht sich auf den begünstigenden Verwaltungsakt, die Unterwerfungserklärung hingegen auf den belastenden.

Mit dem materiell-rechtlichen Element seiner Mitwirkungshandlung verleiht der Private seinem Willen bei der Begründung und Ausgestaltung öffentlich-rechtlicher Rechtsverhältnisse Ausdruck. Die Beachtung des privaten Willens berücksichtigt die genannten Erwerbsgrundsätze, nach denen die Verwaltung dem Bürger nichts gegen dessen Willen aufdrängen darf.1) Hat die Behörde einen begünstigenden Verwaltungsakt erlassen und will der Betroffene diese Regelung anerkennen, so erklärt er seine Einwilligung und schafft damit eine Rechtsbedingung für den Hoheitsakt.

Diese Einwilligungserklärung enthält einen objektiven und einen subjektiven Tatbestand. Der objektive Tatbestand knüpft an ein Verhalten des Betroffenen an, das nach der Verkehrssitte und dem Verständnis der Beteiligten den Schluß auf einen rechtserheblichen Willen des Betroffenen zuläßt. Aus dem objektiven Wortlaut der Erklärung kann die Behörde als Erklärungsgegner entnehmen, ob

---

1 Dazu 1. Kapitel, B. II. 2.

und inwieweit sich der Regelungsgegenstand des Verwaltungsaktes und der Erklärungsinhalt der Mitwirkungshandlung entsprechen.1)

Der objektive Erklärungstatbestand hat nicht unbedingt in Form einer ausdrücklichen Erklärung in Erscheinung zu treten. Ebenso wie im Zivilrecht ist auch im öffentlichen Recht die Zulässigkeit einer konkludenten Willenserklärung anzuerkennen. Eine solche ist dann anzunehmen, wenn sich Erklärungswille und Erklärungsinhalt aus dem tatsächlichen Verhalten des Betroffenen ergeben. Auch kann durch Schweigen ein rechtserheblicher Wille des Betroffenen zum Ausdruck kommen, wenn die Rechtsordnung bestimmte Rechtsfolgen daran knüpft. Ein derartiger Fall ist etwa dann gegeben, wenn der Betroffene in Kenntnis aller Umstände den Verwaltungsakt akzeptiert und auf seinen Erlaß in keiner Weise reagiert.

Von einer Willenserklärung im Rechtssinne ist aber nur dann auszugehen, wenn in der Einwilligungserklärung auch die subjektiven Elemente einer Willenserklärung gegeben sind. Zunächst einmal muß der Wille des Betroffenen gegeben sein, die als objektiven Erklärungsakt bewertete Mitwirkungshandlung überhaupt vorzunehmen. Weiterhin muß dem Betroffenen bewußt sein, daß seinem Handeln von der Behörde überhaupt eine rechtserhebliche Bedeutung beigemessen wird. Der Handlungs- und Geschäftswille muß letztlich auf einen bestimmten Rechtserfolg gerichtet sein.

Liegen diese subjektiven Merkmale in der Person des Betroffenen vor, so ist vom Vorliegen einer Willenserklärung auszugehen. Da der Rechtserfolg der Einwilligungserklärung auf dem Gebiet des öffentlichen Rechts eintritt, handelt es sich bei dieser um eine "öffentlich-rechtliche Willenserklärung". Auch hier sind Wille und Erklärung dergestalt miteinander verbunden, daß entsprechend dem Willen des Betroffenen eine bestimmte Rechtsfolge eintreten

1 Dasselbe gilt für den umgekehrten Fall. Hier ist nicht der innere Wille der Behörde, sondern der von ihr erklärte Wille, wie ihn der Betroffene unter verständiger Würdigung verstehen konnte, maßgebend. Vgl. dazu BVerwGE 29, 310(312).

soll. Der Umstand, daß diese Erklärung auch den Eintritt der Rechtsfolge zu beeinflussen vermag, unterscheidet die Einwilligungserklärung vom formellen Antrag. Während bei diesem der Wille des Betroffenen rechtsunerheblich ist, dient er hier als Voraussetzung für den Erlaß eines Verwaltungsaktes.

Der Hoheitsakt ist in seinen Rechtswirkungen in einem bestimmten Umfange auch vom Inhalt dieser Erklärungen abhängig. Beide Rechtsakte - Verwaltungsakt einerseits und Mitwirkungshandlung andererseits - sind auch in ihrer inhaltlichen Ausgestaltung aufeinander bezogen. Demzufolge begründet der mitwirkungsbedürftige Verwaltungsakt ein Rechtsverhältnis zwischen Staat und Bürger, das vom Konsens beider getragen wird. Die materiell-rechtliche Mitwirkung des Betroffenen beim Erlaß hoheitlicher Akte ist daher als öffentlich-rechtliche Willenserklärung zu qualifizieren.

Die Rechtswirkungen dieser Willenserklärung gehen jedoch nicht soweit, daß der Betroffene ebenso wie im Zivilrecht schon allein durch die Abgabe seiner Willenserklärung seinen Rechtsgüterbestand zu beeinflussen vermag. Denn könnte er dies, läge nicht ein mitwirkungsbedürftiger Verwaltungsakt, sondern ein öffentlich-rechtlicher Vertrag vor. Hier aber erfolgt die Veränderung des Rechtsgüterbestandes, die Begründung von Rechten und Pflichten oder deren Aufhebung, nicht durch die Erklärung des Betroffenen, sondern allein durch den Verwaltungsakt. Nur diesem wird nach herrschender Verwaltungsrechtslehre Regelungsfunktion zuerkannt. Er gilt damit als eine Maßnahme, die eine eigene Rechtserheblichkeit besitzt, indem sie für den Eintritt einer Rechtsfolge Verbindlichkeit beansprucht.1)

---

1 Obermayer, VwVfG, § 35 Rdnr.70.

d) Der materielle Antrag

Der hier sog. materielle Antrag stellt die regelmäßige und damit auch häufigste Form privater Mitwirkung dar. In ihm sind die Elemente formell- und materiell-rechtlicher Mitwirkung zu einer einheitlichen Erscheinung verbunden. Er besitzt damit einen sogenannten dualistischen Charakter.

Daraus ist jedoch noch nicht zu folgern, beide Teile besäßen die gleiche rechtliche Qualität, denn auch hier ist zwischen formellem und materiellem Gehalt zu differenzieren. Insoweit ist auf die vorstehenden Darlegungen zum formellen Antrag, zur Unterwerfungserklärung und Einwilligungserklärung zu verweisen. Auch beim materiellen Antrag dient das formell-rechtliche Element der Mitwirkungshandlung der Verfahrenseinleitung und ist daher als geschäftsähnliche Handlung oder als Erwirkungshandlung zu qualifizieren. Das materiell-rechtliche Element stellt nach den genannten Grundsätzen eine öffentlich-rechtliche Willenserklärung dar.

B. Die Anwendbarkeit zivilrechtlicher Vorschriften auf Willenserklärungen im Bereich des öffentlichen Rechts

In Rechtsprechung und Schrifttum findet eine allgemeine Auseinandersetzung darüber statt, ob und in welchem Umfang zivilrechtliche Vorschriften auch im öffentlichen Recht Anwendung finden können.1) Parallel hierzu besteht im besonderen Streit darüber, inwieweit die zivilrechtlichen Regeln über Willenserklärungen auf öffentlich-rechtliche Willenserklärungen anzuwenden

---

1 Hier sind beispielhaft zu nennen: Der Grundsatz von Treu und Glauben (§ 242 BGB), die Vorschriften über die Berechnung von Fristen (§§ 187 ff. BGB), die Vorschriften über die Verwahrung, die Geschäftsbesorgung und über die Sachmängelhaftung; vgl. dazu im einzelnen Maurer, Allgemeines Verwaltungsrecht, § 3 Rdnr.28.

sind.1) Diese Problemstellung bildet auch den Gegenstand der weiteren Untersuchung. Von Interesse ist hier lediglich die Behandlung von Willenserklärungen im Bereich des öffentlichen Rechts; sonstige Rechtsverhältnisse können außer Betracht bleiben.

Vielerorts wird dazu die Ansicht vertreten, die Mitwirkungshandlung des Betroffenen stelle eine Willenserklärung dar, auf die die Regeln des bürgerlichen Rechts über Willenserklärungen anzuwenden seien. Die Anwendung der zivilrechtlichen Vorschriften sei deshalb geboten, weil das öffentliche Recht für die Behandlung dieser Fälle keine Regelungen enthalte und damit eine Lücke aufweise, die durch einen Rückgriff auf das Bürgerliche Gesetzbuch zu schließen sei. Die ganz überwiegende Meinung in Rechtsprechung und Schrifttum geht zutreffenderweise vom Vorliegen einer solchen Lücke aus. Über die dogmatische Begründung dieser Ansicht und die Anwendbarkeit verschiedener Einzelvorschriften besteht jedoch Streit.

Häufig ist festzustellen, daß die BGB-Vorschriften auf öffentlich-rechtliche Willenserklärungen angewandt werden, ohne daß ein Grund genannt wird, der dies rechtfertigen könnte.2) Manche Autoren erkennen die Problematik, lassen die Streitfrage aber offen und folgen ohne nähere Begründung der "herrschenden Meinung".3)
Anderenorts wird die Anwendbarkeit damit begründet, daß die im öffentlichen Recht bestehende Regelungslücke eine Analogie

---

1 Vgl. etwa Erichsen, in: Erichsen/Martens (Hrsg.), Allgemeines Verwaltungsrecht, § 23a, S.305 ff.; Schnell, S.142 ff.; Maurer, Allgemeines Verwaltungsrecht, § 3 Rdnr.28 ff.; jeweils m.w.N.

2 BGHZ 6, 348(351); BVerwG, DÖV 1965, 174 f.; OVG Koblenz, DVBl 1965, 771(776); OVG Münster, NVwZ 1985, 118; Gitzinger, S.46; Schiedermair, S.19; Weides, Verwaltungsverfahren und Widerspruchsverfahren, § 4 III 5 d, S.43.

3 So etwa Hablitzel, BayVBl 1973, 197(198 f.); Heiß/Hablitzel, DVBl 1976, 93(96).

rechtfertige.1) Nach ganz herrschender Meinung bilden die zivilrechtlichen Vorschriften die einfachgesetzliche Ausprägung eines übergeordneten Rechtsprinzips, das für die gesamte Rechtsordnung gelte.2)

Insbesondere Kirchhof und Stichlberger haben in diesem Zusammenhang überzeugend dargelegt, daß in den zivilrechtlichen Vorschriften über Willenserklärungen ein für die gesamte Rechtsordnung geltender Rechtsgedanke zum Ausdruck kommt. Die BGB-Regeln könnten zur Rechtserkenntnis im Verwaltungsrecht dann verwendet werden, wenn sie Ausdruck eines allgemeinen Rechtsgedankens seien, der für die gesamte Rechtsordnung gelte. Gebrauche man dann die Regeln des Zivilrechts, so wende man das BGB nicht analog an, sondern finde in ihm die sprachliche Ausprägung eines allgemeinen Rechtsgedankens.3)

Diese Rechtsansicht wurde schon in der älteren Verwaltungsrechtsprechung von den Gerichten gängig vertreten und wird bis in die jüngste Zeit fortgeführt. Schon das Reichsgericht erkannte in bestimmten Vorschriften des Bürgerlichen Gesetzbuches den Ausdruck eines allgemeinen, nicht nur für das Zivilrecht geltenden Rechtsgedankens.4) Die Verwaltungsgerichte haben sich dieser Ansicht schon frühzeitig angeschlossen und diese in ständiger Rechtsprechung vertreten.5) Die jüngere Rechtsprechung schwankt gelegentlich in der Begründung und will die BGB-Vorschriften einmal aus diesem Grunde6) und ein weiteres Mal ohne nähere Be-

---

1 Badura, in: Erichsen/Martens (Hrsg.), Allgemeines Verwaltungsrecht, § 39 II, S.393; Wolff/Bachof I, § 36 II c.2., S.257.

2 BGHZ 58, 386(392 ff.), zur Anwendung des § 313 BGB auf öffentlich-rechtliche Verträge; BVerwGE 57, 342(346); Hess VGH, ESVGH 1, 42 (45); OVG Koblenz, NVwZ 1984, 316; Kirchhof, DVBl 1985, 651(658); Kopp, VwVfG, § 31 Rdnr.1; Stichlberger, BayVBl 1980, 393(394).

3 Vgl. Kirchhof und Stichlberger, jeweils a.a.O.

4 RGZ 113, 19 (24); 130, 97 (98 f.); 158, 100 (109).

5 Beginnend mit dem Urteil des PrOVG vom 28. April 1927, Band 82, S.305; vgl. dazu im einzelnen die umfangreichen Rechtsprechungs- und Literaturnachweise bei Forsthoff, Lehrbuch des Verwaltungsrechts, 10. Aufl., § 9, S.168 ff.

6 OVG Koblenz, NVwZ 1984, 316(317).

gründung angewendet wissen.1) Mitunter werden dieser Rechtsgedanke und die Regeln der Analogie in sich ergänzender Weise für anwendbar erachtet.2)

Nur vereinzelt wird demgegenüber die Auffassung vertreten, das öffentliche Recht, insbesondere das hier zur Diskussion stehende allgemeine Verwaltungsrecht, weise ein Regelungsgefüge auf, mit dem alle auftretenden Problemfälle im Bereich der Mitwirkungshandlungen des Betroffenen ausreichend und sachgerecht zu lösen seien. Diese Auffassung entspricht einer schon von Otto Mayer formulierten Forderung, die damit wieder an Aktualität gewinnt. "Es gibt keine dem öffentlichen und dem Privatrecht gemeinsamen Rechtsinstitute."3) "Soll die Verwaltungsrechtswissenschaft als gleichberechtigte juristische Disciplin neben die älteren Schwestern treten, so muss sie ein System von eigenthümlichen Rechtsinstituten der staatlichen Verwaltung sein."4)

Heberlein,5) der sich gleichfalls gegen die Anwendung der BGB-Vorschriften im öffentlichen Recht wendet, vertritt die Auffassung, das Verwaltungsrecht böte für die Behandlung aller problematischen Fälle zureichende Lösungsmöglichkeiten. Die Anwendung der zivilrechtlichen Vorschriften werfe erneut eine Vielzahl von Problemen auf und habe zur Folge, daß die jeweiligen Einzelvorschriften in einem umfangreichen Maße korrigiert und ergänzt werden müßten. Die Korrektur und Ergänzung der Vorschriften habe eine Abkehr von diesen zur Folge. Deshalb sei es besser, von vornherein auf die Heranziehung des Zivilrechtes zu verzichten und eine eigenständige Fehler- und Irrtumslehre unter Berücksichtigung der verfahrensrechtlichen Gebote und Erfordernisse zu entwickeln.6)

---

1 BGHZ 6, 348(351).
2 BGHZ 58, 386(392 f.).
3 Otto Mayer, Deutsches Verwaltungsrecht, Band 1, 3.Aufl., S.117 f.
4 Ders., AöR 3 (1888), 3; ebenso K.Friedrichs, Der allgemeine Teil des Rechts, 1927, S.22, 54.
5 I.Heberlein, Auswirkungen der Verwaltungsverfahrensgesetze auf die Dogmatik des Verwaltungsrechts, Band 1, S.270 ff.
6 I. Heberlein, a.a.O., S.281.

Eine Anfechtung nach § 119 ff. BGB mit der ex-tunc-Wirkung des § 142 BGB zeige, daß die Anwendung dieser Vorschriften im Verwaltungsrecht unangebracht sei. Es sei unzulässig, die Wirksamkeit eines Verwaltungsaktes in die Dispisition eines Anfechtenden zu stellen und den Eintritt dessen Wirkung allein von seinem Handeln abhängig zu machen. Im Verwaltungsrecht sei die Lösung derartiger Problemfälle in den Regeln über die Wiedereinsetzung oder die Ermessensausübung zu suchen. Diese böten die Möglichkeit, mit den spezifischen Mitteln des Verwaltungsrechts zu berücksichtigen, in wessen Risikobereich ein Willensmangel falle und ob das Vertrauen der Verwaltung oder Dritter einer Aufhebung der Regelung entgegenstehe oder die Rechtssicherheit gegen die Verkehrssicherheit streite und eine Berücksichtigung des Mangels geboten sei.1)

Die Lösung mit den Mitteln des Verwaltungsrechts sei insbesondere deshalb sachgerecht, weil durch diese auch der sog. Motivirrtum zu berücksichtigen sei. Die Regeln über die Irrtumsanfechtung nach § 119 BGB schlössen dessen Beachtung aber aus. Schon dies belege die Notwendigkeit einer eigenständigen verwaltungsrechtlichen Irrtumsdogmatik, denn nach Sinn und Zweck der Beteiligung eines Bürgers am Verwaltungsakt sei zu schließen, daß grundsätzlich zwischen diesem und der Verwaltung ein Interessengegensatz nicht bestehe. Daher könne es geboten sein, auch Irrtümer im Motiv zu berücksichtigen, wenn die willensmäßige Beteiligung des Bürgers am Zustandekommen der Regelung zur Wahrung von dessen Interessen erfolge.2)
Das Bestreben nach eigenständigen verwaltungsrechtlichen Lösungen für die Fälle der Mängel des Beteiligungsaktes finde auch in den Heilungsvorschriften des § 45 VwVfG eine Stütze. Dieser lasse nicht nur die Heilung des Fehlens, sondern auch der Mangelhaftigkeit des Antrags zu.

---

1 Ebenda, S.275.
2 Ebenda, S.278.

Diese Argumentation kann jedoch insgesamt betrachtet nicht überzeugen. Sicher ist einzuräumen, daß die zivilrechtliche Dogmatik die im öffentlichen Recht liegenden Problemfälle häufig nur unzureichend zu erfassen vermag. Auf die Diskrepanz zwischen den jeweils bestehenden Interessenlagen in beiden Rechtsgebieten wurde auch im Verlauf der vorliegenden Untersuchung mehrfach hingewiesen. Die Dogmatik der öffentlich-rechtlichen Willenserklärungen scheint aber zu wenig durchdrungen, um allein bestehen zu können. Dies gilt umsomehr deshalb, weil im öffentlichen Recht kaum verwertbares Normmaterial zur Verfügung steht, das geeignet sein könnte, eine eigenständige Rechtsdogmatik zu tragen. Um die im öffentlichen Recht nicht geregelten Fälle von Anfechtung, Geschäftsunfähigkeit, Wirksamwerden, Widerruf usw. erfassen und bearbeiten zu können, empfiehlt sich zum gegenwärtigen Zeitpunkt ein Rückgriff auf die weit entwickelten Lehren des Zivilrechts.

Demzufolge ist mit der ganz überwiegend vertretenen Ansicht in Schrifttum und Rechtsprechung davon auszugehen, daß die Vorschriften des Bürgerlichen Gesetzbuches über Willenserklärungen auch auf Willenserklärungen des Privaten im Bereich des öffentlichen Rechts rechtsgrundsätzliche Anwendung finden können. Rechtsdogmatisch ist davon auszugehen, daß die Regeln des Zivilrechts Ausdruck eines allgemeinen Rechtsgedankens sind, der für die gesamte Rechtsordnung und damit auch für das allgemeine Verwaltungsrecht gilt. Die mitunter scheinbare Unverträglichkeit der Vorschriften beider Rechtsgebiete löst sich auf, wenn die zivilrechtlichen Vorschriften nur in dem Rahmen Anwendung finden, der von den Vorschiften des öffentlichen Rechts vorgegeben wird, denn letzteren ist im Zweifel die Präponderanz zuzuerkennen.

5. Kapitel

Defekte der Mitwirkungshandlung und deren Beseitigung durch den Betroffenen

Neben dem totalen Ausfall des Mitwirkungsaktes ist eine Vielzahl von Fällen denkbar, in denen dieser zwar vorhanden, jedoch fehlerhaft ist und demzufolge die mit ihm bezweckten Rechtsfolgen nicht auszulösen vermag. Daher fragt sich, ob und inwieweit ein Defekt der Mitwirkungshandlung ihren Rechtsbestand beeinflußt. Für den erstgenannten Fall, also beim Fehlen des Mitwirkungsaktes, stellt sich die Frage, ob und unter welchen Voraussetzungen seine Nachholung in Betracht kommt; für die vorhandene, aber fehlerhafte Mitwirkungshandlung ist zu prüfen, in welchen Fällen eine Heilung des Fehlers zulässig ist.

Ein Fehlen der Mitwirkungshandlung kann ebenso wie deren Fehlerhaftigkeit eine Reihe von Ursachen haben. Zunächst kommen diejenigen Fälle in Betracht, in denen der Betroffene davon ausgegangen ist, seine Mitwirkung sei nicht erforderlich, oder aber einfach vergessen hat, eine entsprechende Mitwirkungshandlung vorzunehmen. Weiterhin ist denkbar, daß er sie infolge falscher Beratung seitens der Behörde oder eines Dritten unterlassen hat, oder sie vornehmen wollte, jedoch durch Umstände, die nicht in seiner Person lagen, an der Vornahme gehindert wurde.

Liegt die Mitwirkungshandlung tatsächlich vor, so kann sie dennoch fehlerhaft und damit rechtlich unbeachtlich sein. Ein Fehler kann in zweierlei Weise auftreten. Einerseits kann die Fehlerhaftigkeit der Mitwirkungshandlung auf die Verletzung objektiver Regeln - wie etwa Form-, Verfahrens- oder Fristvorschriften- zurückzuführen sein. Andererseits kommt eine unübersehbare Vielzahl von subjektiven Fehlerursachen in Betracht, die in der Rechtssphäre des Betroffenen ihren Ursprung haben. Meist wird es sich dabei um eine Divergenz von Wille und Erklärung handeln. Hat der Betroffene irrtümlich etwas erklärt, was er nicht will, hat sich nach der Vornahme seiner Mitwirkungshandlung seine

Interessenlage geändert, oder möchte er zum jetzigen Zeitpunkt mehr oder weniger oder etwas anderes, als er seinerzeit beantragt hatte, so fragt sich, in welcher Weise diese Umstände im Verwaltungsverfahren Berücksichtigung finden können.

Das Interesse des einen Fehler feststellenden Betroffenen kann eine diametral entgegengesetzte Zielrichtung aufweisen. Besteht für ihn an der fraglichen Regelung noch ein Interesse, so wird er versuchen, den Fehler zu beseitigen und eine Mitwirkungshandlung herzustellen, die einerseits den gültigen gesetzlichen Mitwirkungserfordernissen genügt und andererseits seinem wahren Willen Ausdruck verleiht. Hat der Betroffene an der Regelung aber kein Interesse (mehr), so wird er versucht sein, seine Mitwirkungshandlung zu beseitigen oder - falls dies nicht möglich sein sollte - nur den Rechtswirkungen zu entgehen, die diese bis dahin ausgelöst hat. Die durch das Interesse des Betroffenen bestimmten gegensätzlichen Zielrichtungen erfordern deren getrennte Untersuchung. Die Ausführungen dieses Kapitels beschäftigen sich mit dem zuerst genannten Fall. Die Frage, welche Möglichkeiten der Betroffene hat, seine Mitwirkungshandlung zu beseitigen, wird Gegenstand des folgenden Kapitels sein.

A. Die Nachholung einer fehlenden Mitwirkungshandlung

I. Der Umfang der Nachholungsmöglichkeit

1. Die Nachholung formell-rechtlicher Mitwirkung

Gemäß § 45 Abs.1 Nr.1 VwVfG ist eine Verletzung von Verfahrens- oder Formvorschriften unbeachtlich, wenn der für den Erlaß eines Verwaltungsaktes erforderliche Antrag nachträglich gestellt wird.1) Diese Vorschrift bezieht sich nach ihrem ausdrücklichen Wortlaut auf die Heilung formell-rechtlicher Defekte. Die in Absatz 1 enthaltene Formulierung "... eine Verletzung, die nicht den Verwaltungsakt nach § 44 nichtig macht ..." legt weiterhin klar, daß das Gesetz Fälle anerkennt, in denen das Fehlen der erforderlichen Mitwirkungshandlung nicht zur Nichtigkeit des Hoheitsaktes führt, sondern lediglich dessen Rechtswidrigkeit zur Folge hat oder vielleicht sogar unbeachtlich ist.2) Die in Nr.1 enthaltene Regelung würde leerlaufen, wenn das Fehlen des Antrags stets die Nichtigkeit des Verwaltungsaktes zur Folge hätte.3) Einer Nachholung der fehlenden formell-rechtlichen Mitwirkungshandlung stehen damit grundsätzlich keine Bedenken entgegen.

---

1 Derselbe Gesetzestext findet sich in den Schwestervorschriften des § 45 VwVfG. Vgl. den steuerrechtlichen § 126 AO und den sozialrechtlichen § 41 SGB X. Auf die unterschiedliche rechtliche Anwendung dieser nahezu wortgleichen Vorschriften in den jeweiligen Rechtsgebieten weist G. Rößler, Aufhebung eines abgabenrechtlichen Verwaltungsaktes wegen Form- und Verfahrensfehler, NJW 1981, 436, hin.

2 Die Unbeachtlichkeit formeller Fehler wird in bestimmten Fällen explizit durch §§ 46 VwVfG, 42 SGB X und 127 AO angeordnet; darüber hinaus ist auch in der Rechtsprechung anerkannt, daß nicht jede Verletzung einer Form- oder Verfahrensvorschrift die Rechtmäßigkeit des Verwaltungsaktes beeinträchtigt. Vgl. BVerwGE 23, 20(24); 29, 282 (283 f.) hinsichtlich einer Fristbestimmung, die für die Behörde gilt.

3 Obermayer, VwVfG, § 45 Rdnr.8.

2. Die Nachholung materiell-rechtlicher Mitwirkung

Der recht eindeutige Wortlaut des § 45 Abs.1 VwVfG, der sich nur auf die Heilung von "Form- und Verfahrensfehlern" bezieht, könnte eine insoweit abschließende Regelung enthalten. Dies hätte zur Folge, daß lediglich der Mangel formell-rechtlicher Mitwirkung, nicht aber der Mangel materiell-rechtlicher Mitwirkung heilbar wäre. Der Wortlaut selbst stützt eine derartige Annahme; der Systematik des Gesetzes hingegen ist kein die Untersuchung fördernder Hinweis zu entnehmen.

Ein Vergleich mit anderen gesetzlichen Vorschriften, die gleichfalls mit den Begriffen "Antrag" oder "Antragstellung" arbeiten,1) zeigt jedoch, daß der Gesetzgeber in seinem Sprachgebrauch generell nicht zwischen formell-rechtlicher und materiell-rechtlicher Mitwirkung unterscheidet. Welche Qualität die jeweilige Mitwirkungshandlung aufzuweisen hat, ergibt sich erst bei einer differenzierten Betrachtung der gesamten einschlägigen Regelungsmaterie.2)

Eine Gesamtschau aller Rechtsnormen, die eine rechtserhebliche Beteiligungshandlung des Betroffenen vorsehen, belegt, daß auch materiell-rechtliche Mitwirkung anzuerkennen ist. Die Bezeichnung einer solchen Mitwirkungshandlung durch den Gesetzgeber als "Antrag" ist zwar häufig ungenau, jedoch steht dieser Umstand nicht der Annahme entgegen, dieser Begriff erfasse nicht auch die materiell-rechtlichen Mitwirkungshandlungen des Privaten. Dies gilt ebenso für die Heilungsanordnung des § 45 Abs.1 Nr.1 VwVfG, denn es ist kein Grund ersichtlich, den hier verwendeten Begriff "Antrag" in anderer Weise auszulegen. Vielmehr ist davon auszugehen, daß der Gesetzgeber den Begriff "Antrag" meist im Sinne von "materieller Antrag" verwendet. Das bereits genannte Beispiel

---

1 Vgl. etwa §§ 8 RuStAG, 1303 Abs.1 RVO, 71 NBauO, 10 BImSchG; zum Begriff und zur Funktion des "Antrages" siehe 1. Kapitel, B., insbesondere dort B.I.2. und 3. Kapitel, B.II.1. und 2.

2 Dazu im einzelnen 1. Kapitel, B.

des Antrages auf vorgezogenes Altersruhegeld gemäß § 1248 RVO macht dies deutlich. Auch für die Fälle der Gewährung des vorgezogenen Altersruhegeldes1) spricht der Wortlaut der Vorschrift lediglich vom "Antrag". Jedoch ist anerkannt, daß hier der Betroffene auch sein materiell-rechtliches Einverständnis zu erklären hat.2)

Diese Feststellung gilt ebenso für das Baugenehmigungsverfahren wie für eine Vielzahl anderer Verwaltungsverfahren. In weiten Bereichen des öffentlichen Rechts ist festzustellen, daß sich die das Antragserfordernis enthaltenden Vorschriften nur des allgemeinen, insoweit etwas ungenauen Sprachgebrauchs bedienen. Für § 45 Abs.1 Nr.1 VwVfG ist demzufolge davon auszugehen, daß sein Anwendungsbereich nicht auf die Heilung ausschließlich formell-rechtlicher Mitwirkung zu beschränken ist. Eine teleologische Auslegung der Norm gebietet es, dem Betroffenen die Möglichkeit einzuräumen, auch den materiellen Fehler zu beseitigen und seine fehlende materiell-rechtliche Mitwirkungshandlung nachzuholen.3)

Dieses Ergebnis wird durch einen Vergleich zwischen Verwaltungsakt und Verwaltungsvertrag bestätigt. Die Regelung des § 45 VwVfG kennzeichnet einen bedeutsamen Unterschied zwischen beiden Handlungsformen. Während beim Verwaltungsakt die fehlende Mitwirkung des Betroffenen nachgeholt werden kann, führt beim Vertrag das Fehlen der Mitwirkungshandlung zum Nichteintritt von dessen Rechtswirkungen. Im Gegensatz zum Verwaltungsvertrag will § 45 VwVfG für den Verwaltungsakt sicherstellen, daß bei diesem die Rechtswirkungen grundsätzlich nicht schon durch ein Fehlen

---

1 Altersruhegeld bei Inanspruchnahme der flexiblen Altersgrenze, einjähriger Arbeitslosigkeit und für weibliche Versicherte.

2 Vgl. K. Schroeter, in: H. Dersch, RVO-Gesamtkommentar, § 1545 Anm.5.

3 Zu diesem Ergebnis gelangen auch: BVerwGE 20, 35(37); Kopp, VwVfG, § 45 Rdnr.16; Stelkens, in: Stelkens/Bonk/Leonhardt, VwVfG, § 45 Rdnr.6; Weides, JuS 1985, 364 (369); a.A. Klappstein, in: Knack, VwVfG, § 45 Rdnr.2.1 "... Die Heilungswirkung erstreckt sich ausschließlich auf die nachgeholten Form- und Verfahrensfehler".

des privaten Beteiligungsaktes ausbleiben. Er kann sogar ohne dessen Nachholung Bestand haben und ist mit seiner Bekanntgabe gemäß § 43 VwVfG wirksam. Dieser zwischen Vertrag und Verwaltungsakt bestehende Unterschied macht in besonderer Weise deutlich, daß auch nach heutigem Rechtsverständnis der in der hoheitlichen Regelung zum Ausdruck kommende Wille des Staates gegenüber dem Willen des Bürgers überwiegt.

Die das öffentliche Recht kennzeichnende Überordnung des Staates gegenüber dem Privaten hat durch das Phänomen des mitwirkungsbedürftigen Verwaltungsaktes eine Einschränkung erfahren. Die willensmäßige materiell-rechtliche Beteiligung des Betroffenen am Zustandekommen eines Verwaltungsaktes macht ihn vom Objekt zum Beteiligten am Verwaltungsverfahren. Haben die einschlägigen Gesetze es seinem Willen überlassen, ob er materiell-rechtlich mitwirken und dadurch seinem Willen im Hinblick auf das Zustandekommen des Verwaltungsaktes Geltung verschaffen will, so muß es ihm möglich sein, auch eine vom Gesetz in dieser Art geforderte Mitwirkung nachzuholen und damit den materiellen Mangel zu beseitigen.1)

Ein weiteres Argument für die Zulässigkeit der Nachholung einer materiell-rechtlichen Mitwirkungshandlung läßt sich § 32 VwVfG entnehmen. Danach ist dem Betroffenen Wiedereinsetzung in den vorigen Stand zu gewähren, wenn dieser ohne Verschulden verhindert war, eine gesetzliche Frist einzuhalten. § 32 VwVfG gilt für gesetzliche Fristen, in denen Verfahrenshandlungen von Verfahrensbeteiligten erfolgen sollen, und zwar unabhängig, ob die Frist verfahrensmäßiger oder materiell-rechtlicher Art ist.2) Weder der Wortlaut dieser Vorschrift noch sein Regelungszweck gebieten es, materiell-rechtliche Ausschlußfristen von der Wiedereinsetzung auszunehmen. Daher ist auch bei der Versäumung materiell-rechtlicher Ausschlußfristen Wiedereinsetzung grundsätz-

---

1 Ebenso Heberlein, S.285 ff.
2 Vgl. Obermayer, VwVfG, § 32 Rdnr.11.

lich anzuerkennen.[1] Eine Abweichung von diesem Grundsatz ist nur dann geboten, wenn spezialgesetzliche Regelungen dies verlangen und die Wiedereinsetzung bei Versäumung materieller Ausschlußfristen verbieten. Von der Zulässigkeit der Wiedereinsetzung kann nicht ohne weiteres auf die grundsätzliche Nachholbarkeit von Mitwirkungshandlungen geschlossen werden, jedoch besitzt die Wiedereinsetzung insoweit zumindest eine Indizfunktion.

II. Der Zeitpunkt der Nachholungshandlung

Mit der Feststellung, daß eine Nachholung der Mitwirkungshandlung grundsätzlich zulässig ist, ist noch keine Aussage darüber getroffen, welche Auswirkungen einer Nachholung zukommen und bis zu welchem Verfahrensstadium die Nachholbarkeit anzuerkennen ist.

Insbesondere der zweite, zeitliche Aspekt wirft eine Reihe von Problemen auf. Fehlt beim Erlaß eines mitwirkungsbedürftigen Verwaltungsaktes die Mitwirkungshandlung des Betroffenen, so ist zu fragen, ob und in welchem Zeitraum dieser seine Mitwirkungshandlung in rechtserheblicher Weise nachholen kann. In diesem Zusammenhang ist daran zu denken, daß der Betroffene seine Mitwirkungshandlung erst nach langer Zeit, vielleicht erst nach Jahren, vornimmt und damit nachträglich eine Erlaßvoraussetzung für den Verwaltungsakt schafft. Ein erneuter Blick auf das hier bereits erörterte Beispiel der Beamtenernennung zeigt, daß ein Bedürfnis besteht, die Zulässigkeit der Nachholung fehlender Mitwirkung zeitlich zu begrenzen. Erfolgt eine Beamtenernennung, obwohl der erforderliche Beteiligungsakt[2] ausgeblieben ist, so könnte die unbefristete Zulässigkeit späterer Nachholung dem

1 BVerwG, NJW 1981, 359(361); Schwarze, in: Knack, VwVfG, § 32 Rdnr.9; Stelkens, in: Stelkens/Bonk/Leonhardt, VwVfG, § 32 Rdnr.6.

2 Hier die Unterwerfungserklärung, wie sie beispielsweise in §§ 13 ff. BRRG, 8 ff. BBG ("Bewerbung") vorgesehen ist.

Betroffenen gestatten, auch noch nach Jahrzehnten durch Vornahme seiner Mitwirkungshandlung die Beamtenernennung herbeizuführen.

1. Der Regelfall der zeitlich unbegrenzten Nachholbarkeit

Fraglich ist daher zunächst, bis zu welchem Zeitpunkt die Nachholung einer Mitwirkungshandlung durch den Betroffenen grundsätzlich überhaupt vorgenommen werden kann. Eine Antwort auf diese Frage könnte sich in § 45 VwVfG finden lassen.

Nach § 45 Abs.2 VwVfG dürfen fehlende Handlungen im Sinne des Absatzes 1 Nr.2 bis 5 nur bis zum Abschluß des Vorverfahrens oder, falls ein solches nicht stattfindet, bis zur Erhebung der verwaltungsgerichtlichen Klage nachgeholt werden. Die zeitliche Beschränkung der Nachholungsmöglichkeit gilt damit ausdrücklich nicht für den für den Erlaß des Verwaltungsaktes erforderlichen Antrag gemäß § 45 Abs.1 Nr.1 VwVfG. Die erforderliche Mitwirkungshandlung des Betroffenen kann daher grundsätzlich jederzeit nachgeholt werden.1) Dies gilt sowohl für die Dauer des Verwaltungsverfahrens als auch für den Zeitraum nach Erlaß des Verwaltungsaktes, wie auch für den Zeitraum nach Eintritt seiner Unanfechtbarkeit.2)

---

1 So ausdrücklich etwa HessVGH, NVwZ 1985, 498, "eine erforderliche Antragstellung ist ohne zeitliche Begrenzung nachholbar."

2 Kopp, VwVfG, § 45 Rdnr.15; Obermayer, VwVfG, § 45 Rdnr. 32, 33; abzulehnen insoweit aber Klappstein, in: Knack, VwVfG, § 45 Rdnr.2.6, der ausführt, daß der maßgebliche Zeitpunkt für das Einsetzen der rückwirkenden Heilungswirkung und für die Einhaltung der Frist des Abs.2 im Fall der Nr.1 der Eingang des Antrages bei der Behörde sei.

2. Zeitliche Begrenzung der Mitwirkung durch gesetzliche Ausschlußfristen

Etwas anderes gilt nur dann, wenn die Zulässigkeit, eine Mitwirkungshandlung in rechtserheblicher Weise vorzunehmen, zeitlich befristet ist und eine spätere Nachholung durch die Befristung ausgeschlossen wird. Im allgemeinen und im besonderen Verwaltungsrecht findet sich eine unübersehbare Vielzahl von Fristen, die sich auf Rechtshandlungen des Bürgers beziehen.1) Ein Großteil dieser Fristen betrifft darüber hinaus die hier zur Diskussion stehenden Mitwirkungshandlungen des Betroffenen. Im gesamten Recht der Leistungsverwaltung, insbesondere im Subventionsrecht, im Sozialversicherungsrecht, im Sozialrecht, im Lastenausgleichsrecht usw. sind regelmäßig solche Fristen vorzufinden. Den eine Fristbestimmung enthaltenden Vorschriften ist meist nicht zu entnehmen, welche Funktion der Fristbestimmung beizumessen ist.

Eine Frist hat immer eine Ordnungsfunktion,2) die aus dem Prinzip der Rechtssicherheit folgt. Daneben besteht eine Verfahrensbeschleunigungsfunktion. Diese verfolgt den mit der Fristerrichtung verbundenen gesetzgeberischen Zweck, die gestellten Anträge einer möglichst schnellen behördlichen Prüfung zuzuführen. Dies ist etwa dann sachgerecht, wenn aufgrund einer bestehenden wirtschaftlichen Situation Subventionsmittel vergeben werden sollen, jedoch die Gefahr besteht, daß durch Zeitablauf die Voraussetzungen entfallen, die den Gesetzgeber zur Subventionierung veranlaßt haben. Dasselbe gilt für die Anträge von Studienbewerbern in sog. "numerus-clausus-Fächern". Hier sichern bestehende Bewerbungsfristen, daß die Vergabestellen in angemessener Zeit vor Semesterbeginn einen genauen Überblick über die Anzahl der Be-

---

1 Zu den einzelnen Fristarten und ihren Funktionen vgl. Borgs, in: Meyer/Borgs, VwVfG, § 31 Rdnr.1 ff.

2 Vgl. BSGE 14, 246(247) = NJW 1961, 2277 = DVBl 1962, 27; BVerwGE 13, 209(210).

werber enthalten und die zur Verfügung stehenden Plätze auf diese verteilen können.1)

Über die genannten Funktionen hinaus kommt einer Frist bisweilen auch eine Ausschlußfunktion2) zu. Wann dies der Fall ist, läßt sich nicht generell und abstrakt bestimmen, sondern muß durch Auslegung der die Fristbestimmung enthaltenden Vorschrift ermittelt werden. Als weiteres Beispiel für eine Ausschlußfrist, die sich auf eine Mitwirkungshandlung des Betroffenen bezieht, kann neben den erwähnten Fällen § 15 Abs.2 ZSEG genannt werden. Diese Vorschrift legt fest, daß der Anspruch des Zeugen auf Entschädigung erlischt, wenn er von diesem nicht binnen drei Monaten nach Beendigung seiner Zuziehung geltend gemacht wird. Nach Ablauf dieser Frist ist die Nachholung der Mitwirkungshandlung ausgeschlossen.

Ausschlußfristen sind in formelle und materielle Ausschlußfristen zu unterteilen. Die hier zu untersuchenden materiellen Ausschlußfristen, auch Antrags- oder Anmeldefristen genannt,3) sollen sicherstellen, daß die Verwaltungsbehörden in der vorgeschriebenen Frist einen Überblick über die angemeldeten Ansprüche erhalten und die Verteilung der ihnen zur Verfügung stehenden Mittel darauf einrichten können.4) Nach dem Ablauf der Ausschluß-

---

1 So Schnell, S.72 f., der die Beschleunigungsfunktion deutlich herausstellt.

2 Als Ausschlußfristen sind beispielhaft zu nennen: § 32 Abs. 2, § 48 Abs.3 S.5, § 73 Abs.8 S.1 VwVfG; § 10 Abs.3 S.2, 2. HS BImSchG; § 5 Abs.1 Nr.2 i.V.m. § 7 AtVfV; § 15 Abs.2 ZSEG und § 3 Abs.5 BRKG, der sogar den Begriff "Ausschlußfrist" verwendet; vgl. grundlegend zur Funktion der Ausschlußfristen: P.Köppl, Die Ausschlußfristen im öffentlichen Recht, Diss.jur. München 1970, S.6 ff.; zur Funktion der sog. Einwendungsfristen vgl. C.H.Ule, Zur rechtlichen Bedeutung von Ausschlußfristen im Verwaltungsverfahren für den Verwaltungsprozeß, BB 1979, 1009.

3 Vgl. BVerwGE 13, 209(211).

4 BVerwGE 17, 199(201); Stelkens, in: Stelkens/Bonk/Leonhardt, VwVfG, § 31 Rdnr.5.

fristen können Mitwirkungshandlungen des Betroffenen nicht mehr wirksam vorgenommen werden, denn dies würde den gesetzlichen Zweck vereiteln. Damit gehen bei der Versäumung einer Antragsfrist das Antragsrecht und der ihm zugrunde liegende materielle Anspruch verloren.1) Eine Fristverlängerung seitens der Behörde scheidet aus, da derartige gesetzliche Fristen für alle Beteiligten verbindlich sind. Lediglich behördliche Fristen können von der Behörde gemäß § 31 Abs.7 S.1 VwVfG verlängert werden.

Die nach Ablauf einer Ausschlußfrist vorgenommene Mitwirkungshandlung ist dennoch geeignet, den Mangel formell-rechtlicher Mitwirkung zu heilen, denn sie schafft eine Voraussetzung für die Einleitung eines Verwaltungsverfahrens. In den in § 22 Nr.1, 2. Alt. VwVfG genannten Fällen ist die Behörde gesetzlich verpflichtet, bei Vorliegen eines Antrages ein Verwaltungsverfahren einzuleiten. Die Versäumung der Antragsfrist ist insoweit unschädlich.2) In materiell-rechtlicher Hinsicht muß der Nachholungshandlung jedoch der Rechtserfolg versagt bleiben, denn sie ist nicht imstande, die Versäumung materieller Ausschlußfristen zu heilen.3) Das durch die nachgeholte Mitwirkungshandlung eingeleitete Verwaltungsverfahren endet mit dem Erlaß eines Verwaltungsaktes, der gegenüber dem Betroffenen feststellt, daß sein materieller Anspruch infolge Fristversäumung verlorengegangen ist.4)

---

1 Stelkens, a.a.O., § 32 Rdnr.27; vgl. zur Versäumung der Frist des § 24 Abs.4 S.1 BBauG, der ebenfalls rechtsvernichtende Wirkung zukommt, OLG Frankfurt, NVwZ 1982,580.

2 A.A.: OVG Lüneburg, DÖV 1968, 884, das ausführt, daß ein nach Ablauf der Frist gestellter Antrag nicht einmal ein auf die Feststellung des Bestehens oder Nichtbestehens des Subventionsanspruches gerichtetes Verfahren in Gang zu setzen vermag.

3 Klappstein, in: Knack, VwVfG, § 45 Rdnr.3.1.

4 Vgl. dazu BVerwGE 13, 209; 17, 199.

3. Die Zulässigkeit der Nachholung trotz Versäumung der Ausschlußfrist

Der soeben aufgezeigte Grundsatz der Unzulässigkeit einer Nachholungshandlung bei Versäumung einer Ausschlußfrist könnte in bestimmten Fällen durchbrochen werden. Unter diesem Gesichtspunkt werden in Verwaltungsrechtsprechung und -lehre bestimmte Fallgruppen diskutiert. So könnte es gerechtfertigt sein, den Betroffenen nicht mit den Folgen einer Fristversäumung zu belasten, wenn dieser die Fristversäumung nicht zu vertreten hat oder die Voraussetzungen des von ihm geltend gemachten Anspruchs zweifelsfrei vorliegen.

Ein Fall der unverschuldeten Fristversäumung liegt dann vor, wenn etwa beim erstrebten Bezug einer öffentlichen Leistung ein Anspruch entfällt, weil der Betroffene trotz Vorliegens aller Anspruchsvoraussetzungen den erforderlichen Antrag deshalb nicht gestellt hat, weil ihm von der Behörde (vorsätzlich oder fahrlässig) bei der von ihm erbetenen Beratung fälschlicherweise mitgeteilt wurde, ihm stehe ein Anspruch auf die begehrte Leistung nicht zu. Das Verwaltungsverfahrensgesetz sieht zwar in § 32 die Möglichkeit der Wiedereinsetzung in den vorigen Stand vor, jedoch setzt dessen Absatz 3 eine absolute Jahresfrist, nach deren Ablauf eine Wiedereinsetzung generell ausscheidet. Der damit verbundene Ausschluß späterer Nachholung seines Antrages würde für den Betroffenen zum Verlust seiner Rechte führen oder ihm zumindest das unabsehbare Risiko eines Amtshaftungsprozesses auferlegen.

Um derartige, offensichtlich unbillige Ergebnisse zu vermeiden, wurden insbesondere in der Verwaltungsrechtsprechung verschiedene Lösungsansätze entwickelt. Danach wird eine Fristversäumung dem Betroffenen dann nicht angelastet, wenn ihr Grund in einem Fehlverhalten der Behörde liegt. Das Bundesverwaltungsgericht hat entschieden, daß eine Fristversäumung, die auf die zu Unrecht erfolgte Verweigerung der Entgegennahme eines Antrages zurückzuführen ist, den Anspruchsberechtigten nicht benachteiligen dürfe.

In einem derartigen Fall sei die ordnungsgemäße Antragstellung zu fingieren.1) In einem ähnlichen Fall, den das Bundessozialgericht zu entscheiden hatte, war die Antragstellung unterblieben, weil die Behörde dem Antragsteller unrichtige Auskunft erteilt hatte. In diesem Falle wurde der Betroffene so behandelt, als habe er innerhalb der vorgeschriebenen Frist die erforderliche Handlung vorgenommen. Weil er auf die Auskünfte der Behörde habe vertrauen dürfen, sei es unbillig, ihn den gesetzlichen Ausschlußfristen zu unterwerfen.2)

Dieser Rechtsprechung kann ohne weiteres gefolgt werden. Bedenken gegen die Gewährung von Nachsicht gegenüber demjenigen, der infolge fehlerhaften Behördenhandelns Rechtsnachteile zu erleiden droht, bestehen nicht. Zu klären bleibt jedoch die Frage, ob eine Fristversäumnis auch dann unschädlich ist, wenn die verspätete Geltendmachung des Anspruchs zwar nicht auf einen Fehler der Behörde zurückzuführen ist, die Voraussetzungen des geltend gemachten Anspruches aber "zweifelsfrei" vorliegen.

In einer heftig umstrittenen Entscheidung hat der Große Senat des Bundessozialgerichts3) entschieden, daß die Fristvorschrift des § 58 Abs.1 BVG a.F. nicht für solche Fälle gelte, in denen die Voraussetzungen des verspätet angemeldeten Anspruchs "zweifelsfrei" gegeben seien. Diese Fristvorschrift werde durch ihren Ordnungscharakter geprägt. Die Begrenzung der Anmeldung des Versorgungsanspruches durch eine bestimmte Frist solle der Verwaltung einen ausreichenden Überblick über den Umfang der Versorgungslast ermöglichen. Darüber hinaus lasse der Sinn und Zweck der Fristvorschrift erkennen, daß der Ordnungscharakter von dem gesetzgeberischen Ziel überlagert sei, die Verwaltung davor zu

---

1 BVerwGE 9, 89 (92 f.).
2 BSGE 32, 60 ff.; zur Fristversäumung aufgrund verfassungswidriger Gesetze BVerfG, NJW 1980, 1565. Ein weiterer Fall der unverschuldeten Fristversäumung wird in BVerwG, DÖV 1975, 137, behandelt und zugunsten des Antragstellers entschieden.
3 BSG, Gr.Sen., Beschl. v. 9.6.1961, BSGE 14, 246 = NJW 1961, 2277 = DVBl 1962, 27.

schützen, daß Ansprüche gegen sie zu einer Zeit erhoben werden, zu welcher der Sachverhalt nur noch unter größten Schwierigkeiten aufzuklären ist. Sei dieses Ziel aber nicht gefährdet, weil die Voraussetzungen des verspätet angemeldeten Anspruchs zweifelsfrei gegeben seien, sei diese Fristvorschrift als eine "unechte Ausschlußfrist" zu qualifizieren. Seien die Voraussetzungen eines verspätet angemeldeten Anspruchs zweifelsfrei gegeben, so widerspreche eine Anwendung der Fristvorschrift ihrer Funktion und führe zu einem sozial unangemessenen und nicht gewollten Ergebnis.

Diese Rechtsauffassung hat nur vereinzelt Zustimmung gefunden;1) insbesondere das Bundesverwaltungsgericht hat sich dagegen ausgesprochen. In drei Entscheidungen, die den vorgenannten Beschluß ausdrücklich aufgreifen,2) wird die abweichende Rechtsansicht u.a. damit begründet, daß sich die Ausführungen des Bundessozialgerichts nur auf § 58 Abs.1 BVG a.F. bezögen, aber keine allgemeinen Rechtsgrundsätze enthielten3) und demzufolge nicht auf sonstige Fälle anzuwenden seien. Das Bundesverwaltungsgericht hat weiter ausgeführt, daß es unzulässig sei, einen Antrag immer dann als fristgerecht gestellt anzusehen, wenn er sachlich begründet sei. Materielle Ausschlußfristen seien als Anspruchsvoraussetzung zu behandeln. Ein verspätet gestellter Antrag ermögliche keine dem Antragsteller günstige Entscheidung, selbst wenn die übrigen Anspruchsvoraussetzungen zweifelsfrei vorliegen würden. Die letztgenannte Auffassung scheint vorzugswürdig, denn die besseren

---

1 Badura, in: Erichsen/Martens (Hrsg.), Allgemeines Verwaltungsrecht, § 39 II, S.394, übernimmt die vom BSG gegebene Begründung, ohne jedoch deren Geltungsbereich auf die Vorschrift des § 58 Abs.1 BVG a.F. einzuschränken und ohne sich mit der Gegenmeinung auseinanderzusetzen; H.C.Nipperdey, Fristversäumung bei der Anmeldung von Versorgungsansprüchen, NJW 1962, 321 ff.; R.Zschacke, Die Rücknahme unanfechtbarer rechtswidriger Verwaltungsakte der Leistungsverwaltung, DVBl 1962, 322(324).

2 BVerwGE 13, 209; 17, 199; BVerwG DÖV 1962, 868; ebenso C.-F. Menger, Höchstrichterliche Rechtsprechung zum Verwaltungsrecht, VerwArch 54 (1963),198(207 f.); W.Schieckel, Anmerkung zum Urt. des BSG v. 9.6.1961, SGb 1963, 81.

3 BVerwGE 13, 209(210).

Argumente sprechen für eine restriktive Handhabung gesetzlicher Ausschlußfristen. Insbesondere die vom Bundesverwaltungsgericht vorgetragene Begründung vermag zu überzeugen. Die Frage, ob eine bestehende Frist versäumt wurde oder nicht, ist aufgrund objektiver Anhaltspunkte zu beantworten. Zusätzliche (Ermessens-)Erwägungen, die auf die materiellen Anspruchsvoraussetzungen abstellen, haben bei der Prüfung außer Betracht zu bleiben. Ein allgemeiner Rechtsgrundsatz des Inhalts, daß eine Fristversäumung dann unschädlich ist, wenn die sonstigen Anspruchsvoraussetzungen "zweifelsfrei" vorliegen, kann nicht festgestellt werden. Er würde auch dem Charakter einer Ausschlußfrist widersprechen und deren Anordnung durch den Gesetzgeber wirkungslos machen.

Dennoch kann die Frage, ob eine spätere Nachholung der versäumten Mitwirkungshandlung ausgeschlossen ist, nicht mit einem klaren Ja oder Nein beantwortet werden. Der in den verschiedenen Fristbestimmungen enthaltene Regelungszweck ist insgesamt zu differenziert, als daß generell und allgemein festgestellt werden könnte, daß die Versäumung einer Ausschlußfrist die Nachholung einer Mitwirkungshandlung grundsätzlich verbiete oder davon abweichend in bestimmten Fällen gestatte. Vielmehr ist den jeweiligen, die Fristbestimmung enthaltenden Einzelvorschriften zu entnehmen, ob und unter welchen Voraussetzungen eine nach Fristablauf erfolgte Antragstellung unbeachtlich ist. Dabei ist auch zu berücksichtigen, ob es sich um einmalige oder wiederkehrende Leistungen handelt. Während die Versäumung einer Antragsfrist bei einer wiederkehrenden Leistung regelmäßig "nur" zum Anspruchsverlust für den zurückliegenden Zeitraum führt, hat die Versäumung der Antragsfrist bei einer einmaligen Leistung für den Betroffenen die schwerwiegende Folge, daß sein gesamter Anspruch ausgeschlossen ist.1) Liegen die weiteren Anspruchsvoraussetzungen "zweifelsfrei" vor und steht der gesetzgeberische Zweck dem nicht entgegen, so ist der Anspruch trotz Fristversäumung zu gewähren, wenn und soweit die Versäumung der Frist auf einen Umstand zurückzu-

---

1 Siehe dazu F.Haueisen, Zur Bedeutung der Antragsfristen bei öffentlich-rechtlichen Leistungen, NJW 1966, 1433.

führen ist, den die Behörde zu vertreten hat. Eine ungerechtfertigte Benachteiligung solcher Antragsteller, die infolge verspätet geltend gemachter und "zweifelhafter" Ansprüche ausgeschlossen bleiben, wird durch eine Bevorzugung "zweifelsfreier" Ansprüche nicht herbeigeführt.

Zusammenfassend kann damit festgestellt werden, daß die Nachholung formell-rechtlicher und materiell-rechtlicher Mitwirkung grundsätzlich möglich ist. Die Nachholbarkeit kann jedoch durch die Konstituierung von Antragsfristen zeitlich begrenzt werden. In Ausnahmefällen ist auch bei Fristversäumung eine Nachholungshandlung zulässig. Wann ein solcher Ausnahmefall anzunehmen ist, muß durch Auslegung der jeweils geltenden Fristvorschriften und unter verständiger Beachtung der konkreten Umstände ermittelt werden. Handelt es sich dabei um "absolute" Ausschlußfristen, so führt die Versäumung der fristgerechten Mitwirkungshandlung zum Verlust des materiellen Rechts.

B. Die Heilung einer fehlerhaften Mitwirkungshandlung

Während sich die vorstehenden Ausführungen auf die Nachholbarkeit des gesamten Beteiligungsaktes bezogen, ist nun zu klären, ob und unter welchen Voraussetzungen eine vorhandene, aber defekte Mitwirkungshandlung vom Betroffenen geheilt werden kann.

I. Umfang der Heilungsmöglichkeit

Den Einstieg in die Problematik liefert auch hier der Wortlaut des § 45 VwVfG, der in seinem Absatz 1 Nr.1 die Unbeachtlichkeit eines Form- oder Verfahrensfehlers anordnet, wenn der erforderliche Antrag nachträglich gestellt wird. Die Formulierung "nachträglich gestellt" könnte zu dem Schluß führen, daß eine Fehlerheilung nur dann in Betracht kommt, wenn überhaupt kein Antrag vorgelegen hat, nicht aber dann, wenn ein Antrag gestellt wurde, dieser aber fehlerhaft ist. Gewichtige Gründe sprechen jedoch gegen diese Form der Auslegung und gebieten es, den fehlerhaften

Antrag dem fehlenden gleichzustellen.1) Ein Antrag, der zwar vorliegt, aber notwendige Bedingungen seiner Wirksamkeit nicht erfüllt, ist wie ein fehlender Antrag zu behandeln. Auch er entspricht nicht den Anforderungen, auf die § 45 Abs.1 Nr.1 VwVfG mit dem Begriff "erforderlich" hinweist.2)

Diese Bewertung läßt den Schluß zu, daß die Heilungswirkung nicht nur dann eintritt, wenn der "erforderliche" Antrag überhaupt erst nachträglich gestellt wird, sondern auch dann, wenn ein bereits vorhandener Antrag so nachgebessert wird, daß er dem jeweils gültigen Mitwirkungserfordernis genügt. In welcher Weise die "Nachbesserung" zu erfolgen hat, richtet sich wiederum nach der konkreten Fehlerursache. Ist etwa die Mitwirkungshandlung eines Minderjährigen unwirksam, weil ihm die erforderliche Handlungsfähigkeit fehlt,3) so kann der Fehler durch eine Genehmigung des gesetzlichen Vertreters geheilt werden.4) Auch in diesem Fall wird durch die Heilungshandlung ein Antrag geschaffen, der nunmehr alle notwendigen Bedingungen seiner Wirksamkeit erfüllt und damit auch dem Begriff "erforderlich" im Sinne des § 45 VwVfG entspricht. Daher sind Nachholung und Heilung grundsätzlich in gleichem Umfang zulässig. Dies gilt nicht nur für formelle, sondern auch für materielle Mitwirkung.5) Da die Nachholung materiell-rechtlicher Mitwirkung zulässig ist, muß dies auch für deren Heilung gelten,6) denn es ist kein Grund ersichtlich, der es gebieten könnte, an dieser Stelle zwischen Nachholung und Heilung zu differenzieren.

---

1 Gusy, BayVBl 1985, 484(490); Meyer, in: Meyer/Borgs, VwVfG, § 45 Rdnr.15.
2 Meyer, a.a.O.
3 Gemäß § 12 Abs.1 Nr.1 VwVfG i.V.m. §§ 104 ff. BGB; die Ausnahmen des § 12 Abs.1 Nr.2 VwVfG seien hier außer acht gelassen.
4 Clausen, in: Knack, VwVfG, § 12 Rdnr.9.
5 So auch Heberlein, S.282, jedoch ohne nähere Begründung.
6 In diesem Sinne müssen auch Clausen, a.a.O., Meyer, in: Meyer/Borgs, VwVfG, § 45 Rdnr.16 und Obermayer, VwVfG, § 45 Rdnr.9 verstanden werden, die von "Genehmigung" sprechen und damit wohl auch die Heilung fehlerhafter materiell-rechtlicher Mitwirkung anerkennen.

II. Der Zeitpunkt der Heilungshandlung

1. Der Regelfall der zeitlich unbegrenzten Heilbarkeit

Für den fehlenden Beteiligungsakt konnte festgestellt werden, daß dieser regelmäßig ohne zeitliche Begrenzung nachgeholt werden kann. Dieser Grundsatz gilt auch für die Heilung einer vorhandenen, aber fehlerhaften Mitwirkungshandlung. Durch die Heilungshandlung wird ein Beteiligungsakt hergestellt, der nunmehr dem gültigen Mitwirkungserfordernis genügt. Da Heilung und Nachholung nach dem soeben Gesagten gleichzubehandeln sind, ist auch die Beseitigung eines Fehlers grundsätzlich ohne zeitliche Begrenzung möglich.

2. Zeitliche Begrenzung der Heilbarkeit durch gesetzliche Ausschlußfristen

Auch der Grundsatz der unbegrenzten Heilbarkeit fehlerhafter Mitwirkungshandlungen könnte durch gesetzliche Fristen durchbrochen werden. Für die Nachholung einer fehlenden Mitwirkungshandlung konnte festgestellt werden, daß gesetzliche Ausschlußfristen eine Nachholung nach Fristablauf verbieten können. Da nach dem bisher Gesagten Heilung und Nachholung gleich zu behandeln sind, könnten die für die Nachholung einer fehlenden Mitwirkungshandlung aufgestellten Grundsätze auch auf die Heilung einer fehlerhaften Mitwirkungshandlung zu übertragen sein. Nachholung und Heilung weichen jedoch in einer wesentlichen Nuance voneinander ab.

Bei der Erörterung dieses Problems ist zunächst darauf hinzuweisen, daß in der Verwaltungsrechtslehre im allgemeinen zwischen Nachholung und Heilung nicht unterschieden wird.1) Meist wird

---

1 Vgl. statt vieler: Meyer, in: Meyer/Borgs, VwVfG, § 45 Rdnr. 6, 12; Obermayer, VwVfG, § 45 Rdnr.7, 8; Ule/Laubinger, Verwaltungsverfahrensrecht, § 58 I , S.402 f.

auch im Heilungsakt eine "nachgeholte Verfahrenshandlung"1) gesehen. Die sich daraus ergebende Frage, ob diese Gleichbehandlung von Nachholung und Heilung immer sachgerecht ist, oder ob sich zwingende Gründe dartun, die ihre differenzierende Behandlung - zumindest in bestimmten Fällen oder Fallgruppen - erfordern, bedarf näherer Untersuchung.

Beide Rechtsinstitute weisen einen grundlegenden Unterschied auf. Während eine fehlende Mitwirkungshandlung erst im Zeitpunkt ihrer Nachholung eine rechtserhebliche Bedeutung besitzt, könnte im Falle einer fehlerhaften Mitwirkung die Fiktion einer rückwirkenden Heilung dazu führen, daß sie ihre Rechtswirkungen nicht erst zum Zeitpunkt der Heilungshandlung, sondern bereits zum Zeitpunkt der tatsächlichen, wenn auch fehlerhaften Vornahme entfaltet. Hier können also der Zeitpunkt der Heilungshandlung und der Zeitpunkt, auf den die Heilung wirkt, auseinanderfallen.

Bei der Beantwortung der Frage, ob die Fehlerheilung ex-tunc- oder nur ex-nunc-Wirkung entfaltet, wird meist das rechtliche Schicksal des Verwaltungsaktes in die Beurteilung mit einbezogen. Demzufolge findet sich regelmäßig die Feststellung, die Heilungshandlung habe zur Folge, daß die Rechtswidrigkeit des Verwaltungsaktes mit ex-tunc-2) bzw. mit ex-nunc-3)-Wirkung beseitigt werde.4) Diese Betrachtungsweise, die bei der Beurteilung der Mitwirkungshandlung sogleich auf das rechtliche Schicksal des Verwaltungsaktes abstellt, findet ihre Rechtfertigung im Wirkungsverhältnis beider Rechtsakte. Wenngleich beide auf verschie-

---

1 So etwa in der Regierungsbegründung zum Gesetzentwurf, BT-Drs. 7/910, S.65.

2 Klappstein, in: Knack, VwVfG, § 45 Rdnr.2.5; Stelkens, in: Stelkens/Bonk/Leonhardt, VwVfG, § 45 Rdnr.5; Ule/Laubinger, Verwaltungsverfahrensrecht, § 58 I 1, S.402 f.

3 Kopp, VwVfG, § 45 Rdnr.6; Meyer, in: Meyer/Borgs, VwVfG, § 45 Rdnr.12.

4 Nur vereinzelt wird demgegenüber die abzulehnende Ansicht vertreten, daß die Frage nach der ex-tunc- oder ex-nunc-Wirkung "allenfalls von theoretischem, nicht aber von praktischem Interesse sein dürfte." So die Regierungsbegründung zum Gesetzentwurf, a.a.O.

dene Rechtssubjekte zurückzuführen sind, so besteht ihre Funktion doch darin, gemeinsame Rechtswirkungen zu entfalten.

Der Betroffene beseitigt mit seiner Heilungshandlung nur den Fehler des auf ihn zurückzuführenden Rechtsaktes. Seine Heilungshandlung zielt jedoch final auf die Heilung des Verwaltungsaktes ab, denn gemäß § 45 Abs.1 Nr.1 VwVfG folgt aus der Beseitigung der Fehlerhaftigkeit des Mitwirkungsaktes ipso iure auch der Fortfall der Fehlerhaftigkeit des Verwaltungsaktes.

Der Regelungszweck des § 45 Abs.1 VwVfG zielt auf den rechtlichen Bestand des Verwaltungsaktes ab. Diese Vorschrift hat zum Ziel, eine Aufhebung solcher Verwaltungsakte zu vermeiden, die unter Verstoß gegen Form- und Verfahrensvorschriften zustande gekommen sind, aber ansonsten keine sachlichen Mängel enthalten. Ist etwa der materielle Antrag des Betroffenen deshalb unwirksam, weil sich dieser in rechtserheblicher Weise über bestimmte Voraussetzungen seiner Antragstellung geirrt hat, so besteht für ihn die Möglichkeit, in einer weiteren Erklärung seinen nunmehr fehlerfrei gebildeten Willen zum Ausdruck zu bringen.

Nach zu billigender Ansicht kommt der Heilungshandlung ex-tunc-Wirkung zu. § 45 VwVfG hat das Ziel, die Beseitigung verfahrensmäßiger Fehler zu ermöglichen. Die Beurteilung der Rechtmäßigkeit des Verwaltungsaktes bezieht sich demzufolge gleichfalls auf den Zeitpunkt, in dem allgemein die Prüfung seiner Rechtmäßigkeit erfolgt.1) Dies ist der Zeitpunkt seines Erlasses i.S.d. § 43 Abs.1 VwVfG. Ein defekter Antrag ist damit nach Ausübung der Heilungshandlung so zu behandeln, als habe er von Anfang an wirksam vorgelegen. Ist bei der Gewährung einer laufenden Leistung der gestellte Antrag unwirksam, etwa weil er von einem Geschäftsunfähigen abgegeben worden ist, so wirkt gemäß § 184 BGB analog die Genehmigung seines gesetzlichen Vertreters auf den Zeitpunkt der Antragstellung zurück. Maßgeblicher Zeitpunkt für

1 Klappstein, in: Knack, VwVfG, § 45 Rdnr. 2.5.

das Einsetzen der rückwirkenden Heilungswirkung ist der Eingang des Antrages bei der Behörde bzw. das Vorliegen der Heilungshandlung. Danach kann, wie weiter oben dargelegt, die Heilung in zahlreichen Fällen zeitlich unbegrenzt erfolgen. Ein Problem stellt sich jedoch dann, wenn in spezialgesetzlichen Vorschriften Ausschlußfristen konstituiert sind. Hier stehen sich der Grundsatz der ex-tunc-Heilung und die Geltung der Ausschlußfristen gegenüber.

Den gesetzlichen Ausschlußfristen ist jedoch gegenüber der ex-tunc-wirkenden Heilungshandlung des Betroffenen der Vorrang einzuräumen. Stellt die Einhaltung einer Frist eine gesetzliche Anspruchsvoraussetzung dar, so ist die Heilung nicht geeignet, mit rückwirkender Kraft eine zum Zeitpunkt des Fristablaufs ausreichende Mitwirkungshandlung zu fingieren. Da diese Fristen unabdingbar sind und Ausnahmen nur in einem sehr begrenzten Umfang zulassen,1) ist entscheidend darauf abzustellen, ob im Zeitpunkt des Fristablaufs eine Mitwirkungshandlung vorgelegen hat, die dem jeweiligen Mitwirkungserfordernis entsprach. Eine spätere Heilungshandlung ist insoweit unbeachtlich; sie ist nicht geeignet, ein für den Betroffenen untergegangenes Recht wieder aufleben zu lassen.2)

---

1 Dazu 5. Kapitel, A. II. 3.

2 So auch OLG Frankfurt, NVwZ 1982, 580, jedoch in einer anderen Fallkonstellation zur Frist des § 24 Abs.4 S.1 BBauG a.F.

6. Kapitel

Die Beseitigung der Mitwirkungshandlung durch den Betroffenen

Nachdem festgestellt werden konnte, welche Möglichkeiten für den Betroffenen bestehen, den Defekt einer Mitwirkungshandlung zu beseitigen und einen dem Mitwirkungserfordernis entsprechenden Beteiligungsakt herzustellen, ist nun zu klären, wie eine Mitwirkungshandlung und gegebenenfalls auch der daraufhin erlassene Verwaltungsakt zu behandeln sind, wenn das Interesse des Betroffenen darauf gerichtet ist, den Rechtsfolgen des erlassenen oder zu erlassenden Verwaltungsaktes zu entgehen. Hierher gehören alle Fälle des Irrtums, der Drohung und der arglistigen Täuschung und ganz allgemein alle Situationen, in denen der Betroffene - aus welchen Gründen auch immer - seine Mitwirkungshandlung nicht oder nicht in dieser Form für oder gegen sich gelten lassen will, wie sie tatsächlich vorliegt.

In all diesen Fällen ist eine Divergenz zwischen dem aktuellen Willen des Betroffenen und dem objektiven Erklärungsinhalt seiner Mitwirkungshandlung festzustellen. Eine Abweichung von Wille und Erklärung kann zum einen dann vorliegen, wenn der Wille des Betroffenen im Zeitpunkt der Abgabe seiner Willenserklärung bzw. der Vornahme seiner konkludenten Mitwirkungshandlung vom objektiven Erklärungsgehalt abwich. Zum anderen kann diese Abweichung in einem Sinneswandel des Betroffenen ihren Ursprung haben. Hier sind solche Fälle zu berücksichtigen, in denen im Zeitpunkt der Erklärung objektiver Erklärungsinhalt und die subjektiven Elemente der Willenserklärung, wie Handlungswille, Erklärungsbewußtsein und Geschäftswille übereinstimmten, der Wille des Betroffenen sich zwischenzeitlich geändert hat und dieser nunmehr seinem aktuellen Willen zur Geltung verhelfen möchte. Damit erhebt sich für den Fall einer Divergenz von Wille und Erklärung die Frage, ob dem wirklichen Willen oder dem erklärten Willen der Vorrang gebührt.

Die Anerkennung des Willens des Betroffenen im Verhältnis Staat - Bürger könnte es rechtfertigen, den Betroffenen an seinem erklärten Willen grundsätzlich festzuhalten, was jedoch zu einer Einschränkung der Beachtlichkeit des wirklichen Willens führen würde. Bei der Ermittlung des Zusammenhanges von Wille und Erklärung ist aber nicht nur das Interesse des Erklärenden, sondern auch das Interesse des Erklärungsgegners, der Behörde, zu berücksichtigen. Der Wunsch des Betroffenen, den auf ihn zurückzuführenden Willensakt zu beseitigen, um damit seinem aktuellen Willen zur Geltung zu verhelfen, führt regelmäßig[1] zu einem Interessenkonflikt zwischen Erklärendem und Erklärungsgegner. Es stehen sich das Lossagungsinteresse des Betroffenen und das Bindungsinteresse der Behörde gegenüber. Welchem Interesse der Vorzug zu gewähren ist, läßt sich auch hier nicht generell und allgemein feststellen, sondern ist durch eine Abwägung der widerstreitenden Interessen zu ermitteln.

A. Widerruf und Rücknahme der Mitwirkungshandlung

I. Widerrufbarkeit und Rücknehmbarkeit aller drei Mitwirkungsformen

Der Widerruf und die Rücknahme durch den Betroffenen können sich auf seine sämtlichen Mitwirkungshandlungen beziehen. Sie unterscheiden sich insoweit, als der Widerruf einer Mitwirkungshandlung in rechtsgrundsätzlicher Anwendung von § 130 Abs.1 BGB nur bis zum Eintritt ihrer Wirksamkeit in Betracht kommt. Nach ihrem Zugang bei der Behörde scheidet ein Widerruf aus; es kommt jedoch noch ihre Rücknahme in Betracht. Bei Widerruf oder Rücknahme von Mitwirkungshandlungen des Betroffenen ist unerheblich, ob diese ausschließlich formell-rechtliche, ausschließlich materiell-rechtliche Mitwirkung darstellen, oder ob beide Elemente in Ge-

---

1 Ausnahmefälle, in denen Privater und Verwaltung übereinstimmend die Rechtswirkungen eines Willensaktes (Willenserklärung oder Erwirkungshandlung) beseitigen wollen, sind nicht weiter problematisch und können daher außer Betracht bleiben.

stalt des materiellen Antrags zu einer einheitlichen Erscheinung verbunden wurden.

Durch Widerruf oder Rücknahme seiner formell-rechtlichen Mitwirkungshandlung beseitigt der Betroffene eine Verfahrensvoraussetzung in all den Fällen, in denen das Gesetz die Einleitung eines Verwaltungsverfahrens seiner Dispositionsbefugnis unterworfen hat. Darf die Behörde gemäß § 22 S.2 Nr.2 VwVfG nur auf Antrag tätig werden,1) so hat der Widerruf oder die Rücknahme des Antrages zur Folge, daß ein dennoch durchgeführtes Verwaltungsverfahren rechtswidrig wäre. Gleiches gilt für den Widerruf oder die Rücknahme materiell-rechtlicher Mitwirkungshandlungen. Mit Widerruf oder Rücknahme seiner Einwilligungserklärung, seiner Unterwerfungserklärung oder seines materiellen Antrags beseitigt der Betroffene eine wesentliche Erlaßvoraussetzung für den Verwaltungsakt. Ein dennoch erlassener Verwaltungsakt wäre - je nach Bedeutung der Mitwirkungshandlung - rechtswidrig oder rechtsunwirksam.2) Grundsätzlich bestehen gegen den Widerruf oder die Rücknahme einer Mitwirkungshandlung also keine Bedenken.3)

Beide erweisen sich insoweit als sinnvoll, als der "mitwirkungsbedürftige" Verwaltungsakt nach dem Willen des Gesetzgebers die Aufgabe hat, die Interessen des von ihm Betroffenen zu beachten. Dies erfordert auch die Beachtung von Willensmängeln und Willensänderungen. Im Zivilrecht erblickt der Empfänger einer Willenserklärung in ihr einen Vorteil und darf im Vertrauen auf die Geltung des objektiven Erklärungstatbestandes Dispositionen vornehmen, die durch die Vorschriften der §§ 119, 122 BGB geschützt werden. Diese Normen erklären den wahren Willen gegenüber dem erklärten Willen für unbeachtlich oder legen dem Erklärenden für den Fall der Beachtlichkeit seines Willensmangels die Verpflichtung auf, dem Erklärungsgegner den Schaden zu ersetzen, den dieser im Vertrauen auf die Geltung der Erklärung erlitten hat.

---

1 Dazu im einzelnen 1. Kapitel, B. I. 2.
2 Dazu 7. und 8. Kapitel.
3 Vgl. Kopp, VwVfG, § 9 Rdnr.47.

Die im Verlauf dieser Untersuchung für andere Problemstellungen befürwortete Anwendung der zivilrechtlichen Vorschriften über Willenserklärungen1) begegnet an dieser Stelle aber Bedenken. Für die Behörde bildet die Mitwirkungshandlung regelmäßig keine Grundlage für wirtschaftliche Dispositionen, sondern für verfahrensrechtliche Maßnahmen. Diese dienen der Umsetzung geltenden Rechts und erweisen sich damit nur dann als sinnvoll, wenn der Betroffene die durch den Verwaltungsakt ausgesprochene Rechtsfolge auch wirklich will.2) Daher ergibt sich hier eine von der zivilrechtlichen abweichende Lösung, die es gebietet, den wahren Willen zu beachten und den (fehlerhaft) erklärten Willen zu vernachlässigen. Ob dies immer und in allen Fällen gilt, ist eine weitere Frage, die der Untersuchung bedarf.

II. Der zulässige Zeitraum für Widerruf und Rücknahme

Zu klären bleibt daher, bis zu welchem Zeitpunkt ein Widerruf oder eine Rücknahme in Betracht kommt. Je bedeutender die durch den erlassenen oder zu erlassenden Verwaltungsakt eintretenden Rechtsfolgen sind, desto größer kann das Interesse des Betroffenen sein, diesen Rechtsfolgen durch Beseitigung seiner Erklärung zu entgehen.3) Für die Behörde als Erklärungsgegner ist entscheidend, welche Maßnahmen sie bereits im Vertrauen auf den Rechtsbestand der Mitwirkungshandlung getroffen hat. Hat die Behörde etwa schon einen Verwaltungsakt erlassen oder sonstige tatsächliche Maßnahmen vorgenommen, so wird sie ein Interesse daran haben, den Betroffenen an seiner Erklärung festzuhalten oder diesem zumindest die durch ihn verursachten Verfahrenskosten aufzuerlegen. Für die Zulässigkeit von Widerruf oder Rücknahme kommt es also entscheidend darauf an, zu welchem Zeitpunkt sie erfolgen und in welchem Umfang das Interesse des Erklärungsgegners schützenswert ist.

---

1 Dazu 4. Kapitel, B.
2 Vgl. hierzu insbesondere Schnell, S.102 ff., 144 ff. (146).
3 Schnell, S.102.

Über diesen Zeitpunkt besteht jedoch in Rechtsprechung und Schrifttum kein Einvernehmen. Während einige Autoren den Widerruf bzw. die Rücknahme einer Mitwirkungshandlung generell für zulässig erachten und keiner zeitlichen Befristung unterwerfen,1) ist der überwiegenden Anzahl der einschlägigen Abhandlungen zu entnehmen, daß sich ihre jeweiligen Autoren - meist jedoch ohne nähere Begründung - für diesen oder jenen Zeitpunkt festlegen.

Die weitere Untersuchung will versuchen deutlich zu machen, welche Argumente dafür oder dagegen sprechen, den Widerruf oder die Rücknahme einer Mitwirkungshandlung nur bis zum Erlaß des Verwaltungsaktes, bis zum Zeitpunkt seiner Bekanntgabe gegenüber dem Betroffenen, bis zum Eintritt seiner Unanfechtbarkeit oder sogar noch darüber hinaus zuzulassen. Die Bestimmung des richtigen Zeitpunktes und eine überschaubare Darstellung der widerstreitenden Ansichten verlangen, den Verlauf des Verwaltungsverfahrens in seine insoweit relevanten Abschnitte zu untergliedern.

Eine Differenzierung zeigt folgende Verfahrensstadien:

- Ab Vornahme der Mitwirkungshandlung bis zu deren Wirksamwerden.
- Ab Wirksamwerden der Mitwirkungshandlung bis zum Erlaß des Verwaltungsaktes.
- Ab Erlaß eines Verwaltungsaktes bis zum Eintritt seiner Wirksamkeit.
- Ab Wirksamkeit des Verwaltungsaktes bis zum Eintritt seiner Unanfechtbarkeit.
- Ab Eintritt der Unanfechtbarkeit des Verwaltungsaktes.

---

1 So etwa Schweickhardt, in: Schweickhardt (Hrsg.), Allgemeines Verwaltungsrecht, 5. Aufl., Rdnr.894, und Ule/Laubinger, Verwaltungsverfahrensrecht, § 22 II 2, S.168.

1. Der Zeitraum vor Erlaß des Verwaltungsaktes

a) Rücknahme oder Widerruf der Mitwirkungshandlung bis zum Eintritt ihrer Wirksamkeit

Die Rücknahme oder ein Widerruf der Mitwirkungshandlung durch den Betroffenen ist solange unproblematisch, wie diese noch nicht wirksam geworden ist. Daher ist zunächst festzustellen, zu welchem Zeitpunkt und unter welchen Voraussetzungen die Mitwirkungshandlung ihre Wirksamkeit erlangt, was jedoch den das Mitwirkungserfordernis enthaltenden Vorschriften meist nicht zu entnehmen ist. Mangels spezieller Rechtsgrundlagen muß das Ergebnis aufgrund allgemeiner Überlegungen gewonnen werden. Wie schon weiter oben festgestellt werden konnte,1) enthält das öffentliche Recht für die Behandlung öffentlich-rechtlicher Willenserklärungen von Privatpersonen kein ausreichendes Regelungsinstrumentarium. Daher könnte auch bei der Beantwortung der hier interessierenden Frage nach dem Wirksamwerden der Mitwirkungshandlungen ein Rückgriff auf die insoweit einschlägigen Vorschriften des Zivilrechts geboten sein.

§ 130 Abs.1 BGB bestimmt für die privatrechtlichen Willenserklärungen, daß diese mit Zugang an den Erklärungsgegner wirksam werden. § 130 Abs.3 BGB erklärt darüber hinaus, daß § 130 Abs.1 BGB auch auf Willenserklärungen anwendbar ist, die einer Behörde gegenüber abzugeben sind. Eine Anwendung dieser Vorschrift auf die hier in Rede stehenden Mitwirkungserklärungen scheidet dennoch aus, da von § 130 Abs.3 BGB nur amtsempfangsbedürftige Willenserklärungen, also nur solche Willenserklärungen erfaßt werden, deren Rechtserfolg auf dem Gebiete des Zivilrechts liegt.2)

Demzufolge geht eine Vielzahl von Autoren von der analogen3) oder rechtsgrundsätzlichen4) Anwendbarkeit der genannten Vor-

1 Dazu 4. Kapitel, B.
2 Middel, S.94; Schnell, S.104.
3 Siebecke, S.41, der jedoch den Anwendungsbereich des § 130 Abs.3 BGB verkennt.
4 Middel, S.94 ff.; Stelkens, NuR 1985, 213(217).

schriften auf öffentlich-rechtliche Willenserklärungen von Privatpersonen aus. Zur Begründung wird vorgetragen, daß die Übernahme der zivilrechtlichen Dogmatik in das öffentliche Recht deshalb geboten sei, weil hinter § 130 BGB ein allgemeiner Rechtsgedanke stehe,1) von dem abzugehen der erstrebenswerten Einheit des Rechts widersprechen würde.2) Seien Willenserklärungen von Privatpersonen im öffentlichen Recht überhaupt denkbar, so verlange die Kundgabe des Willens eine Entäußerung und daher wenigstens die Möglichkeit des Gegners, von der Willensäußerung Kenntnis zu erlangen.3) Daher habe der Gesetzgeber in § 130 BGB geregelt, daß das Wirksamwerden einer Willenserklärung von deren Zugang beim Erklärungsempfänger abhängig sei. Diese Vorschrift sei deshalb im öffentlichen Recht anzuwenden, weil die dem § 130 BGB zugrunde liegende Regelung dem Wesen der Willenserklärung entspreche und einen allgemeinen Rechtsgedanken enthalte.4)

Demgegenüber hat Schnell5) überzeugend nachgewiesen, daß sich aus §§ 23 Abs.4 S.1, 31 Abs.1 VwVfG i.V.m. § 188 Abs.1 BGB eine von § 130 Abs.1 BGB abweichende öffentlich-rechtliche Lösung ergibt. Während im Zivilrecht der Zeitpunkt des Zuganges einer Willenserklärung danach zu ermitteln ist, wann nach allgemeiner Lebenserfahrung und der Verkehrssitte unter gewöhnlichen Umständen eine Kenntnisnahme des Empfängers zu erwarten ist, ist bei einer an eine Behörde gerichteten öffentlich-rechtlichen Willenserklärung ein anderer Zeitpunkt zu bestimmen.

Zunächst einmal ist es für das Wirksamwerden einer Mitwirkungserklärung nicht erforderlich, daß der Sachbearbeiter der Behörde tatsächlich von ihr Kenntnis nimmt.6) Darüber hinaus ist hier

---

1 Stelkens, a.a.O.
2 C.Anders, Verwaltungsrecht und allgemeine Rechtsgrundsätze, ZfS 1954, 155 f.
3 Middel, S.95.
4 Middel, a.a.O., unter Berufung auf Küchenhoff, BayVBl 1958, 325(327).
5 Schnell, S.104 f.
6 BSGE 42, 279.

ein Zugang auch dann anzunehmen, wenn die Mitwirkungshandlung die Behörde zu einer Zeit erreicht, zu der gerade nicht mit ihrer Kenntnisnahme gerechnet werden muß. § 23 Abs.4 VwVfG ist die Grundregel zu entnehmen, daß Mitwirkungshandlungen generell im Zeitpunkt ihres Einganges bei der Behörde als abgegeben gelten und damit wirksam werden.1) Ein Vergleich der Mitwirkungserklärungen mit anderen an Behörden und Gerichte gerichteten Erklärungen zeigt, daß regelmäßig der tatsächliche Zugang bei der Behörde oder dem Gericht auch dann genügt, wenn mit einer Kenntnisnahme gerade nicht gerechnet werden kann. Zur Wahrung der in §§ 70, 74 VwGO bestimmten Frist genügt es, wenn die schriftliche Erklärung nach Dienstschluß bei der Behörde eingeht oder in einen Nachtbriefkasten eingeworfen wird.2) Dasselbe hat für fristwahrende Mitwirkungshandlungen zu gelten. Bei diesen Mitwirkungshandlungen kommt es gleichfalls darauf an, daß sie innerhalb der vorgeschriebenen Frist bei der Behörde tatsächlich eingehen. Dies gilt auch für eine Zeit, zu der mit einer Kenntnisnahme gerade nicht gerechnet werden muß. Da aber nur eine wirksame Mitwirkungshandlung fristwahrend ist, tritt ihre Wirksamkeit in dem Zeitpunkt ein, in dem sie der Behörde tatsächlich zugeht.3)

Damit kann festgestellt werden, daß die Mitwirkungserklärungen im Zeitpunkt ihres tatsächlichen Zuganges bei der Behörde wirksam werden und damit Rechtswirkungen für den Betroffenen entfalten. Daraus wiederum folgt, daß diesem bis dahin die Befugnis zusteht, den von ihm gesetzten Rechtsakt zu beseitigen. Da die Mitwirkungserklärungen vor dem Eintritt ihrer Wirksamkeit keine Rechtswirkungen entfalten und damit ein Bindungsinteresse der Behörde noch nicht eingetreten sein kann, stehen ihrem Widerruf bis zu diesem Zeitpunkt auch keine Bedenken entgegen. Eine Rücknahme scheidet bis zu diesem Zeitpunkt aus; sie kommt erst nach Eintritt der Wirksamkeit in Betracht. Widerruf und Rücknahme

---

1 Schnell, S.105.
2 BVerwG, NJW 1962, 1268; Kopp, VwVfG, § 31 Rdnr.26.
3 Schnell, S.105

schließen damit aneinander an. Der Eintritt der Wirksamkeit des Mitwirkungsaktes bestimmt die Grenze zwischen beiden.

b) Die Rücknahme der Mitwirkungserklärung nach Eintritt ihrer Wirksamkeit, aber vor Erlaß des Verwaltungsaktes

Der Eintritt ihrer Wirksamkeit steht dem Widerruf einer Mitwirkungshandlung entgegen; sie kann jedoch auch jetzt grundsätzlich noch zurückgenommen werden. Haben bestehende gesetzliche Vorschriften das durchzuführende Verwaltungsverfahren zum Antragsverfahren[1] erklärt und damit die Verfahrenseinleitung der Dispositionsbefugnis des Betroffenen unterstellt, so hat dieser die Möglichkeit, das laufende Verwaltungsverfahren durch die Rücknahme seiner formell-rechtlichen Mitwirkungserklärung zur Einstellung zu bringen. Die infolge gesetzlicher Anordnung herrschende Dispositionsmaxime[2] räumt dem Betroffenen nicht nur die Entscheidungsbefugnis darüber ein, ob und wann er ein Verwaltungsverfahren mit seiner formell-rechtlichen Mitwirkungshandlung in Gang setzen möchte, sondern gewährt ihm auch das Recht, den wirksam gestellten Antrag zurückzunehmen oder abzuändern.[3] Mit der Rücknahme des Antrages geht eine wesentliche Sachentscheidungsvoraussetzung verloren mit der Folge, daß die Behörde nicht mehr berechtigt ist, eine Sachentscheidung zu erlassen.[4]

Das gleiche gilt für materiell-rechtliche Mitwirkungserklärungen. Die Beachtung des Willens des Betroffenen im Verwaltungsverfahren gewährt diesem nicht nur die Möglichkeit, seinem Willen durch die Abgabe einer Willenserklärung zur Geltung zu verhelfen, sondern darüber hinaus das Recht, diese Willenserklärung wieder zu beseitigen. Diese speziell öffentlich-rechtliche Lösung weicht damit grundsätzlich von der Behandlung vergleichbarer Fälle im Zivilrecht ab. Während dort die Beseitigung einer Wil-

---

1 Dazu 1. Kapitel, B. I. 2.
2 Dazu 1. Kapitel, B. I. 2.
3 Stelkens, NuR 1985, 213(216).
4 Vgl. BVerwGE 30, 185(187) = DÖV 1970, 783; Obermayer, VwVfG, Vorbem. § 9 Rdnr.73 f., 79.

lenserklärung an die engen tatbestandlichen Voraussetzungen der Anfechtungsvorschriften gebunden ist, ist hier dem Lossagungsinteresse des Erklärenden ein stärkeres Gewicht beizumessen. Die unterschiedliche Behandlung zivilrechtlicher und öffentlich-rechtlicher Willenserklärungen ist deshalb vertretbar, weil im öffentlichen Recht, anders als im Zivilrecht, ein präsumptiver Interessengegensatz zwischen Erklärendem und Erklärungsempfänger nicht besteht.1)

Eine Rücknahme der materiell-rechtlichen Mitwirkungserklärung ist jedoch dann ausgeschlossen, wenn besondere gesetzliche Vorschriften dies verbieten oder von bestimmten Voraussetzungen abhängig machen. Etwa beim Rücktritt von der Prüfung nach den landesrechtlichen JAG bedarf der Rücktritt der Genehmigung des Justizprüfungsamtes, weil ansonsten die Prüfung als nicht bestanden gilt. Ein weiteres Beispiel findet sich im Beamtenrecht. §§ 30 Abs.1 S.3 BBG, 46 Abs.3 S.5 SoldG sehen die Rücknahme eines Entlassungsantrages ausdrücklich vor. Nach Ablauf der dort bestimmten Fristen ist eine Rücknahme aber ausgeschlossen oder nur noch mit Zustimmung der Entlassungsbehörde möglich. Scheidet eine Rücknahme aus, so kommt allenfalls noch eine Anfechtung der Mitwirkungserklärung durch den Betroffenen in Betracht.2)

2. Der Zeitraum nach Erlaß des Verwaltungsaktes

Während sich die beiden soeben erörterten Stadien des Verwaltungsverfahrens noch recht einfach behandeln ließen, bedürfen die folgenden Verfahrensstufen eingehender Erörterung.

---

1 So schon Krause, JuS 1972, 425(427).
2 Dazu im folgenden B.

a) Darstellung des Streitstandes

aa) Der Erlaß des Verwaltungsaktes als letzter Zeitpunkt für die Rücknahme der Mitwirkungshandlung

Problematisch wird die Rücknahme einer Mitwirkungserklärung erst dann, wenn die Behörde bereits darüber entschieden hat und ein darauf gerichteter Verwaltungsakt erlassen worden ist. Ob bereits zu diesem Zeitpunkt eine Rücknahme ausscheidet oder noch darüber hinaus möglich ist, ist umstritten. Die vielfach vertretene Auffassung,1) die Rücknahme des Antrags sei nur solange zulässig, wie die Behörde noch nicht über ihn entschieden habe,2) wird mancherorts nicht näher belegt.3) Anderenorts findet sich eine Vielzahl von zum Teil sehr unterschiedlichen Begründungen.

So wird etwa vorgetragen, die zeitliche Begrenzung folge aus einem in § 183 BGB enthaltenen Rechtsgedanken.4) Diese Vorschrift bestimme, daß die vorherige Zustimmung nur bis zur Vornahme des Rechtsgeschäfts widerruflich sei, während die nachträgliche Zustimmung (§ 184 BGB) überhaupt nicht widerrufen werden könne.

---

1 BVerwGE 30, 185(187) = DÖV 1970, 783; DÖV 1965, 174; Borgs, in: Meyer/Borgs, VwVfG, § 67 Rdnr.11 "bis zur Entscheidung" bezüglich der Verzichtserklärung, davon abweichend ders., a.a.O., § 22 Rdnr.8 "bis zur Bekanntgabe" bezüglich des Antrages; Braun/Kanzok, Allgemeines Verwaltungsrecht und Verwaltungsverfahren, Rdnr. 321; Eyermann/Fröhler, VwGO, 8. Aufl., § 70 Rdnr.11, zur Rücknahme des Widerspruchs; Stelkens, in: Stelkens/Bonk/ Leonhardt, VwVfG, § 35 Rdnr.118a; ders., NuR 1985, 213 (216); Wolff/Bachof I, § 48 II a 2., S.404, mit Hinweis auf die Kostenlast.

2 So bereits H. Peters, Lehrbuch der Verwaltung, 1949, S.160, "Bei zweiseitigen Verwaltungsakten ist der Widerruf der Erklärung des einen Teils so lange zulässig, als die zweite Erklärung noch nicht abgegeben ... ist."

3 So etwa Braun/Kanzok, Allgemeines Verwaltungsrecht und Verwaltungsverfahren, Rdnr.321; R.Herzog/W.Schick, Allgemeines Verwaltungsrecht, Nr.175.

4 Stelkens, NuR 1985, 213(216); Schnell, S.110 ff.

Zur Erläuterung dieser Auffassung sind die dortigen Feststellungen auf die hier vorliegende Problemstellung anzuwenden. Tut man dieses, so sind die Mitwirkungshandlungen mit der Zustimmung, der mitwirkungsbedürftige Verwaltungsakt mit dem "zustimmungsbedürftigen Rechtsgeschäft" gleichzusetzen. Ein Widerruf der Zustimmung, also der Mitwirkungserklärung, kommt dann nur solange in Betracht, wie das Rechtsgeschäft noch nicht vorgenommen, also der mitwirkungsbedürftige Verwaltungsakt noch nicht erlassen worden ist.1)

Darüber hinaus wird die Befristung der Rücknahme auf die ähnliche Problemgestaltung im Widerspruchsverfahren gestützt. Stelkens2) betont die Vergleichbarkeit zwischen der Rücknahme des Widerspruchs im Widerspruchsverfahren einerseits und der Rücknahme des Antrags im Antragsverfahren andererseits. Eine Betrachtung der Rücknahme des Widerspruchs zeige, daß dieser mit dem Erlaß des Widerspruchsbescheides verbraucht sei und der Widerspruchsführer die Entscheidung der Verwaltungsbehörde nicht mehr durch eine Rücknahme des Widerspruchs rückgängig machen könne.3) Habe die Behörde eine Entscheidung über den Antrag getroffen, so ginge eine Rücknahme ins Leere, da das Verwaltungsverfahren bereits mit Erlaß des Verwaltungsaktes (§ 9 VwVfG) abgeschlossen sei.4)

---

1 Vgl. BVerwG, DÖV 1965, 174(175), zum Widerruf einer Zustimmungserklärung zur Aufnahme in den Wahlvorschlag nach der Wahlordnung zum PersVG.

2 Stelkens, NuR 1985, 213(216).

3 Stelkens, NuR 1985, 213(216); ähnlich Schnell, S.109 f. und Bergmann, Wann ist das "verwaltungsgerichtliche" Vorverfahren abgeschlossen?, BayVBl 1967, S.195, die den Antrag allerdings erst dann für "verbraucht" halten, wenn die Wirksamkeit des Verwaltungsaktes eingetreten ist.

4 Stelkens, a.a.O.

bb) Der Eintritt der Wirksamkeit des Verwaltungsaktes als letzter Rücknahmezeitpunkt

Es wird aber auch die Ansicht vertreten, eine Rücknahme der Mitwirkungserklärung sei nicht bis zur Entscheidung der Behörde oder bis zum Erlaß des Verwaltungssaktes zulässig, sondern bis zu dem Zeitpunkt, in dem der mitwirkungsbedürftige Verwaltungsakt wirksam geworden sei.1) Meist wird auch hier die Rechtsauffassung nicht näher begründet, sondern lediglich auf die zivilrechtlichen Vorschriften der §§ 130, 182 ff. BGB verwiesen.2)

Lediglich bei Schnell3) findet sich eine umfassendere Untersuchung. Dieser begründet die Rücknehmbarkeit des Antrags bis zum Wirksamwerden des Verwaltungsaktes mit der Geltung eines in §§ 30 Abs.1 S.3 BBG, 46 Abs.3 S.5 SoldG, 362 AO, 92, 126, 140 VwGO und 145, 183 BGB enthaltenen Rechtsgedankens, der bestimme, daß der Antrag auf Erlaß eines Verwaltungsaktes grundsätzlich bis zum Wirksamwerden des Verwaltungsaktes zurückgenommen werden könne. Gegen eine Rücknahmemöglichkeit bis zur Unanfechtbarkeit des Verwaltungsaktes spreche ein Vergleich mit der Klagerücknahme im Verwaltungsprozeß. Während ein verwaltungsgerichtliches Urteil erst mit dem Eintritt der "Unanfechtbarkeit", also mit Eintritt der formellen Rechtskraft, auch materielle Rechtskraft entfalte und damit für die Parteien wirksam werde, fänden diese beiden Ereignisse im Verwaltungsverfahren zeitlich getrennt voneinander statt. Mit dem Wirksamwerden des Verwaltungsaktes nach § 43 Abs.1 VwVfG habe der Antrag sein Ziel erreicht, er sei verbraucht.4) Zu diesem Zeitpunkt sei eine verbindliche, der Rechtssicherheit

---

1 Badura, in: Erichsen/Martens (Hrsg.), Allgemeines Verwaltungsrecht, § 39 II, S.394; Heiß/Hablitzel, DVBl 1976, 93 (96 f.) zur Rücknahme einer Widmungszustimmungserklärung; Leonhardt, in: Stelkens/Bonk/Leonhardt, VwVfG, § 22 Rdnr. 15a; Schnell, S.109 ff.
2 So etwa Badura, in: Erichsen/Martens (Hrsg.), Allgemeines Verwaltungsrecht, § 39 II, S.393 f.
3 Schnell, S.109 ff.
4 Bergmann, BayVBl 1967, 195 f.

dienende Entscheidung getroffen worden, so daß dieser Umstand für die Rücknehmbarkeit des Antrages nur bis zum Zeitpunkt des Wirksamwerdens, nicht hingegen der Unanfechtbarkeit des Verwaltungsaktes spreche.
An einer Rücknahme des Antrages über den Zeitpunkt der Wirksamkeit des Verwaltungsaktes hinaus bestehe für den Betroffenen deshalb kein Interesse, weil dieser bei rein begünstigenden Verwaltungsakten die Befugnis zum einseitigen Verzicht besitze, andererseits aber bei belastenden Verwaltungsakten nach Eintritt deren Wirksamkeit die Rücknahme unzulässig sei, da sie einem nicht zulässigen Verzicht auf die durch den Verwaltungsakt getroffene Regelung gleichkomme.1)

cc) Der Eintritt der Unanfechtbarkeit des Verwaltungsaktes als letzter Zeitpunkt für die Rücknahme einer Mitwirkungshandlung

Eine starke in Rechtsprechung2) und Schrifttum3) vertretene Meinung geht von der Zulässigkeit der Rücknahme einer Mitwirkungshandlung bis zum Eintritt der Unanfechtbarkeit des darauf gerichteten Verwaltungsaktes aus. Für die Beseitigung eines bereits gestellten Genehmigungsantrages durch den Betroffenen hat der Bundesgerichtshof entschieden, daß die Antragsrücknahme bis zum rechtskräftigen Abschluß des Genehmigungsverfahrens zulässig sei.4) Auch einigen anderen Entscheidungen, die sich nicht mit der Rücknahme einer Mitwirkungshandlung, sondern mit der Rücknahme von Rechtsbehelfen beschäftigen, kann entnommen werden, daß

---

1 Schnell, S.109, 110, 112.

2 BGH, MDR 1959, 653; NJW 1982, 2251(2253); 1982, 2775 zur Beschwerde gegen Verfügungen der Kartellbehörde; BayVGH, DVBl 1982, 1011, zur Rücknahme von Anträgen nach § 80 Abs.5 und 6 VwGO.

3 Clausen, in: Knack, VwVfG, § 22 Rdnr.4.8; Heberlein, S.272; K.H.Klein, Gutachten und Urteil im Verwaltungsprozeß, 2. Aufl., S.95; Kopp, VwVfG, § 9 Rdnr.47, § 22 Rdnr. 33; Obermayer, VwVfG, § 22 Rdnr.54 (in Fn.21); Ule/Laubinger, Verwaltungsverfahrensrecht, § 22 II 2, S.168; Weides, Verwaltungsverfahren und Widerspruchsverfahren, § 4 III 5 c, S.42 f.; differenzierend wiederum Krause, VerwArch 61 (1970), 297 (321).

4 BGH, MDR 1959, 653.

die Rechtsprechung regelmäßig[1] von der Zulässigkeit der Rücknahme bis zur rechtskräftigen Entscheidung ausgeht.[2]

Diejenigen im Schrifttum vorzufindenden Stimmen, die eine Rücknehmbarkeit der Mitwirkungserklärung bis zum Eintritt der Unanfechtbarkeit des Verwaltungsaktes befürworten, begründen dies zum einen mit einem Hinweis auf die bis dahin fehlende Bestandskraft des Verwaltungsaktes.[3] Daneben korrespondiert diese, eine langdauernde Rücknahme zulassende Auffassung mit einer im Schrifttum gelegentlich vertretenen Ansicht, das Verwaltungsverfahren werde nicht bereits mit dem wirksamen Erlaß des Verwaltungsaktes, sondern erst mit dem Eintritt seiner Unanfechtbarkeit abgeschlossen.[4] Da einer Rücknahme der Mitwirkungshandlung vor Abschluß des Verwaltungsverfahrens keine Bedenken entgegenstehen, führt die Ansicht, das Verwaltungsverfahren sei erst mit Unanfechtbarkeit des Verwaltungsaktes abgeschlossen, zu einer Rücknahmebefugnis des Betroffenen über den Zeitpunkt des wirksamen Erlasses des Verwaltungsaktes hinaus bis hin zum Eintritt seiner Unanfechtbarkeit.

dd) Jederzeitiges Rücknahmerecht

Die weitestgehende Auffassung wird von Ule/Laubinger[5] vertreten, die dem Antragsteller das Recht einräumen wollen, seinen Antrag jederzeit zurückzunehmen. Zur Begründung ihrer Ansicht verweisen Ule/Laubinger auf die Vorschriften zur Klageänderung und Klagerücknahme gemäß §§ 91, 92 VwGO. Diese enthielten einige Einschränkungen, die jedoch nur im Verwaltungsprozeß, nicht aber

---

1 Abweichend OVG Lüneburg, NVwZ 1985, 431, "Ein Bauantrag kann jedenfalls dann nicht mehr zurückgenommen werden, wenn er ... im Verwaltungsstreitverfahren weiterverfolgt worden ist und die Klage nur noch mit Einwilligung des Beklagten zurückgenommen werden kann."

2 Vgl. BGH, NJW 1982, 2775; BayVGH, DVBl 1982, 1011(1012).

3 Clausen, in: Knack, VwVfG, § 22 Rdnr.4.8; Weides, Verwaltungsverfahren und Widerspruchsverfahren, § 4 III 5 c, S.42 f.

4 Clausen, in: Knack, VwVfG, § 9 Rdnr.5.4.1; Kopp, VwVfG, § 22 Rdnr.33, § 9 Rdnr.44.

5 Ule/Laubinger, Verwaltungsverfahrensrecht, § 22 II 2, S.168.

im Verwaltungsverfahren Anwendung fänden. Damit sei die jederzeitige Rücknehmbarkeit des Antrages gegeben.

b) Stellungnahme

Da die vorgenannten Auffassungen insoweit voneinander abweichen, als sie die Rücknehmbarkeit der Mitwirkungshandlung zu unterschiedlichen Zeitpunkten zulassen, ist zu prüfen, welcher Ansicht der Vorzug zu gewähren ist. Die in Betracht kommenden Zeitpunkte werden mitunter nur ungenau beschrieben. Die gebräuchlichen Wendungen "Solange Verwaltungsakt noch nicht ergangen ist",1) "Entscheidung der Behörde über den Antrag",2) "Bekanntgabe gegenüber dem Betroffenen,"3) "Wirksamwerden des Verwaltungsaktes"4) können einen unterschiedlichen Bedeutungsgehalt aufweisen und sind daher nicht gleichbedeutend zu verwenden. Vielmehr ist eine Differenzierung notwendig.

Die Entscheidung der Behörde über eine Mitwirkungshandlung des Betroffenen und der Erlaß des Verwaltungsaktes sind noch Teile des Verwaltungsverfahrens und als solche Verwaltungstätigkeit. Gleiches gilt für die Bekanntgabe des Verwaltungsaktes gegenüber dem Betroffenen. Der Eintritt seiner Wirksamkeit ist hingegen gesetzliche Folge seiner ordnungsgemäßen Bekanntgabe gegenüber dem Betroffenen (§ 43 Abs.1 S.1 VwVfG). Wann die Behörde eine "Entscheidung über den Antrag" trifft und in welchem Zeitpunkt der "Verwaltungsakt erlassen" wird, läßt sich für den Regelfall nicht mit hinreichender Sicherheit bestimmen. Erst der Eintritt der Wirksamkeit läßt eine genauere zeitliche Bestimmung zu, denn die "Entscheidung der Behörde über den Antrag" und der "Erlaß des Verwaltungsaktes" fallen nicht zwangsnotwendig mit dem Eintritt seiner Wirksamkeit zusammen.

---

1 Wolff/Bachof I, § 48 II a, S.404.
2 Borgs, in: Meyer/Borgs, VwVfG, § 67 Rdnr.11; Stelkens, in: Stelkens/Bonk/Leonhardt, VwVfG, § 35 Rdnr.118 a.
3 Borgs, a.a.O., § 22 Rdnr.8; Leonhardt, in: Stelkens/Bonk/Leonhardt, VwVfG, § 22 Rdnr.15 a.
4 Schnell, S.109 ff.

Wird vom Verwaltungsakt nur eine einzelne Person betroffen, so hat die Bekanntgabe des Verwaltungsaktes gegenüber dieser eine konstitutive Bedeutung.1) Aus der Bekanntgabe folgt das Wirksamwerden gemäß § 43 Abs.1 S.1 VwVfG. Anders liegt der Fall jedoch dann, wenn sich der Verwaltungsakt an eine Mehrheit von Personen als Mitbetroffene richtet. In diesem Falle hat die Bekanntgabe an alle Beteiligten, für die der Verwaltungsakt bestimmt ist oder die von ihm betroffen werden, zu erfolgen.2) Mit der Bekanntgabe gegenüber einem Mitbetroffenen wird die Wirksamkeit des Verwaltungsaktes für andere Betroffene nicht herbeigeführt.3) Hier hat die Behörde über den Antrag entschieden und einen Verwaltungsakt erlassen. Dessen Wirksamkeit ist jedoch mangels (vollständiger) Bekanntgabe (noch) nicht (vollständig) eingetreten.

Da nur die ordnungsgemäße Bekanntgabe gegenüber dem jeweiligen Betroffenen zur Wirksamkeit des Verwaltungsaktes führt, ist auch einer im Schrifttum vertretenen Auffassung zu widersprechen, die die Zulässigkeit der Rücknahme an die Entscheidung der Behörde anknüpft.4) Das auf den Erlaß des Verwaltungsaktes angelegte Verwaltungsverfahren kommt nicht schon durch eine behördliche Entscheidung zum Abschluß, sondern frühestens durch den wirksamen Erlaß des Verwaltungsaktes. Der unwirksame Erlaß ist hingegen

---

1 Obermayer, VwVfG, § 41 Rdnr.22.

2 Stelkens, in: Stelkens/Bonk/Leonhardt, VwVfG, § 41 Rdnr.18.

3 Schwarze, in: Knack, VwVfG, § 41 Rdnr. 4; a.A. Obermayer, VwVfG, § 41 Rdnr.23, 102 ff., § 43 Rdnr.20, der Wirksamkeit des Verwaltungsaktes gegenüber allen Mitbetroffenen annehmen will, wobei dieser jedoch gegenüber allen wegen eines Verfahrensfehlers rechtswidrig sein soll; inkonsequent insoweit, als der wirksame Verwaltungsakt keine Rechtsfolgen entfalten soll, § 43 Rdnr.21; wie Obermayer auch Kopp, VwVfG, § 43 Rdnr. 2,5.

4 Stelkens, NuR 1985, 213(216), "Ist entschieden worden, ginge die Rücknahme ins Leere ..."; ders., in: Stelkens/Bonk/Leonhardt, VwVfG, § 35 Rdnr.118a, "In der Regel wird der Antrag jedenfalls solange zurückgezogen werden können, wie noch nicht über den Antrag entschieden ist." Vgl. auch Leonhardt, a.a.O., § 9 Rdnr. 18, der mit der angestrebten Entscheidung das Verwaltungsverfahren i.S. § 9 VwVfG als beendet betrachtet.

nicht geeignet, das Verwaltungsverfahren zu beenden. Da das Verwaltungsverfahren frühestens[1] mit dem Eintritt der Wirksamkeit des Verwaltungsaktes endet, stehen einer Rücknahme der Mitwirkungshandlung bis zu diesem Zeitpunkt keine Bedenken entgegen.

Dieser Befund wird durch eine in den landesrechtlichen Gebührenvorschriften enthaltene Regelung getragen. § 14 Brem GebBeitrG[2] bestimmt die Entstehung einer Kostenschuld. In § 14 Nr.1 ist geregelt, daß die Verpflichtung zur Entrichtung von Verwaltungsgebühren mit der Vollendung der gebührenpflichtigen Amtshandlung, im Falle der Zurücknahme eines Antrages mit der Zurücknahme entsteht. Eine Verknüpfung beider Tatbestandsalternativen "Vollendung der Amtshandlung" und "Rücknahme des Antrages" läßt den Schluß zu, daß nach dem Sinn des Gesetzes eine Rücknahme des Antrages bis zur Vollendung der Amtshandlung zulässig ist. Zur Vollendung der Amtshandlung führt, wie vorstehend dargelegt, der wirksame Erlaß des Verwaltungsaktes. Die zweite Tatbestandsalternative bestimmt gegenüber der ersten lediglich einen abweichenden Zeitpunkt für die Entstehung einer Kostenschuld, denn auch bei einer Antragsrücknahme endet das Verwaltungsverfahren und der Antragsteller hat die Gebühren zu tragen. Vor Eintritt der Wirksamkeit des Verwaltungsaktes überwiegt das Lossagungsinteresse des Betroffenen gegenüber dem Bindungsinteresse der Behörde, denn es besteht grundsätzlich kein schützenswertes öffentliches Bedürfnis, den Betroffenen an einer Erklärung festzuhalten, die seinem wahren Willen widerspricht; allenfalls sind

---

1 Noch weitergehend vertritt Clausen, in: Knack, VwVfG, § 9 Rdnr.5.4.1., die Ansicht, das Verfahren sei erst mit der Unanfechtbarkeit des Verwaltungsaktes beendet. Dies belege einerseits der Wortlaut der §§ 13 Abs.1 Nr.2 und 3 und 58 VwVfG und andererseits die Tatsache, daß im Falle der verwaltungsgerichtlichen Aufhebung eines Verwaltungsaktes das Verfahren bei der Behörde ohne neuen Beginn fortgesetzt werde.

2 Vgl. neben § 14 Nr.1 BremGebBeitrG auch § 15 Abs.2 GebGNW sowie die entsprechenden Parallelvorschriften der anderen Bundesländer, die bestimmen, daß der Antragsteller im Falle der Antragsrücknahme die Verwaltungsgebühren zu zahlen hat.

ihm die durch seine Antragstellung verursachten Verfahrenskosten aufzuerlegen.1)

Nachdem festgestellt werden konnte, daß vor Wirksamwerden des Verwaltungsaktes die Rücknahme der Mitwirkungshandlung nicht ausgeschlossen ist, bedarf es nun einer Auseinandersetzung mit der von Ule/Laubinger2) vertretenen Auffassung. Die Feststellung, der Antrag sei "jederzeit" zurückzunehmen, also auch nach dem Eintritt der Unanfechtbarkeit des Verwaltungsaktes, ist schon nach dem von Ule/Laubinger gezogenen Vergleich zwischen Verwaltungsverfahren und Verwaltungsprozeß nicht haltbar, denn nach dem Eintritt der Rechtskraft des verwaltungsgerichtlichen Urteils ist die Rücknahme der Klage gemäß § 92 VwGO ausgeschlossen. Dementsprechend muß auch der Eintritt der Unanfechtbarkeit des Verwaltungsaktes zum Abschluß der Rücknehmbarkeit der Mitwirkungshandlung führen. Spätestens nach Ablauf der in § 70 VwGO bestimmten Widerspruchsfrist ist mit dem Eintritt einer gesteigerten Bestandskraft des mitwirkungsbedürftigen Verwaltungsaktes der rechtliche Erfolg der Mitwirkungshandlung eingetreten. Diese hat nunmehr ihr Ziel erreicht und ist spätestens zu diesem Zeitpunkt "verbraucht".

Da bereits verschiedene Abschnitte des Verwaltungsverfahrens aus der weiteren Untersuchung ausgeschieden werden konnten, verbleiben gegenwärtig noch zwei Zeitpunkte, zwischen denen eine Entscheidung zu erfolgen hat; nämlich der Eintritt der Wirksamkeit des Verwaltungsaktes und der Eintritt seiner Unanfechtbarkeit. Demzufolge bedarf es einer Auseinandersetzung mit den widerstreitenden Meinungen und einer Abwägung zwischen dem Lossagungsinteresse des Betroffenen und dem Bindungsinteresse der Verwaltung.

---

1 So auch Schnell, S.109, der auf die landesrechtlichen Gebührenvorschriften hinweist, und Wolff/Bachof I, § 48 II a 2, S.404; Krause, JuS 1972, 425(428).

2 Ule/Laubinger, Verwaltungsverfahrensrecht, § 22 II 2, S. 168; dazu schon weiter oben 6. Kapitel, A. II. 2. a) dd).

Das von Schnell1) vorgetragene Argument, an einer Rücknahme des Antrages über den Zeitpunkt der Wirksamkeit des Verwaltungsaktes hinaus bestehe für den Betroffenen bei begünstigenden Verwaltungsakten deshalb kein Interesse, weil dieser die Befugnis zum einseitigen Verzicht besitze, vermag nicht zu überzeugen. Im Falle der Rücknahme des Antrages hat der Betroffene die Möglichkeit, einen erneuten, gegebenenfalls auch weitergehenden Antrag zu stellen. Ist aber bereits eine bestandskräftige Regelung durch die Behörde getroffen worden, muß der Betroffene sich auf diese mit dem Argument verweisen lassen, sie sei so ergangen, wie er sie beantragt habe. Damit wird er gehindert, sein nunmehr erweitertes Begehren gegenüber der Behörde durch eine Antragstellung zum Ausdruck zu bringen.

Die Mitwirkungshandlung hat ihr Ziel nicht schon dann erreicht,2) wenn mit dem Wirksamwerden des Verwaltungsaktes eine "verbindliche" Entscheidung getroffen wurde, sondern erst dann, wenn diese Entscheidung unanfechtbar geworden ist. "Verbindlichkeit" kann die getroffene Verwaltungsentscheidung erst dann für sich beanspruchen, wenn sie mit Ablauf der Rechtsbehelfsfristen in eine gesteigerte Bestandskraft erwächst. Zwar ordnet § 43 Abs.1 VwVfG die Wirksamkeit des Verwaltungsaktes an, jedoch ist der Betroffene befugt, durch Gebrauch der einschlägigen Rechtsbehelfe die "Verbindlichkeit" des Verwaltungsaktes aufzuheben. Nach § 80 Abs.1 VwGO besitzen Widerspruch und Anfechtungsklage regelmäßig aufschiebende Wirkung. Endgültige Rechtsverbindlichkeit erhält der Verwaltungsakt erst mit dem Eintritt seiner Unanfechtbarkeit.3) Nunmehr entzieht sich der Verwaltungsakt auch

---

1 Schnell, S.112.
2 So aber Schnell, S.109 f.
3 Ausnahmen, wie sie etwa durch die Anordnung der sofortigen Vollziehung auftreten können, seien hier außer acht gelassen.

einer Anfechtung durch den Betroffenen[1] und das Verwaltungsverfahren findet seinen Abschluß.[2]

Gegen dieses Ergebnis spricht auch nicht, wie Stelkens[3] meint, der Vergleich zwischen Rücknahme des Antrags und Rücknahme des Widerspruchs im Widerspruchsverfahren. Abgesehen davon, daß es auch für die Rücknahme des Widerspruchs keine eindeutige Regelung gibt, ist der Widerspruch in einigen wesentlichen Punkten mit der Mitwirkungshandlung nicht vergleichbar.

Die als Ergebnis festzustellende langwährende Rücknahmebefugnis gibt dem Privaten die Möglichkeit, seinen Willen im Verwaltungsverfahren in möglichst umfassender Weise zum Ausdruck zu bringen. Im Verlauf der vorliegenden Untersuchung wurde schon mehrfach darauf hingewiesen, daß der die zivilrechtliche Rechtsbeziehung kennzeichnende Interessengegensatz zwischen Erklärendem und Erklärungsempfänger, der es gebieten könnte, den Erklärenden an seiner Erklärung festzuhalten, im öffentlichen Recht grundsätzlich nicht besteht. Eine dem Bürger dienende Verwaltungstätigkeit verlangt, dem Willen des Betroffenen möglichst umfangreich Rechnung zu tragen. Diese Feststellung gilt sowohl in der Eingriffs- als auch in der Leistungsverwaltung. Für den Bereich der Leistungsverwaltung folgt schon aus ihrer Funktion und Aufgabenstellung, daß ein Bedürfnis, den Betroffenen an einer Erklärung festzuhalten, die seinem aktuellen Willen widerspricht, nicht nachgewiesen werden kann. Gleiches läßt sich aber auch für den hier erörterten Bereich der Eingriffsverwaltung feststellen, in dem der Gesetzgeber den Erlaß eines belastenden Verwaltungsaktes

---

1 Dazu im einzelnen 6.Kapitel, B.

2 Ebenso Clausen, in: Knack, VwVfG, § 9 Rdnr.5.4.1. Die Frage, in welchem Zeitpunkt das Verwaltungsverfahren seinen Abschluß findet, ist auch für die Fortdauer einer einmal begründeten Zuständigkeit der Behörde bedeutsam. Vgl. zur Geltung einer "perpetuatio fori" im Verwaltungsrecht H.W. Louis/N.Abry, Wechsel der örtlichen Zuständigkeit einer Behörde während des Widerspruchs- oder des Klageverfahrens, DVBl 1986, 331; Kopp, VwVfG, § 3 Rdnr. 40; J.Schmidt, Der Verlust der örtlichen Zuständigkeit während des Verwaltungsverfahrens, DÖV 1977, 774.

3 Stelkens, NuR 1985, 213(216).

von einer Mitwirkungshandlung des Betroffenen abhängig gemacht hat. Der Befugnis, die vorgesehene Mitwirkungshandlung vornehmen zu dürfen, steht das Recht zu ihrer Beseitigung gegenüber. Ein das Lossagungsinteresse des Betroffenen überwiegendes Bindungsinteresse der Verwaltung ist erst dann gegeben, wenn auf Seiten dieser ein schützenswertes Bedürfnis nach Rechtssicherheit eingetreten ist. Der Zeitpunkt dessen Eintritts wird durch die gesetzlichen Widerspruchsfristen bestimmt. Solange der Betroffene den Verwaltungsakt noch mit den ihm gegebenen Rechtsbehelfen anzugreifen vermag, kann ein Bedürfnis der Verwaltung nach Rechtssicherheit nicht festgestellt werden. Erst nach Eintritt der Unanfechtbarkeit des mitwirkungsbedürftigen Verwaltungsaktes entzieht dieser sich der (Mit-) Dispositionsbefugnis des Betroffenen. Nunmehr gebietet die gesetzlich angeordnete Rechtssicherheit, den Privaten an seiner Erklärung festzuhalten.

B. Die Anfechtung der Mitwirkungshandlung

Für ein Anfechtungsrecht des Betroffenen besteht erst dann ein Bedürfnis, wenn dieser nicht mehr die Möglichkeit hat, die Rechtswirkungen seiner Mitwirkungshandlung durch deren Rücknahme zu beseitigen. Die Rücknahme einer Unterwerfungserklärung, einer Einwilligungserklärung oder eines materiellen Antrages ist, wie vorstehend festgestellt werden konnte, bis zur Unanfechtbarkeit des Verwaltungsaktes zulässig. Bis zu diesem Zeitpunkt besteht für eine Anfechtungsmöglichkeit kein Bedürfnis, da der Private bis dahin ohne weiteres die Möglichkeit hat, den Erlaß des mitwirkungsbedürftigen Verwaltungsaktes zu verhindern oder die Rechtswirkungen eines bereits erlassenen Verwaltungsaktes zu beseitigen. Erst nach Eintritt der Unanfechtbarkeit des Verwaltungsaktes gemäß § 70 VwGO kommt eine Anfechtung der Mitwirkungshandlung durch den Betroffenen in Betracht.

Die Zulässigkeit einer Anfechtung ist jedoch umstritten. Nach in Rechtsprechung1) und Schrifttum2) überwiegend vertretener Ansicht ist eine Anfechtung der Mitwirkungshandlung durch den Betroffenen auch noch nach Eintritt der Wirksamkeit des Verwaltungsaktes grundsätzlich zuzulassen.3) Jedoch ist zu bemerken, daß diese Ansicht regelmäßig nicht näher begründet wird.4) Soweit sich eine Begründung findet, wird die Anfechtungsproblematik aber vornehmlich unter dem Gesichtspunkt erörtert, in welchen Fällen und in welchem Umfang eine analoge Anwendung der §§ 119 ff. BGB geboten ist.5) Zur Frage einer Befristung wird lediglich festgestellt, daß bis zum Eintritt seiner) Unanfechtbarkeit der Verwaltungsakt noch keine Bestandskraft besitze und daher der Antrag zu beseitigen sei.6)

---

1 BGHZ 6, 348(351); BVerwG, DÖV 1965, 174; OVG Koblenz, NVwZ 1984, 316(317).

2 Badura, in: Erichsen/Martens (Hrsg.), Allgemeines Verwaltungsrecht, § 39 II, S.394; Kirchhof, DVBl 1985, 651(661); Knack, in: Knack, VwVfG, § 62 Rdnr.3; Kopp, VwVfG, Vorbem. § 9 Rdnr.12; Krause, JuS 1972, 425(428 f.); Middel, S.112 ff.; Schnell, S.121 ff., S.145 ff., S.157; Weides, Verwaltungsverfahren und Widerspruchsverfahren, § 7 VI 1., 2., S.100; Gusy, BayVBl 1985, 484 (486), in Fn. 9, differenzierend: Anfechtbarkeit nur bezgl. materiell-rechtlicher Anträge; Verfahrenshandlungen seien demgegenüber nicht anfechtbar, sondern lediglich zurücknehmbar.

3 Die vorliegende Untersuchung muß sich auf die Feststellung beschränken, daß die Mitwirkungshandlungen des Betroffenen grundsätzlich anfechtbar sind. Weitere Einzelheiten können hier nicht erörtert werden. Diesbezüglich wird auf die Monographien von Middel, Öffentlich-rechtliche Willenserklärungen von Privatpersonen, Diss.jur. Berlin 1971, S.113 ff., und Schnell, Der Antrag im Verwaltungsverfahren, Berlin 1986, S.145 ff., Bezug genommen, die sich umfassend der Frage widmen, in welchen Fallgruppen eine Anfechtung in Betracht kommt und unter welchen Voraussetzungen sie Erfolg hat.

4 Vgl. etwa Badura, a.a.O.; Klein, Gutachten und Urteil im Verwaltungsprozeß, 2. Aufl., S.97; Weides, Verwaltungsverfahren und Widerspruchsverfahren, § 7 VI 1., 2., S.100.

5 Vgl. Kopp, VwVfG, Vorbem. § 9 Rdnr.12; § 22 Rdnr.33; Krause, JuS 1972, 425(428); Stelkens, in: Stelkens/Bonk/Leonhardt, VwVfG, § 35 Rdnr.118 a.

6 Vgl. Clausen, in: Knack, VwVfG, § 22 Rdnr. 4.8.

Stelkens,1) der unter Berufung auf Jellinek2) ein Anfechtungsrecht des Betroffenen nicht anerkennen will, begründet seine Auffassung mit einem Hinweis auf die unterschiedlichen Strukturen von privatrechtlichen und öffentlich-rechtlichen Willenserklärungen. Eine analoge Anwendung der §§ 119 ff. BGB sei deshalb ausgeschlossen, weil die eigentlich rechtsregelnde Willenserklärung hier die einseitige Verfügung der Behörde in Form des Verwaltungsaktes sei, dessen Wirksamkeit und Bestand in den §§ 43 ff. VwVfG festgeschrieben werde. Das Interesse der Allgemeinheit an Rechtssicherheit verbiete die Anfechtung des Antrages durch den Betroffenen nach Erlaß des Verwaltungsaktes. Sei der Verwaltungsakt einmal wirksam zustande gekommen, so bleibe er wirksam und könne nur durch Rücknahme seitens der Behörde oder durch eine Anfechtung nach § 68 VwGO beseitigt werden. Es sei kein Grund ersichtlich, warum der Antragsteller anders behandelt werden sollte, als bei sonstigen Rechtsfehlern des Verwaltungsaktes.

Bulling,3) der sich gleichfalls gegen die analoge Anwendung der bürgerlich-rechtlichen Anfechtungsvorschriften auf den öffentlich-rechtlichen Antrag ausgesprochen hat, begründet seine Ansicht mit dem Fehlen der eine Analogie tragenden Ähnlichkeit zwischen bürgerlich-rechtlichen und öffentlich-rechtlichen Willenserklärungen. Der Antrag könne in der Regel bis zu seiner Bescheidung jederzeit zurückgenommen werden. Auch nach Erteilung der beantragten Begünstigung könne ebenfalls in der Regel auf die Begünstigung ohne weiteres wieder verzichtet werden. Da hier, anders als im bürgerlichen Recht, der Betroffene jederzeit von den Wirkungen seiner Erklärung wieder wegkommen könne, bestehe für deren Anfechtbarkeit kein Bedürfnis.

---

1 Stelkens, NuR 1985, 213(219 f.); A.A. noch Stelkens, in: Stelkens/Bonk/Leonhardt, VwVfG, § 35 Rdnr.118 a, der dort eine Anfechtung durch den Betroffenen unter bestimmten Voraussetzungen zulassen will.

2 Jellinek, Verwaltungsrecht, § 10 VI 4.

3 Bulling, DÖV 1962, 378(379).

Für die Anerkennung eines umfassenden Anfechtungsrechts spricht die Interessenlage des Betroffenen, zu dessen Gunsten die bürgerlich-rechtlichen Vorschriften über Willenserklärungen auch auf seine öffentlich-rechtlichen Willenserklärungen Anwendung finden müssen.1) Dies führt dazu, daß der Betroffene auch nach Eintritt der Unanfechtbarkeit des Verwaltungsaktes noch die Möglichkeit hat, seine Mitwirkungserklärung durch Anfechtung zu beseitigen. Durch eine Entscheidung des Gesetzgebers wurde dem Betroffenen die Entscheidungsbefugnis darüber eingeräumt, ob und in welcher Weise er einen Verwaltungsakt für oder gegen sich gelten lassen will. Wollte man ein Anfechtungsrecht verneinen, so müßte festgestellt werden können, daß der Eintritt der Unanfechtbarkeit des Verwaltungsaktes zum Verlust der Entscheidungsbefugnis des Betroffenen über den Bestand seiner Mitwirkungshandlung führt. Dies widerspricht aber dem grundsätzlichen Getrenntsein von Mitwirkungshandlung und Verwaltungsakt und ignoriert die Natur des mitwirkungsbedürftigen Verwaltungsaktes, der den Willen des Mitwirkungsberechtigten zu beachten hat. Ändert sich der Wille des Betroffenen oder stellt dieser fest, daß er seinen Willen fehlerhaft zum Ausdruck gebracht hat, so besteht eine Inkongruenz zwischen Regelungsinhalt und dem Willen des Mitwirkungsberechtigten. Ein Bindungsinteresse der Behörde läßt sich allein durch die Forderung nach einem Maximum an Rechtssicherheit nicht ausreichend begründen.

In allen Bereichen, in denen staatliches Handeln auf den kooperativen Willen des einzelnen angewiesen ist, versagt der Hinweis auf die Rechtssicherheit. Begehrt der Betroffene etwa die Aufhebung eines Beamtenverhältnisses mit der Begründung, er habe an den Einstellungsvoraussetzungen2) infolge Irrtums mitgewirkt, so würde die Unbeachtlichkeit dieses Irrtums dazu führen, daß das Beamtenverhältnis auch gegen seinen ausdrücklichen Willen fortbestünde. Er erhielte Dienstbezüge und wäre gegenüber seinem

---

1 Siehe dazu bereits 4. Kapitel, B.

2 Etwa Bewerbung, Aushändigung der Ernennungsurkunde gem. §§ 6 Abs.2, 10 Abs.2 BBG

Dienstherrn zur Dienstleistung verpflichtet. Wollte er das Beamtenverhältnis beenden, so müßte er einen Entlassungsantrag stellen oder aber bis zu seiner Pensionierung warten. Beide Möglichkeiten sind jedoch völlig unzureichend, da sie nicht geeignet sind, die Rechtsfolgen der defekten Mitwirkungshandlung gänzlich und mit ex-tunc-Wirkung zu beseitigen und damit den Betroffenen faktisch an seiner Erklärung festhalten.

Während sich beim rein begünstigenden Verwaltungsakt der Forderung nach einem Anfechtungsrecht noch mit dem Hinweis begegnen läßt, der Betroffene brauche die Begünstigung nicht in Anspruch zu nehmen, wenn er sie nicht wünsche, so erweist sich die Anfechtung überall dort als sinnvoll, wo der Verwaltungsakt fortdauernde Pflichten des Antragstellers begründet oder ihm Rechte aberkennt.1) Die ablehnende Haltung der Gegenmeinung verkennt, daß Mitwirkungshandlung und Verwaltungsakt zwei getrennte Rechtshandlungen darstellen, die nur dann miteinander verbunden werden, wenn sich die Frage nach dem Rechtsbestand des Verwaltungsaktes erhebt. Bejaht man die Zulässigkeit einer Anfechtung der Mitwirkungshandlung, so ist damit noch keine Feststellung darüber getroffen, wie sich diese Anfechtung auf den Verwaltungsakt auswirkt. Ob dieser in seinem Rechtsbestand zur Mitwirkungshandlung akzessorisch ist, oder aber ein eigenständiges Schicksal erleidet, stellt eine weitere Frage dar. Die Anfechtung der Mitwirkungshandlung ist von der Anfechtung des Verwaltungsaktes zu unterscheiden. Ficht der Betroffene seine Mitwirkungshandlung an, so geht es ihm sicher auch darum, diese zu beseitigen, in erster Linie aber ist sein Handeln final darauf gerichtet, den ihm nicht oder nicht mehr genehmen Verwaltungsakt aus der Welt zu schaffen. Zwar entzieht die wirksame Anfechtung der Mitwirkungshandlung dem auf ihr beruhenden Verwaltungsakt die Rechtsgrundlage, jedoch ist daraus nicht zu folgern, daß diese Anfechtung unmittelbar und ohne weiteres auf den Rechtsbestand des Hoheitsaktes durchzuschlagen hat.2)

---

1 Schnell, S.152.
2 Dazu 7. und 8. Kapitel.

Ein Anfechtungsrecht des Betroffenen über den Zeitpunkt des Eintritts der Unanfechtbarkeit des Verwaltungsaktes hinaus anzuerkennen, erscheint deshalb sachgerecht, weil erst der Verwaltungsakt den Betroffenen davon in Kenntnis setzt, welche Regelung von der Behörde aufgrund der von ihm vorgenommenen Mitwirkungshandlung getroffen worden ist. Da der mitwirkungsbedürftige Verwaltungsakt gleichsam die Kehrseite seiner Mitwirkung darstellt, bietet ihm der Erlaß des Verwaltungsaktes die Möglichkeit zu überprüfen, ob er seinen Willen gegenüber der Behörde fehlerfrei erklärt hat oder diese seinen fehlerfrei erklärten Willen in dem von ihm gewünschten Sinne verstanden hat. Insbesondere bei rechtlich und tatsächlich schwierigen Fällen ist der rechtsunkundige und in "Behördengeschäften" unerfahrene Bürger nur an einer Erklärung festzuhalten, die seinem wahren Willen entspricht.1) Die aus § 25 VwVfG entspringende Pflicht der Behörde, den Betroffenen zu beraten und zu betreuen, gebietet es insbesondere bei einer erheblichen Schwierigkeit des Verfahrensgegenstandes und einem geringen Kenntnisstand des Betroffenen, auf dessen Interessen und Bedürfnisse in zumutbarer Weise Rücksicht zu nehmen.

Da der mitwirkungsbedürftige Verwaltungsakt aufgrund eines vom Konsens der Beteiligten getragenen Rechtsverhältnisses ergeht, ist darüber hinaus kein Grund ersichtlich, aus dem der Betroffene auch nach Eintritt der Unanfechtbarkeit des Verwaltungsaktes an einer Erklärung festzuhalten sein sollte, die seinem tatsächlichen Willen ausdrücklich widerspricht. Besteht beim Erlaß eines Verwaltungsaktes das Erfordernis einer materiellen Mitwirkung, so ist grundsätzlich nur eine fehlerfreie Erklärung in der Lage, einen mitwirkungsbedürftigen Verwaltungsakt zu tragen. Ist der Wille fehlerhaft erklärt, so gebührt dem Lossagungsinteresse des Betroffenen gegenüber dem Bindungsinteresse der Behörde grundsätzlich der Vorrang. Dieser hat also jederzeit die Möglichkeit,

---

1 Die Fälle des geheimen Vorbehaltes und der Scherzerklärung seien hier außer acht gelassen.

seine materiell-rechtliche Mitwirkungshandlung anzufechten und damit eine Rechtsgrundlage des Verwaltungsaktes zu beseitigen.

Zutreffend hat schon Krause1) darauf hingewiesen, daß, anders als im Zivilrecht, im öffentlichen Recht ein präsumtiver Interessengegensatz zwischen Erklärendem und Erklärungsempfänger, also zwischen Bürger und Verwaltung, nicht besteht. Während im Zivilrecht die Anfechtung einer Willenserklärung dem Interesse des Erklärenden dienen, dem Interesse des Erklärungsempfängers aber schaden kann, ist ein derartiger Interessenkonflikt im Verwaltungsrecht grundsätzlich nicht zu vermuten. Auch die gesetzliche Interessenwertung des BGB gibt dem wahren Willen gegenüber dem erklärten den Vorrang. Eine Einschränkung findet sich lediglich dort, wo das Interesse des Erklärungsempfängers als schützenswert angesehen ist (§§ 119 Abs.1, 2. Halbsatz, 121, 122 BGB). Besteht aber, wie im Verwaltungsrecht allgemein anzunehmen, dieser Interessengegensatz nicht einmal, so kann es dem Erklärenden nicht verwehrt sein, seine Erklärung anzufechten. Wie weiter oben bereits dargelegt wurde, sind Unterwerfungserklärung, Einwilligungserklärung und materieller Antrag als öffentlich-rechtliche Willenserklärungen zu qualifizieren, auf die die zivilrechtlichen Vorschriften über Willenserklärungen als Ausdruck eines allgemeinen Rechtsgedankens Anwendung finden.2)

Da der im Zivilrecht herrschende, die Beachtung des Motivirrtums ausschließende Interessengegensatz der Parteien im öffentlichen Recht grundsätzlich nicht besteht, ist auch die Anfechtung in Bezug auf einen Irrtum im Motiv zuzulassen. Dies gilt insbesondere bei den hier diskutierten mitwirkungsbedürftigen Verwaltungsakten. Es besteht grundsätzlich kein öffentliches Interesse und daher keine Notwendigkeit, den Betroffenen an einer Willenserklärung festzuhalten, die er - aus welchem Grunde auch immerirrtümlich abgegeben hat. Es erscheint lediglich sachgerecht, dem

---

1 Krause, JuS 1972, 425(427).
2 Siehe dazu 4. Kapitel, B.

Anfechtenden die Verwaltungsgebühren aufzuerlegen, die durch die angefochtene Mitwirkungshandlung entstanden sind.1)

Doch mit der Feststellung, daß die Anfechtung der Mitwirkungserklärung auch nach Eintritt der Unanfechtbarkeit des Verwaltungsaktes grundsätzlich zulässig ist, ist - wie weiter oben bereits bemerkt - noch keine Aussage darüber getroffen, wie sich die nun eintretende Fehlerhaftigkeit der Mitwirkung auf den Rechtsbestand des Hoheitsaktes auswirkt, denn Mitwirkungshandlung und Verwaltungsakt erleiden je für sich ein eigenständiges rechtliches Schicksal. Sollte gegen ein Anfechtungsrecht des Betroffenen eingewandt werden, es könne nicht im Belieben des Bürgers stehen, über die Wirksamkeit eines Verwaltungsaktes zu bestimmen, so ist festzustellen, daß dieser Einwand die bestehende Problematik in unzulässiger Weise verkürzt. Die Frage, ob und inwieweit sich diese Anfechtung auch auf den erlassenen oder zu erlassenden Verwaltungsakt auswirkt, bestimmt sich wiederum nach den einschlägigen Vorschriften des allgemeinen und besonderen Verwaltungsrechts und bedarf in jedem Einzelfall einer gesonderten Untersuchung.2) Selbst wenn die Anfechtung der Mitwirkungshandlung nicht sofort und unmittelbar zur Beseitigung des Verwaltungsaktes führen sollte, bleibt sie doch insoweit sinnvoll, als sie in Verbindung mit einem Antrag auf Rücknahme des Verwaltungsaktes nach § 48 VwVfG zu dessen Aufhebung führen kann.3)

Als Zwischenergebnis kann zunächst festgestellt werden, daß die Unterwerfungserklärung, die Einwilligungserklärung und der materielle Antrag öffentlich-rechtliche Willenserklärungen darstellen, auf die die Vorschriften des Zivilrechts grundsätzlich Anwendung finden. Sie sind durch den Betroffenen durch Widerruf, Rücknahme oder Anfechtung zu beseitigen. Das Recht zur Beseitigung seiner Mitwirkungshandlung bildet die Kehrseite seiner Befugnis, diese in rechtserheblicher Weise vornehmen zu dürfen.

---

1 So auch Schnell, S.152 und Heberlein, S.278 f.
2 Dazu im einzelnen 7. und 8. Kapitel.
3 Schnell, S.158.

7. Kapitel

Die Bedeutung der rechtlichen Folgen fehlender oder fehlerhafter Mitwirkung nach in Schrifttum und Rechtsprechung vertretener Auffassung

In Schrifttum und Rechtsprechung wird dem Fehlen oder der Fehlerhaftigkeit der erforderlichen Mitwirkungshandlung hinsichtlich deren Auswirkungen auf den zu erlassenden Verwaltungsakt unterschiedliche Bedeutung beigemessen. Dabei werden die Frage nach der Bedeutung der Mitwirkungshandlung und die Frage nach der Folge ihres Fehlens stets eng miteinander verknüpft. Die Bedeutung der Mitwirkungshandlung ist nur zu erklären, wenn die Folgen ihres Ausbleibens berücksichtigt werden. Das Urteil über die Rechtmäßigkeit und/oder Rechtswirksamkeit des Verwaltungsaktes berücksichtigt damit die Verknüpfung zweier an sich getrennter Rechtsakte, nämlich der Mitwirkungshandlung einerseits und des Verwaltungsaktes andererseits. Sie sind auf verschiedene Rechtssubjekte zurückzuführen und besitzen je für sich eine rechtliche Selbständigkeit. Gleichzeitig sind sie jedoch aufeinander bezogen und sollen nach dem Willen ihrer Urheber und unter der Herrschaft des Gesetzes zur Schaffung und Veränderung von Rechtsverhältnissen miteinander verbunden werden. Angesichts dieser Verbindung stellt sich notwendigerweise die Frage nach den Folgen des Fehlens oder der Fehlerhaftigkeit einer Mitwirkungshandlung.

Als mögliche Rechtsfolgen fehlender oder fehlerhafter Mitwirkung kommen "Rechtswidrigkeit", "Anfechtbarkeit", "Aufhebbarkeit", "Nichtigkeit", "Unwirksamkeit" und "schwebende Unwirksamkeit" in Betracht. Es erscheint bei dieser Vielzahl von Begriffen unumgänglich, zunächst auf die verwendete Terminologie einzugehen.1) Dabei ist zu beachten, daß ein Teil der zitierten Urteile und Abhandlungen aus der Zeit vor Inkrafttreten des VwVfG stam-

1 Vgl. zur Begriffsdefinition auch Hans Meyer, Die Kodifikation des Verwaltungsverfahrens und die Sanktion für Verfahrensfehler, NVwZ 1986, 513 (515 f.)

men,1) welches heute den Sprachgebrauch erleichtert. Die Begriffe "Nichtigkeit" und "Unwirksamkeit" weisen den gleichen materiellen Sinngehalt auf und sind daher synonym zu verwenden,2) was ohnedies durch § 43 Abs.3 VwVfG, der einen nichtigen Verwaltungsakt für unwirksam erklärt, zum Ausdruck gebracht wird.

Gleiches könnte für die Begriffe "Rechtswidrigkeit" und "Anfechtbarkeit" gelten. Der rechtswidrige Verwaltungsakt ist wirksam, aber anfechtbar, bevor er nach Ablauf einer Widerspruchsfrist in eine gesteigerte Bestandskraft erwächst. Damit wird er unanfechtbar und ist nicht mehr oder nur noch unter erschwerten Voraussetzungen zu beseitigen. Während sich hier "Anfechtbarkeit" und "Rechtswidrigkeit" deutlich voneinander unterscheiden, stehen sie im Zeitpunkt seines Erlasses als Rechtsfolgen beinahe gleichwertig nebeneinander. Dies mag der Grund dafür sein, daß diese Begriffe häufig synonym verwendet werden. Sie unterscheiden sich insofern, als auch der rechtmäßige Verwaltungsakt anfechtbar ist.3) Jeder rechtswidrige Verwaltungsakt ist (zeitlich begrenzt) anfechtbar, aber nicht jeder anfechtbare Verwaltungsakt ist rechtswidrig.

Die Begriffe "Fehlerhaftigkeit" und "Rechtswidrigkeit" sind ebenfalls nicht gleichbedeutend zu verwenden. Vielfach führt ein Fehler des Verwaltungsaktes zu seiner Rechtswidrigkeit. Demgegenüber ordnet § 46 VwVfG4) in Ausnahmefällen die Unbeachtlichkeit eines Fehlers an und schränkt damit den Anspruch des Betroffenen auf Aufhebung des Verwaltungsaktes ein, soweit dieser lediglich unter Verstoß gegen Form- und Verfahrensvorschriften zustande kam, den Betroffenen aber darüber hinaus nicht in seinen

1 Verwaltungsverfahrensgesetz (VwVfG) vom 25. Mai 1976, in Kraft getreten am 1. Januar 1977

2 Ebenso Forsthoff, Lehrbuch des Verwaltungsrechts, Bd.1, Allgemeiner Teil, S.226

3 R. Roellecke, Grundbegriffe des Verwaltungsrechts, S.112.

4 Ebenso die Parallelvorschriften § 127 AO und § 42 SGB X.

Rechten verletzt.1) Weil damit nicht jeder Fehler zur Rechtswidrigkeit des Verwaltungsaktes führt, weisen "Fehlerhaftigkeit" und "Rechtswidrigkeit" eine unterschiedliche Funktion und Bedeutung auf.

Auch die Begriffe "Anfechtbarkeit" und "Aufhebbarkeit" unterscheiden sich deutlich voneinander. Die "Anfechtbarkeit" bildet neben der "Rücknehmbarkeit"2) einen Unterfall der "Aufhebbarkeit". Der Ausdruck "Aufhebbarkeit" ist der allgemeinere Begriff, denn er läßt offen, ob die Aufhebung durch Einlegung eines Rechtsmittels seitens des Betroffenen veranlaßt wird oder einseitig durch Rücknahme oder Widerruf durch die Behörde erfolgt.3)

Die "schwebende Unwirksamkeit" stellt einen Unterfall der Unwirksamkeit (= Nichtigkeit) dar und bedeutet, daß der Verwaltungsakt zur Erreichung seiner vollen Wirksamkeit noch einer entsprechenden Mitwirkungshandlung des Betroffenen bedarf.

Die mitunter vorzufindende Ansicht, "Nichtigkeit" und "Anfechtbarkeit" stellten "Unwirksamkeitsarten" dar,4) ist mit der seit Inkrafttreten des Verwaltungsverfahrensgesetzes geltenden Rechtslage unvereinbar. § 43 Abs.1 VwVfG bestimmt, daß auch ein anfechtbarer Verwaltungsakt wirksam ist; lediglich ein nichtiger Verwaltungsakt ist unwirksam, § 43 Abs.3 VwVfG.

---

1 Zur Verfassungsmäßigkeit dieser Vorschrift, die zu einer möglichen Beschränkung der Verfahrensgarantien führt, vgl. H.-U. Erichsen, Das Bundesverwaltungsgericht und die Verwaltungsrechtswissenschaft, DVBl 1978, 569(577); V. Götz, Das neue Verwaltungsverfahrensgesetz, NJW 1976, 1425(1428 f); Kopp, VwVfG, § 46 Rdnr.3; J. Martens, Die Rechtsprechung zum Verwaltungsverfahrensrecht, NVwZ 1982, 13(14).

2 Rücknahme eines rechtswidrigen Verwaltungsaktes gemäß § 48 VwVfG und Widerruf eines rechtmäßigen Verwaltungsaktes gemäß § 49 VwVfG.

3 Vgl. Forsthoff, Lehrbuch des Verwaltungsrechts, Band 1, Allgemeiner Teil, S.225 f.

4 Lüke/Zawar, JuS 1970, 205(206).

Wesentlich bedeutsamer als der mitunter voneinander abweichende und unklare Sprachgebrauch ist die Tatsache, daß in Schrifttum und Rechtsprechung einer fehlenden oder fehlerhaften Mitwirkungshandlung nicht immer dieselbe Bedeutung zuerkannt wird. Mitunter ist festzustellen, daß bei Zugrundelegung eines einheitlichen Funktionszusammenhangs von Mitwirkungshandlung und Verwaltungsakt dem Defekt einer Mitwirkungshandlung vollkommen unterschiedliche Bedeutung für den Rechtsbestand des Verwaltungsaktes beigemessen wird.

Die weitere Untersuchung verfolgt daher im wesentlichen drei Ziele:
Das erste Ziel besteht darin zu versuchen, den Streitstand in Schrifttum und Rechtsprechung darzustellen. Das zweite Ziel ist zu ermitteln, in welchen Punkten und aus welchen Gründen die jeweiligen Ansichten voneinander abweichen; dabei hat eine Auseinandersetzung mit den bedeutendsten Abhandlungen und Gerichtsentscheidungen stattzufinden. Das dritte Ziel besteht in dem Versuch, das weiter oben entwickelte System der mitwirkungsbedürftigen Verwaltungsakte durch ein mit diesem korrespondierendes System der Rechtsfolgen von Fehlern zu ergänzen.

A. Die Entwicklung der Verwaltungsrechtslehre

Bereits eine Betrachtung des älteren Schrifttums zeigt, daß einem Defekt der Mitwirkungshandlung in Bezug auf den erlassenen oder zu erlassenden Verwaltungsakt seit je her unterschiedliche Bedeutung zuerkannt wurde.

I. Otto Mayers "Verwaltungsakt auf Unterwerfung"1)

O. Mayer sah in der fehlenden oder mangelhaften Mitwirkungshandlung keinen Nichtigkeitsgrund. Die Einwilligung war für ihn nicht Wirksamkeitsbedingung, sondern lediglich Rechtmäßigkeitsvoraussetzung.2) Diese Auffassung hatte in der Rechtslehre viele Anhänger gefunden;3) die Rechtsprechung hingegen vermochte sich ihr nicht anzuschließen. An Einzelfällen4) zeigte sich, daß nach dieser Lehre der Staatsgewalt ein zu großes Gewicht beikam, da der betroffene Bürger zur Rückgängigmachung des Verwaltungsaktes auf die Anfechtung und den Rechtsweg angewiesen war. Auch das Preußische Oberverwaltungsgericht vermochte Mayer nicht zu folgen. Nach seiner Rechtsauffassung war die nicht von einem entsprechenden Antrag gedeckte Versetzung eines Regierungsrates in den Ruhestand als rechtsunwirksam anzusehen.5)

II. Walter Jellineks Theorie vom "zweiseitigen Verwaltungsakt"6)

Nach Jellineks Auffassung sollte durch den Begriff des "zweiseitigen Verwaltungsaktes" zum Ausdruck kommen, daß sowohl das Handeln des Staates als auch das Handeln des Bürgers für die Wirksamkeit des Hoheitsaktes die sei, "daß der Verwaltungsakt zwar immer die Vermutung der Rechtmäßigkeit und Gültigkeit für sich habe, daß er jedoch unwirksam sei, wenn es an der im Gesetz

---

1 Siehe dazu bereits 2. Kapitel, A.I.
2 O. Mayer, Deutsches Verwaltungsrecht, Band I, S.95 f.; Band II, S.148 f.
3 K. Kormann, System der rechtsgeschäftlichen Staatsakte, Berlin 1910, S.37 ff.; H. Preuß, Das städtische Amtsrecht in Preußen, Berlin 1902, S.86 f., 96 f., "Der Verwaltungsakt fällt mangels Einwilligung nicht einfach dahin...; vielmehr muß er von zuständigen Organen des Gemeinwesens als rechtsungiltig erst wieder aufgehoben werden."
4 RGZ 96, 302,; RGSt 56, 19.
5 Urteil v. 5.Okt.1922, Bd.78, S.251 ff.
6 Walter Jellinek, Verwaltungsrecht, 3. Aufl. 1931, S.249 ff.; ders., Zweiseitiger Verwaltungsakt und Verwaltungsakt auf Unterwerfung, in: Festgabe für das PrOVG, 1925, S.84 ff.; siehe hierzu bereits 2. Kapitel, A.II.

vorgesehenen Mitwirkung des einzelnen fehle".1) Die Lehre O. Mayers vom "Verwaltungsakt auf Unterwerfung" mit der Rechtsfolge der Anfechtbarkeit (Vernichtbarkeit) sei abzulehnen.2)

III. Rudolf Elleringmanns Theorie vom "zustimmungsbedürftigen Verwaltungsakt"3)

Für den Fall einer fehlenden oder fehlerhaften Mitwirkungshandlung des Betroffenen ging Elleringmann von der schwebenden Unwirksamkeit des Verwaltungsaktes aus. Die Lehre vom "Verwaltungsakt auf Unterwerfung" habe die Zustimmungserklärung des Anzustellenden unterschätzt, die Lehre vom "zweiseitigen Verwaltungsakt" überschätze sie.4) Trotz grundsätzlichen Getrenntseins stünden Anstellungs- und Zustimmungserklärung jedoch hinsichtlich ihrer Wirksamkeit in einem Abhängigkeitsverhältnis: die Anstellungserklärung könne nicht ohne die Zustimmung, die Zustimmung nicht ohne die Anstellungserklärung wirksam werden. Die ohne Zustimmung des Anzustellenden erfolgte Anstellung sei daher schwebend unwirksam.5)

---

1 W. Jellinek, Verwaltungsrecht, S.252; ihm folgend etwa F. Fleiner, Institution des Deutschen Verwaltungsrechts, S. 192, 194.

2 W. Jellinek, a.a.O., S.250: "Erhalte ich z.B. eines Tages die Ernennung zum Gemeindefeldhüter, ohne mich um die Stelle beworben zu haben, so bin ich nach dieser Lehre Gemeindefeldhüter geworden und muß sehen, wie ich die Rückgängigmachung der Ernennung zu Wege bringe. Ebenso verliere ich nach der Lehre meine deutsche Staatsangehörigkeit, wenn der Regierungspräsident mir ohne meinen Antrag eine Entlassungsurkunde zustellt. Die offensichtliche Unmöglichkeit solcher Rechtsauffassung führt zur Anerkennung zweiseitiger Verwaltungsakte."

3 Rudolf Elleringmann, Die rechtliche Natur der Beamtenanstellung in Theorie und Rechtsprechung, BJB 1935, S.286; siehe dazu bereits 2. Kapitel, A.III.

4 Ebenda, S.291

5 Ebenda, S.293

B. Der Streitstand nach neuerer Verwaltungsrechtslehre und Rechtsprechung

Hinsichtlich der in Betracht kommenden Rechtsfolgen kann festgestellt werden, daß dem Fehlen oder der Fehlerhaftigkeit der erforderlichen Mitwirkungshandlung des Betroffenen auch in jüngerer Zeit in unterschiedlicher Weise Bedeutung zuerkannt wird. Zahlreiche Autoren erkennen in ihr eine Wirksamkeitsbedingung, andere sind der Ansicht, sie beeinflusse lediglich die Rechtmäßigkeit des Hoheitsaktes. An anderer Stelle wiederum wird eine differenzierte Lösung vorgeschlagen und auf den Inhalt von Verwaltungsakt und Mitwirkungshandlung abgestellt. Die einzelnen Ansichten lassen sich wie folgt darstellen und gegeneinander abgrenzen.

I. Die die Rechtsfolge der "Nichtigkeit" befürwortende Ansicht

1. Uneingeschränkte Befürwortung der Nichtigkeit

Teilweise wird im Schrifttum1) und in der Rechtsprechung2) die Auffassung vertreten, für den Fall einer defekten3) Mitwirkungshandlung komme als Rechtsfolge ausschließlich die Nichtigkeit des entsprechenden Verwaltungsaktes in Betracht. Soweit die soeben wiedergegebene Ansicht vertreten wird, ist häufig festzustellen, daß andere mögliche Rechtsfolgen nicht in die Untersuchung einbezogen werden, sondern sich lediglich die apodiktische Feststellung findet, daß etwa das Fehlen des Antrages einen schweren und offenkundigen Fehler darstelle, der zur Nichtigkeit des Verwaltungsaktes führe. Es stelle einen elementaren Grundsatz des Verwaltungsrechts dar, daß das Ausbleiben der Mitwirkungshandlung die Nichtigkeit des Hoheitsaktes zur Folge habe.4) Dies gelte für alle Erlaubnisse, Genehmigungen, Konzessionen und sonstigen Gewährungen; es treffe weiter vor allem für die klassischen Beispiele aus dem Staatsangehörigkeitsrecht und Beamtenrecht zu. Die Nichtigkeit entspreche dem starken Gewicht, das die Rechtsordnung dem Antrag beimesse.5)

---

1 I.Becker-Kavan, Verwaltungsrecht und Verwaltungsverfahren, S.49; Forsthoff, Lehrbuch des Verwaltungsrechts, Band 1, Allg. Teil, S.213; F.Haueisen, Zur rechtlichen Qualifizierung eines Rentenbescheides, NJW 1958, 441(444 Fn.44); Meyer, in: Meyer/Borgs, VwVfG, § 35 Rdnr.11 und § 54 Rdnr. 34; H.v. Rosen-v.Hoewel, Allgemeines Verwaltungsrecht, S. 89; G. Schroeder-Printzen, Allgemeines Verwaltungsrecht in Leitsätzen, 2. Aufl., S.38.

2 BVerwG 11, 18(21); BVerwG, DVBl 1969, 665; BSGE 12, 265 (268); BSG, NVwZ 1983, 767; BaWüVGH, DVBl 1951, 667; Hess VGH, DÖV 1968, 809 = MDR 1968, 955(956); - A.A. nunmehr HessVGH, NVwZ 1985, 498(498 f.).

3 Unter dem Begriff der "defekten" Mitwirkungshandlung werden in den folgenden Ausführungen sowohl fehlende als auch fehlerhafte Mitwirkungshandlungen behandelt. Sofern das Fehlen oder die Fehlerhaftigkeit unterschiedlich zu behandeln sein sollten, so wird dies im Einzelfall gesonderte Berücksichtigung finden.

4 BSG, NVwZ 1983, 767(768)

5 Forsthoff, Lehrbuch des Verwaltungsrechts, Band 1, Allgemeiner Teil, S.213

Beim mitwirkungsbedürftigen Verwaltungsakt führe das Fehlen der Mitwirkung des Betroffenen zur Nichtigkeit des Verwaltungsaktes.1) Insbesondere beim Verwaltungsakt auf Unterwerfung hänge dessen Rechtswirksamkeit von der Übernahme einer Verpflichtung durch den Betroffenen ab.2) Nichtigkeit sei deshalb anzunehmen, weil es eine Verletzung unabdingbarer Verfahrensvorschriften darstelle, wenn der Akt ohne gültigen Antrag ergehe. Dem Antrag sei eine so große Bedeutung beizumessen, daß sein Fehlen in jedem Falle zur Nichtigkeit führe. Dies gelte sowohl für begünstigende als auch für belastende Verwaltungsakte. Die Nichtigkeit habe auch unabhängig davon einzutreten, ob die Möglichkeit verwaltungsgerichtlicher Anfechtung gegeben sei oder nicht. Selbst dann, wenn man den fehlenden Antrag nicht als ausreichenden Nichtigkeitsgrund betrachte, käme man über die Evidenztheorie3) zu dieser Rechtsfolge. Der fehlende Antrag stelle im Sinne dieser Regel einen schweren und offenkundigen Fehler dar.4)

Darzustellen sind an dieser Stelle zwei Urteile des Bundessozialgerichts, die beispielhaft für die in der gesamten Rechtsprechung vertretene Auffassung stehen können.

In einer Entscheidung aus dem Jahre 1960 hat das Bundessozialgericht5) entschieden, daß ein Bescheid, durch welchen ein Rentenvorschuß gewährt werde, ohne daß der Versicherte dies beantragt habe, nichtig sei. Da es dem Versicherten überlassen bleibe, ob er Rentenvorschüsse erhalten wolle, seien Feststellungsbescheide der gesetzlichen Rentenversicherung nichtig, wenn es an der Mitwirkung des Versicherten, also an der Antragstellung feh-

---

1 BSGE 12, 265(268); BSG, NVwZ 1983, 767; BaWüVGH, DVBl 1951, 667: "Ein mitwirkungsbedürftiger Verwaltungsakt auf dem Gebiete des Beamtenrechts (Zurruhesetzung) ist nichtig, wenn der erforderliche Antrag nicht vorliegt ...", mit zust. Anm. von Ule, ebenda, S.669; HessVGH, MDR 1968, 955(956) = DÖV 1968, 809

2 BVerwG, DVBl 1969, 665.

3 Seit Inkrafttreten des VwVfG über dessen § 44.

4 HessVGH, DÖV 1968, 809.

5 BSG, 4. Senat, Urteil vom 30.6.1960, BSGE 12, 265.

le. Diese Bescheide seien als mitwirkungsbedürftige Verwaltungsakte zu qualifizieren. Im allgemeinen Verwaltungsrecht sei der Grundsatz entwickelt worden, daß mitwirkungsbedürftige Verwaltungsakte grundsätzlich nichtig seien, wenn sie ergingen, ohne daß im Einzelfall der erforderliche Antrag gestellt worden sei. Dieser Grundsatz gelte etwa bei Einbürgerungen, Beamtenernennungen, Genehmigungen, Konzessionen und sonstigen Gewährungen. Es bestünden keine Bedenken, ihn auch auf das Recht der Sozialversicherung anzuwenden, und zwar auch auf das Leistungsrecht, soweit Leistungen nur auf Antrag gewährt würden. Das Interesse des Betroffenen verlange, ebenso wie im allgemeinen Verwaltungsrecht, daß ein solcher Verwaltungsakt nicht nur anfechtbar, sondern daß er nichtig sein müsse.1)

In einer anderen Entscheidung des Bundessozialgerichts2) wird festgestellt, daß ein Beitragserstattungsbescheid nichtig sei, wenn der erforderliche3) Erstattungsantrag fehle. Das Fehlen eines erforderlichen Antrages stelle grundsätzlich einen schwerwiegenden und offenkundigen Fehler dar, der die Nichtigkeit des Verwaltungsaktes zur Folge habe. Dieser Grundsatz gehöre zu den elementaren Regeln des allgemeinen Verwaltungsrechts und sei nicht erst durch das Verwaltungsverfahrensgesetz bzw. durch das Sozialgesetzbuch X eingeführt worden. Gerade bei einer Beitragserstattung, die zumeist mit schwerwiegenden Konsequenzen für den Versicherten verbunden sei, habe das Fehlen eines wirksamen Antrages die Nichtigkeit des Erstattungsbescheides zur Folge.

---

1 BSGE 12, 265(268).
2 BSG, Urteil vom 15.10.1981, NVwZ 1983, 767; vgl. zum Gegenstand dieses Urteils bereits die Ausführungen unter 2. Kapitel, B.VI.
3 Das Antragserfordernis wurde für den dort entschiedenen Fall aus § 1303 Abs. 1 RVO hergeleitet.

2. Eingeschränkte Befürwortung der Nichtigkeit

Zum Teil wird die Rechtsfolge der Nichtigkeit nur für bestimmte Fälle anerkannt. Dabei wird an Hand unterschiedlicher Kriterien unterschieden, wann Nichtigkeit und wann nur Rechtswidrigkeit anzunehmen ist. Im einzelnen werden folgende Kriterien zur Entscheidung über Nichtigkeit oder Rechtswidrigkeit herangezogen.

a) Unterscheidung aufgrund funktioneller Merkmale

Eine Reihe von Autoren nimmt eine Differenzierung anhand solcher Kriterien vor, die man als "funktionelle Merkmale" bezeichnen kann und die an die bekannten Einteilungen der mitwirkungsbedürftigen Verwaltungsakte anschließen.

Hier ist etwa die Ansicht von Wolff/Bachof1) zu nennen, die von vielen Autoren ganz oder teilweise übernommen und zur Grundlage ihrer eigenen Erörterung gemacht wird.2) Wolff/Bachof unterscheiden zwischen zustimmungsbedürftigen Verwaltungsakten und Verwaltungsakten auf Unterwerfung. Die Gruppe der zustimmungsbedürftigen Verwaltungsakte sei dadurch gekennzeichnet, daß die Mitwirkung nicht rechtsfolgebegründendes, sondern lediglich rechtsfolgebedingendes Tatbestandsmoment sei. Solange es an der Mitwirkung fehle, sei der Verwaltungsakt nicht rechtswidrig, sondern schwebend unwirksam. Beim Verwaltungsakt auf Unterwerfung sei es genau umgekehrt: hier sei die Mitwirkung nicht rechtsfolgebedingendes, sondern rechtsfolgebegründendes Tatbestandsmoment. Fehle es an der Unterwerfung, sei der Verwaltungsakt rechtswidrig und bis zur Aufhebung vorerst wirksam.

---

1 Wolff/Bachof I, § 48, S.402 ff.; ähnlich auch M. Wallerath, Allgemeines Verwaltungsrecht, § 7 II 3., S.172 f.

2 So J. Brand, Grundbegriffe des Allgemeinen Verwaltungsrechts, S.112; Brandel, in: Schweickhardt (Hrsg.), Allgemeines Verwaltungsrecht, 4. Aufl., Rdnr. 369 ff.; Gitzinger, S. 31 ff.; Weides, Verwaltungsverfahren und Widerspruchsverfahren, § 7 VI., S.99 f.; Wittern, Grundriß des Verwaltungsrechts, § 8 III 3, S.114.

Auch Gitzinger1) mißt beim "antragsbedingten Verwaltungsakt" der Zustimmungserklärung des Bürgers Wirksamkeitsbedeutung bei. Beim "Verwaltungsakt auf Unterwerfung" hingegen konstituiere die Einwilligung des Bürgers die Rechtmäßigkeit des Verwaltungsaktes. Die Mitwirkung des Betroffenen habe nicht Wirksamkeits-, sondern nur Rechtmäßigkeitsbedeutung.

Nach der von Brandel2) vertretenen Ansicht führt bei "antrags- bzw. zustimmungsbedürftigen Verwaltungsakten" das Fehlen der erforderlichen Zustimmungshandlung zur Rechtswidrigkeit des Verwaltungsaktes. Beim "Verwaltungsakt auf Unterwerfung" dagegen hinge dessen Rechtswirksamkeit von der Übernahme einer Verpflichtung durch den Bürger ab.

Hablitzel3) stellt hinsichtlich der Rechtsfolgen einer fehlenden Mitwirkungshandlung in erster Linie darauf ab, in welchem Umfang der Verwaltungsakt von der Mitwirkungshandlung abhängig ist. Danach sei zu unterscheiden, ob bei der in Frage stehenden Verwaltungsfunktion die Behördeninitiative vorherrsche und die Mitwirkung keine notwendige sei, oder ob der Verwaltungsakt ausnahmslos von der Mitwirkung des Betroffenen abhinge, wie zum Beispiel bei der Einbürgerung oder bei der Beantenernennung. Fehle eine derartige erforderliche Mitwirkung, so trete Nichtigkeit ein, während in allen übrigen Fällen der Verwaltungsakt nur anfechtbar sei.4) Hablitzel bemerkt weiterhin, daß "jedenfalls beim begünstigenden Verwaltungsakt ein mangelnder Mitwirkungsakt keine Nichtigkeit nach sich ziehe". Ob aus dieser Feststellung die Folgerung gezogen werden kann, Hablitzel wolle beim belastenden Verwaltungsakt im Falle fehlender Mitwirkung von der

---

1 Gitzinger, S.21 ff.; vgl. dazu schon 2. Kapitel, B.III.
2 Brandel, in: Schweickhardt (Hrsg.), Allgemeines Verwaltungsrecht, 4. Aufl., Rdnr.369 ff.; ebenso jetzt auch Brandt, ebenda, 5. Aufl., Rdnr.369 ff.
3 H. Hablitzel, Zur Dogmatik des Antrags beim mitwirkungsbedürftigen Verwaltungsakt, BayVBl 1974, 392(397).
4 Ebenso Heiß/Hablitzel, DVBl 1976, 93(95 f.) unter Berufung auf Franz Mayer, Allgemeines Verwaltungsrecht, 3. Aufl. 1972, S.87.

Nichtigkeit des Verwaltungsaktes ausgehen, kann nicht beurteilt werden, weil seine Abhandlung zu dieser Frage keine Ausführungen enthält.

Ule/Laubinger,1) die eine differenzierte Lösung vorschlagen, halten einen ohne die erforderliche Mitwirkung des Betroffenen ergangenen mitwirkungsbedürftigen Verwaltungsakt für nichtig. Das Fehlen der Mitwirkung stelle einen schweren und offenkundigen Fehler dar. Nicht Nichtigkeit, sondern lediglich Aufhebbarkeit des Verwaltungsaktes sei dann anzunehmen, wenn ein solcher Antrag vorliege, dieser aber selbst nichtig sei (etwa bei unerkannter Geisteskrankheit des Antragstellers). In diesen Fällen fehle es regelmäßig an der Offenkundigkeit des Fehlers.

An anderer Stelle vertreten Ule/Laubinger2) eine von ihrer Lösung abweichende Ansicht, indem sie im Falle fehlender Mitwirkung nicht, wie soeben dargelegt, Nichtigkeit, sondern schwebende Unwirksamkeit des Verwaltungsaktes annehmen. Werde die Mitwirkungshandlung durch den Betroffenen nachgeholt, führe dies zur Wirksamkeit des Aktes; unterbleibe die Nachholung, so sei der Verwaltungsakt wegen fehlender Mitwirkung des Adressaten nach § 44 Abs.1 VwVfG bei Offenkundigkeit dieses Fehlers nichtig.

Badura3) will die Entscheidung, ob ein ohne die vorgeschriebene Mitwirkungshandlung erlassener Verwaltungsakt nichtig oder anfechtbar ist, "von der Bedeutung des Antragserfordernisses und der Eigenart des Verwaltungshandelns" abhängig machen. Dabei komme es auf die sachliche Funktion des Antrages an. Sofern damit, wie etwa typisch bei der Beamtenernennung, die Zustimmung des Betroffenen vorausgesetzt werde, sei die fehlende Mitwirkung so wesentlich, daß sie die Nichtigkeit des dennoch erlassenen Verwaltungsaktes zur Folge habe.

---

1 Ule/Laubinger, Verwaltungsverfahrensrecht, § 57 IV, S.399.
2 Ule/Laubinger, a.a.O., § 48 II 4, S.356 f.
3 P.Badura, in: Erichsen/Martens (Hrsg.), Allgemeines Verwaltungsrecht, § 39 III, S.395.

b) Unterscheidung zwischen begünstigenden und belastenden Verwaltungsakten

Nach einer weiteren Ansicht ist die Frage nach den Auswirkungen einer defekten Mitwirkungshandlung gleichfalls einer differenzierten Betrachtung zu unterziehen. Danach ergeben sich unterschiedliche Rechtsfolgen aus dem Inhalt des Verwaltungsaktes. Es komme darauf an, ob der Verwaltungsakt einen begünstigenden oder belastenden Inhalt habe.1)

Schon Jellinek stellte für die zwischen Nichtigkeit und Anfechtbarkeit durchzuführende Abgrenzung fest: "Ganz allgemein darf man an die begünstigenden Verwaltungsakte weniger strenge Anforderungen stellen als an die belastenden. Wenn kein stichhaltiger Grund vorhanden ist, sind die rein begünstigenden, namentlich auch mit keiner Gebührenpflicht belasteten, nur auf Antrag zu erlassenden Akte nicht unwirksam, wenn der Antrag fehlt." Auch im neueren Schrifttum wird in Anlehnung an Jellinek2) die Auffassung vertreten, der begünstigende antragsbedürftige Verwaltungsakt sei bei fehlendem Antrag nicht nichtig, sondern nur anfechtbar. Dies folge aus dem Gebot unterschiedlicher Behandlung begünstigender und belastender Verwaltungsakte. Werde jemand mit einer antragsbedürftigen Beschwer belastet, so seien sein Individualinteresse und die staatliche Ordnung ungleich stärker beeinträchtigt, als wenn er mit einer antragsbedürftigen Begünstigung bedacht werde.3)

---

1 In diesem Sinne: Bulling, Zur Frage des mangelnden Antrags bei antragsbedürftigen mitwirkungsbedürftigen Verwaltungsakten, DÖV 1962, 378; ähnlich auch: Meyer, in: Meyer/Borgs, VwVfG, § 44 Rdnr.12; H.Pickel, Fehlerhafte Verwaltungsakte, SGb 1985, 532(536).

2 W. Jellinek, Verwaltungsrecht, 5. Aufl. 1931, S.250.

3 Bulling, DÖV 1962, 378 f.

3. Die Auffassung zur Rechtsfolge der "schwebenden Unwirksamkeit"

Zum Teil wird auch die Auffassung vertreten, daß für den Fall einer defekten Mitwirkungshandlung von der schwebenden Unwirksamkeit des Verwaltungsaktes auszugehen sei.1) Dort, wo der Antrag lediglich die Voraussetzung für einen Anspruch gegen die Behörde sei, führe sein Fehlen nicht zur Nichtigkeit, sondern zur Fehlerhaftigkeit des Verwaltungsaktes. Fehle jedoch eine unabdingbare Verfahrenshandlung des Beteiligten, so sei beim (überwiegend) begünstigenden Verwaltungsakt Nichtigkeit, bei allen anderen schwebende Unwirksamkeit anzunehmen.2)

Einige Autoren geben für die Annahme dieser Rechtsfolge keine Begründung.3) Soweit diese Rechtsfolge näher begründet wird, geschieht dies meist an Hand einschlägiger Beispielsfälle. Etwa beim Baugenehmigungsverfahren wird die Auffassung vertreten, der Bauantrag sei eine notwendige Voraussetzung für die Erteilung einer Baugenehmigung. Fehle es an der Mitwirkung des Betroffenen, so sei der Verwaltungsakt nicht nichtig, sondern lediglich anfechtbar. Die unter Verstoß gegen § 22 Satz 2 Nr.2 VwVfG erteilte Genehmigung mache diese nur schwebend unwirksam, da der erforderliche Antrag nachgeholt werden könne.4)

Eine Vielzahl bedeutender Einzelfragen, die mit dieser Rechtsfrage in Zusammenhang stehen, wurden - soweit ersichtlich - noch

---

1 L.Baumanns, Verfahrensrecht und Praxis der Bauaufsicht, Rdnr.299; J. Brand, Grundbegriffe des Allgemeinen Verwaltungsrechts, S.112; H. Faber, Allgemeines Verwaltungsrecht, § 20 III, S.170; Grundei, in: Förster/Grundei/ Steinhoff/ Dageförde/Wilke, BauOBln, § 57 Rdnr.2; Franz Mayer, Allgemeines Verwaltungsrecht, S.87; Meyer, in: Meyer/Borgs, VwVfG, § 44 Rdnr. 12; Sachs, VerwArch 76 (1985), 398(406); Siebecke, S.87; Ule/ Laubinger, Verwaltungsverfahrensrecht, § 48 II 4, S.357; Weyreuther, DVBl 1969, 295; Wittern, Grundriß des Verwaltungsrechts, § 8 III 3, S. 114; Wolff-Bachof I, § 48 II, S.403.

2 Meyer, in: Meyer/Borgs, VwVfG, § 44 Rdnr.12.

3 So etwa Wittern, a.a.O., § 8 III 3, S.114.

4 Grundei, a.a.O., § 57 Rdnr.2.

keiner genaueren Betrachtung unterzogen. Es bleibt etwa unklar, ob diese Rechtsfolge für alle mitwirkungsbedürftigen Verwaltungsakte oder nur für eine Untergruppe Geltung beanspruchen könnte. Auch ist den genannten Abhandlungen kein sicherer Hinweis zu entnehmen, wann im Falle einer schwebenden Unwirksamkeit der Schwebezustand endet, falls der Betroffene auf den Erlaß des Verwaltungsaktes nicht reagiert.

II. Die die Rechtsfolge der "Anfechtbarkeit" befürwortende Ansicht

Es wird aber auch die Auffassung vertreten, daß für den Fall einer defekten Mitwirkungshandlung lediglich von der Anfechtbarkeit des Verwaltungsaktes auszugehen sei.1) Für diese Rechtsfolge hat sich etwa Forsthoff2) ausgesprochen.

Bei der zwischen Anfechtbarkeit und Nichtigkeit durchzuführenden Abgrenzung legt Forsthoff zunächst dar, daß nach seiner Auffassung im deutschen Recht der Grundsatz der Anfechtbarkeit gilt. Da für den Betroffenen zur Abwehr hoheitlicher Maßnahmen der Verwaltungsrechtsweg eröffnet sei, bestehe kein rechtspolitischer Anlaß, von diesem Grundsatz, der sich in jahrzehntelanger Verwaltungspraxis bewährt habe, abzuweichen und Nichtigkeit anzunehmen. Lediglich schwere Fehler führten zur Nichtigkeit, leichtere hingegen zur Aufhebbarkeit des Verwaltungsaktes. Doch auch hier spreche die Vermutung für die leichtere Folge, die Aufhebbarkeit.

---

1 Bull, Allgemeines Verwaltungsrecht, Rdnr. 638; Kirchhof, DVBl 1985, 651(659); Krause, Verw Arch 61 (1970), 297(308 ff.); Messerschmidt, Zur Heilung und Folgenlosigkeit von Verfahrens- und Formfehlern bei Verwaltungsakten gem. §§ 45 und 46 VwVfG, NVwZ 1985, 877 (878); Müller-Uri, in: Giemulla/Jaworsky/Müller-Uri, Verwaltungsrecht, Rdnr.292, der von einer sog. "schlichten Rechtswidrigkeit" spricht; L.Renck, Verwaltungsakt und verwaltungsrechtlicher Vertrag, JuS 1971, 77(79).

2 E. Forsthoff, Lehrbuch des Verwaltungsrechts, Band 1, Allgemeiner Teil, S.226.

Das zwischen Anfechtbarkeit und Nichtigkeit bestehende Abgrenzungsproblem diskutiert Forsthoff im weiteren Verlauf seiner Ausführungen anhand bestimmter Fallgruppen, wie etwa der Beteiligung des Betroffenen oder der Beteiligung einer weiteren Behörde. Die fehlende Beteiligung des Privaten beim Erlaß eines ihn betreffenden Verwaltungsaktes erörtert Forsthoff unter dem Gesichtspunkt einer Verletzung seines Anspruchs auf rechtliches Gehör. Das rechtliche Gehör sei unverzichtbarer Bestandteil eines geordneten Verfahrens. Werde dieser Anspruch verletzt, so leide das Verwaltungsverfahren an einem erheblichen Mangel, der den Verwaltungsakt aufhebbar mache. Lediglich die fehlende Zustimmung und die unterbliebene Mitwirkung einer mitzuständigen Behörde hingegen seien als schwerer Verfahrensfehler und damit auch als Nichtigkeitsgrund zu behandeln.1) Für den Fall einer defekten Mitwirkungshandlung des Betreffenden geht Forsthoff damit von der Anfechtbarkeit des Verwaltungsaktes aus.

Auch der Hessische Verwaltungsgerichtshof2) geht im Falle einer defekten Mitwirkungshandlung von der Anfechtbarkeit des Verwaltungsaktes aus. Der Verwaltungsgerichtshof hatte die Frage zu entscheiden, wie sich das Fehlen eines rechtswirksamen Antrages auf einen gleichwohl erlassenen antragsbedürftigen Verwaltungsakt auswirkt. Dazu wurde festgestellt, der Antrag auf Erlaß eines Verwaltungsaktes sei eine Willenserklärung des öffentlichen Rechts, für deren rechtliche Behandlung mangels besonderer Rechtsvorschriften die allgemeinen Grundsätze des bürgerlichen Rechts entsprechend anzuwenden seien. Der fehlende Antrag könne jederzeit ohne zeitliche Begrenzung und auch nach Anhängigwerden eines verwaltungsgerichtlichen Verfahrens nachgeholt werden. Aus dem Verwaltungsverfahrensgesetz folge, daß beim Fehlen eines rechtswirksamen Antrages für einen antragsbedürftigen Verwaltungsakt ein gleichwohl erlassener Verwaltungsakt nicht nichtig, sondern lediglich anfechtbar sei. Der Annahme der Nichtigkeit

---

1 Forsthoff, a.a.O., S.235 f.
2 HessVGH, Urteil v. 27.2.1985, NVwZ 1985, 498.

stehe § 45 Abs.1 Nr.1 HessVwVfG1) entgegen, weil Abs.1 generell die Heilung nichtiger Verwaltungsakte ausschließe.

Diese Auffassung wird auch von Weides2) anhand der Erörterung von Subventionsbescheiden vertreten. Ergehe ein Zuwendungsbescheid ohne Vorliegen eines diesbezüglichen Antrages, so sei er zwar rechtswirksam, jedoch rechtswidrig. Dieser Rechtsfolge liege § 45 Abs.1 Nr.1 VwVfG zugrunde, der zur Heilung dieses Rechtsmangels eine Nachholung des Antrages zulasse, und zwar auch dann, wenn der Antrag eine verfahrensrechtliche und eine materiell-rechtliche Funktion zugleich erfüllen solle.

Kirchhof3) hat gegen die Rechtsfolge der Nichtigkeit eingewandt, diese Rechtsfolge sei überflüssig geworden, weil heute ein umfassender Rechtsschutz die Rechte des Betroffenen in ausreichendem Umfange gewährleiste. Der Verwaltungsakt auf Unterwerfung habe ursprünglich die Funktion gehabt, den damals lückenhaften Gerichtsschutz gegenüber dem Verwaltungshandeln zu ersetzen. Die mangelnde Wirksamkeit des Verwaltungsaktes im Falle fehlender Unterwerfung habe auf andere Weise die Rechtskontrolle durch den Richter ersetzt und damit den Adressaten vor Rechtsverlusten geschützt. Da das Grundgesetz heute eine umfassende Rechtskontrolle gegenüber dem Handeln der öffentlichen Gewalt garantiere, sei damit das historische Bedürfnis an der Nichtigkeit des Verwaltungsaktes entfallen. Daher sei im Falle defekter Mitwirkung von der Anfechtbarkeit des Verwaltungsaktes auszugehen.

Gegen die Rechtsfolge der Nichtigkeit wird ferner ausgeführt, die herrschende Meinung, die Nichtigkeit annehme, gewinne diese Rechtsfolge aus einem fehlerhaften begriffsjuristischen Ansatz, indem sie den antragsbedürftigen Verwaltungsakt dem Begriff des zweiseitigen Verwaltungsaktes im Sinne Jellineks subsumiere und

---

1 Dieser entspricht § 45 Abs.1 Nr.1 VwVfG.
2 Weides, JuS 1985, 364(369).
3 Kirchhof, DVBl 1985, 651(659); in diesem Sinne bereits Ule, DV 1949, 502.

dann folgere, dieser sei bei Fehlen des Antrages unwirksam. Es bedürfe dagegen stets einer besonderen Rechtfertigung, wenn das Fehlen der Mitwirkungshandlung zur Nichtigkeit führen solle. Es bestehe keine Veranlassung, Verwaltungsakte, die für den Betroffenen keinen Rechtsverlust mit sich brächten, bei einem Mangel des erforderlichen Antrages als nichtig anzusehen.1) Allein die Begründung, der Staat dürfe dem Bürger seine Leistungen nicht aufdrängen,2) sei nicht zwingend, da ein derartiger Grundsatz generell nicht bestehe.3)

C. Auseinandersetzung mit den in Schrifttum und Rechtsprechung vertretenen Auffassungen

Da die dargestellten Auffassungen zu unterschiedlichen Ergebnissen gelangen, hat eine Auseinandersetzung mit den widerstreitenden Argumenten und Begründungen stattzufinden.

Die von der Rechtsprechung regelmäßig vertretene Auffassung, in allen Fällen fehlender oder fehlerhafter Mitwirkung sei Nichtigkeit anzunehmen, bedarf einer kritischen Betrachtung. Allein die Berufung auf die Verletzung bestehender Verfahrensvorschriften scheint zur Begründung einer solch schwerwiegenden Rechtsfolge ungenügend, wie anhand der Erörterung der dargestellten Entscheidungen des Bundessozialgerichts4) nachgewiesen werden soll.

Als Beleg für seine Rechtsauffassung zieht das Bundessozialgericht lediglich seine eigene Rechtsprechung und Forsthoffs Ausführungen zum fehlerhaften Verwaltungsakt heran.5) Diese Form der Beweisführung erscheint wenig fundiert und ist daher unge-

1 Krause, VerwArch 61 (1970), 297 (308 ff.)
2 Zum aufgedrängten Rechtserwerb vgl. die Darstellung des Streitstandes im 1. Kapitel, B.II.2.
3 Krause, VerwArch 61 (1970), 297(308).
4 Dazu 7. Kapitel, B.I.1.
5 Das BSG zitiert BSGE 12, 265(268); BSG, SozR 2200, § 1303 Nr.12 und Forsthoff, Lehrbuch des Verwaltungsrechts, Band 1, AllgTeil, S.226.

nügend. Gewichtige, im Schrifttum vertretene Stimmen, die eine andere Rechtsfolge vorschlagen, werden nicht berücksichtigt.1) Auch Forsthoff kann nicht als Zeuge für die Rechtsansicht des Bundessozialgerichts anerkannt werden, denn dieser vertritt, wie weiter oben dargelegt,2) eine genau gegenteilige Ansicht. Entgegen der vom Bundessozialgericht vertretenen Auffassung lassen sich die Ausführungen Forsthoffs demzufolge nicht als Beleg für die Rechtsfolge der Nichtigkeit heranziehen, da dieser im Falle fehlender Antragstellung lediglich "Aufhebbarkeit" annimmt.3)

Darüber hinaus ist auch das vom Bundessozialgericht gewonnene Ergebnis nicht anzuerkennen. Der Beitragserstattungsbescheid gem. § 1303 Abs.1 RVO ist, so auch die zutreffende Ansicht des Gerichts, als mitwirkungsbedürftiger Verwaltungsakt zu qualifizieren. Antragsberechtigter ist einzig und allein der Versicherte, da über dessen Rentenansprüche zu entscheiden ist. Wird der erforderliche Antrag von jemandem gestellt, der nicht antragsberechtigt ist, so muß sichergestellt sein, daß der aufgrund der unzulässigen Antragstellung erlassene Verwaltungsakt den Versicherten nicht in dessen Rechtsgüterbestand verletzt. Dieses Schutzbedürfnis hat auch das Bundessozialgericht erkannt und ist demzufolge von der Nichtigkeit des Erstattungsbescheides ausgegangen. Es fragt sich aber, ob dieses Ergebnis zu rechtfertigen ist, oder ob gegebenenfalls der Schutz zugunsten des Versicherten nicht auch auf andere Art und Weise hätte erreicht werden können.

Dem schützenswerten Interesse des Versicherten wäre beispielsweise auch dann genügt, wenn dieser die Möglichkeit hätte, die Rechtsfolgen des Verwaltungsaktes auch noch zu einem späten,

---

1 Vgl. etwa nur die vor dieser Entscheidung erschienenen Aufsätze von Bulling, DÖV 1962, 378; Krause, VerwArch 1970, 297 (308 ff., 333).
2 Siehe dazu 7. Kapitel, B.I.3.
3 Vgl. dazu auch Eyermann/Fröhler, VwGO, 7. Aufl., Anh. § 42 Rdnr.6, die Forsthoffs Ausführungen gleichfalls in der hier vertretenen Weise interpretieren.

also einem nach Ablauf der einschlägigen Rechtsbehelfsfristen liegenden Zeitpunkt zu bestimmen, oder er aber zumindest so gestellt werden würde, als sei der Verwaltungsakt für ihn nicht in der Welt. Andererseits ist nicht einsichtig, warum dem ohne wirksamen Antrag erlassenen Verwaltungsakt von vornherein jegliche Rechtswirkungen abgesprochen werden sollten, denn nicht jeder Fall liegt so klar und eindeutig wie der vom Bundessozialgericht entschiedene. Nicht immer stammt der unwirksame Antrag von einem Ehemann, dem es durch die Fälschung von Papieren und Unterschriften gelingt, sich die durch seine Ehefrau erworbenen Rentenanwartschaften auszahlen zu lassen. In allen anderen Fällen, in denen der Defekt der Mitwirkungshandlung nicht in solcher Weise offenkundig ist, könnte für den Versicherten die Möglichkeit bestehen, in den bis dahin unwirksamen Antrag einzuwilligen und damit dem Verwaltungsakt zur Geltung zu verhelfen.

Weiterhin kann dem Bundessozialgericht insoweit nicht gefolgt werden, als von diesem die Unwirksamkeit des Antrages als ausreichend angesehen wird, um die Rechtsfolge der Nichtigkeit zu begründen. Diese Rechtsauffassung ist insbesondere dann zweifelhaft, wenn der Antrag nicht von vornherein unwirksam ist, sondern zunächst wirksam gestellt wurde, aber zu einem späteren Zeitpunkt seine Wirksamkeit verliert, wie es etwa bei der Rücknahme oder einer Anfechtung durch den Antragsteller gegeben sein kann. In einem derartigen Fall ist jedoch nicht anzunehmen, daß der Mangel der Mitwirkungshandlung sofort und unmittelbar auf den Rechtsbestand des Verwaltungsaktes durchschlägt.1) Der Verwaltungsakt ist eine eigenständige Rechtsfigur und einer "Anfechtung" durch den Privaten nur in bestimmten Umfang zugänglich. Dieser Umfang ist durch die Gestaltung der Rechtsbehelfe

---

1 Dazu im einzelnen 8. Kapitel

und Rechtsbehelfsfristen gesetzlich definiert.[1] Die Anfechtung der Mitwirkungshandlung durch den Betroffenen läßt den Rechtsbestand des Verwaltungsaktes zunächst einmal unberührt. Daher ist die Aussage, die Unwirksamkeit der Antragstellung habe die Nichtigkeit des Verwaltungsaktes zur Folge, in dieser Allgemeinheit nicht haltbar.

Auch die dazu vorgetragene Begründung, es stelle einen elementaren Grundsatz des Verwaltungsrechts dar, daß das Ausbleiben der Mitwirkungshandlung die Nichtigkeit des Hoheitsaktes zur Folge habe,[2] vermag nicht zu überzeugen. Ein solcher Grundsatz ist - zumindest nach der Einführung der Verwaltungsverfahrensgesetze - nicht anzuerkennen. Bemerkenswert ist, daß die Rechtsprechung auch in jüngster Zeit[3] im Falle fehlender oder fehlerhafter Antragstellung Nichtigkeit des Verwaltungsaktes annimmt, ohne im konkreten Einzelfall zu untersuchen, ob diese ebenso einfache wie unrichtige Formel dort auch zutrifft. Gewichtige, im Schrifttum vertretene Stimmen,[4] die für bestimmte Fälle oder Fallgruppen eine andere Rechtsfolge fordern, bleiben dabei unberücksichtigt.

Selbst der diesbezügliche Hinweis des Bundessozialgerichts auf die Vorschriften der §§ 40 SGB X und 44 VwVfG geht fehl. Diesen Vorschriften ist nicht zu entnehmen, daß das Fehlen des erforderlichen Antrages ipso iure zur Nichtigkeit des Verwaltungsaktes zu führen hat. Eher das Gegenteil dürfte der Fall sein, denn die

---

1 Der Begriff "Rechtsbehelf" steht im weitesten Sinne für jedes prozessuale Mittel, das der Betroffene zur Verteidigung und Verwirklichung seiner Rechte gegenüber staatlichem Handeln einsetzen kann. Hierunter fällt also auch der Widerspruch. Vgl. zum Begriff auch Pietzner/Ronellenfitsch, Das Assessorexamen im Öffentlichen Recht, § 3 Rdnr.1; Redeker/von Oertzen, VwGO, § 69 Rdnr.1, § 124 Rdnr.1.

2 BSG, NVwZ 1983, 767(768); BaWüVGH, DVBl 1951, 667; HessVGH, MDR 1968, 955 = DÖV 1968, 809

3 Vgl. etwa die nach Inkrafttreten des Verwaltungsverfahrensgesetzes ergangene Entscheidung, BSG, a.a.O.

4 Vgl. dazu im einzelnen die weiter oben dargestellten Stellungnahmen und Einteilungen, 7. Kapitel, B.I.3. und II.

Rechtsfolge der Nichtigkeit soll nur in bestimmten Ausnahmefällen eintreten. Bei der zwischen "Nichtigkeit" und "Anfechtbarkeit" durchzuführenden Abgrenzung sind zunächst die allgemeinen Vorschriften der §§ 43 ff. VwVfG einer genaueren Betrachtung zu unterziehen. Nach § 43 Abs.1 VwVfG tritt die Wirksamkeit des Verwaltungsaktes mit seiner Bekanntgabe gegenüber dem Betroffenen ein. Das Verwaltungsverfahrensgesetz geht weiterhin vom Grundsatz der Anfechtbarkeit aus. Nur ausnahmsweise soll ein Fehler gemäß §§ 44, 43 Abs.3 VwVfG zur Nichtigkeit und damit zur Unwirksamkeit des Hoheitsaktes führen. Das Fehlen des Antrages stellt aber nicht, wie gelegentlich vertreten wird, einen Fehler im Sinne des § 44 VwVfG dar, der unmittelbar zur Nichtigkeit des Verwaltungsaktes führt. Vielmehr ordnet § 45 Abs.1 Nr.1 VwVfG an, daß das Fehlen des erforderlichen Antrages unbeachtlich ist, sofern der Antrag nachträglich gestellt wird. Dieser Befund spricht für die letztgenannte Auffassung, die sich für die Rechtsfolge der Anfechtbarkeit ausspricht. Die generelle Aussage, daß in jedem Falle das Fehlen des Antrages zur Nichtigkeit des Verwaltungsaktes führe, setzt sich über das geltende Verfahrensrecht hinweg.

Gegen die Nichtigkeit als regelmäßige Folge des Fehlens oder der Fehlerhaftigkeit der Mitwirkungshandlung spricht weiterhin eine praktische Erwägung. Es ist nicht einsichtig, warum beispielsweise einem begünstigenden, im Bereich des Sozialrechts ergangenen Verwaltungsakt im Falle defekter Mitwirkung jegliche Rechtswirkungen abgesprochen werden sollten. Durch Nachholung oder Heilung seines Antrages besitzt der Betroffene gemäß § 45 Abs.1 Nr.1 VwVfG bzw. § 41 Abs.1 Nr.1 SGB X die Möglichkeit, den Fehler zu beseitigen, dem Verwaltungsakt zur Rechtmäßigkeit zu verhelfen und die für ihn vorteilhafte Regelung in Anspruch nehmen zu können. Dies erspart weiteren Verwaltungsaufwand, den der erneute Erlaß eines Verwaltungsaktes mit sich bringen würde und fördert somit eine effiziente Verfahrenstätigkeit.

Andererseits scheint der im Schrifttum vorgetragene Einwand gewichtig zu sein, die Annahme der Rechtswidrigkeit beim Fehlen einer erforderlichen Mitwirkungshandlung führe zu der schwer erträglichen Rechtsfolge, daß der Adressat fristgerecht anfechten müsse, um den mit der nicht gewollten Begünstigung verbundenen Rechtspflichten zu entgehen.1) Die Rechtsfolge der Rechtswidrigkeit wird der Bedeutung des gesetzlichen Mitwirkungserfordernisses nicht in allen Fällen gerecht, da das Gesetz auch einem rechtswidrigen Verwaltungsakt Rechtswirksamkeit beimißt. Um die Folgen des rechtswidrigen Verwaltungsaktes abzuwehren, ist der Bürger seinerseits zur Anfechtung gezwungen. Darüber hinaus ist diese Anfechtung innerhalb der in § 70 VwGO bestimmten Frist zu erheben, um nicht den rechtswidrigen Verwaltungsakt in eine gesteigerte Bestandskraft erwachsen zu lassen. Allein das Argument, der Betroffene könne die unerwünschten Folgen durch die Einlegung eines Rechtsmittels abwehren, vermag hier nicht zu überzeugen, zumal sich der in der Regel rechtsunkundige Bürger auch durch eine immanente Anfechtungspflicht angegriffen fühlen dürfte.2)

Damit ist auch der Begründung Kirchhofs zu widersprechen, das historische Bedürfnis an der Nichtigkeit des Verwaltungsaktes sei entfallen, da heute ein umfassender Rechtsschutz die Rechte des Betroffenen gewährleiste. Allein die Verweisung des Bürgers auf den Rechtsweg erscheint zur Abwehr rechtswidriger Verwaltungsakte nicht in allen Fällen als sachgerecht. Beim ausschließlich begünstigenden Verwaltungsakt könnte noch der Hinweis akzeptiert werden, der Betroffene brauche die Begünstigung nicht in Anspruch zu nehmen, wenn er sie nicht wolle. Beim belastenden Verwaltungsakt hingegen, beispielsweise bei der Entlassung aus der Staatsbürgerschaft, zeigen sich Zweifel, ob die Rechte des Betroffenen durch die Rechtsfolge der Anfechtbarkeit hinreichend geschützt werden. Erläßt die Behörde etwa infolge Irrtums eine Entlassungsverfügung, ohne daß der Betroffene jemals einen entsprechenden Antrag gestellt hat, so wäre dieser gehalten, sich der einschlägigen Rechtsbehelfe zu bedienen, um den belastenden Folgen des

---

1 Wolff/Bachof I, § 48 II, S.403.
2 So schon Gitzinger, S.32.

Verwaltungsaktes zu entgehen. Insbesondere bei rechtsunkundigen und unerfahrenen Bürgern stellt bereits die Begründung einer immanenten Anfechtungspflicht einen unzulässigen Eingriff in die Rechtssphäre des Betroffenen dar.

Als Zwischenergebnis ist festzuhalten, daß weder die Auffassung, nach der das Fehlen der Mitwirkungshandlung stets die Nichtigkeit nach sich zieht, noch die Ansicht, nach der das Fehlen der Mitwirkungshandlung durchweg zur Anfechtbarkeit führt, voll überzeugen kann. Deshalb ist als nächstes auf die differenzierenden Aufassungen einzugehen.

Aus der von Wolff/Bachof durchgeführten Unterscheidung zwischen den bei ihnen sogenannten zustimmungsbedürftigen Verwaltungsakten und den Verwaltungsakten auf Unterwerfung lassen sich Unterschiede bezüglich der rechtlichen Folgen eines Defektes der vorgeschriebenen Mitwirkungshandlung nicht ableiten. Bei der Prüfung dieser Rechtsauffassung ist zunächst an die von Wolff/Bachof vorgenommene Differenzierung zu erinnern, wobei dem Sprachgebrauch besondere Beachtung zu widmen ist.1) Etwa der Begriff "Verwaltungsakt auf Unterwerfung" wird dort in einem anderen Sinne gebraucht, als dies in der vorliegenden Untersuchung der Fall ist.2) Während nach Wolff/Bachof beim "zustimmungsbedürftigen Verwaltungsakt" in den genannten Fällen3) ein Defekt der Mitwirkungshandlung nicht die Rechtmäßigkeit, sondern die Wirksamkeit des Verwaltungsaktes beeinflussen soll, wird beim "Verwaltungsakt auf Unterwerfung"4) der Mitwirkungshandlung eine sehr viel geringere Bedeutung zuerkannt. Beim Defekt der Unterwerfungserklärung sei der Verwaltungsakt rechtswidrig und bis zur Aufhebung vorerst wirksam.

---

1 Vgl. dazu 2. Kapitel, B.I.; 7. Kapitel, B.I.2.a)
2 Vgl. 3. Kapitel, A.I.; 4. Kapitel, A. II. 3.b)
3 Einbürgerung, Beamtenernennung, Erlaubnisse, Ausnahmebewilligungen und Dispense.
4 Beispiele: Widmung, Einverständnis mit Verwarnung gem. § 56 Abs.2 OWiG, Rechtsbehelfsverzicht beim mangelhaften Verwaltungsakt.

Bedenken bestehen gegenüber dieser Form der Differenzierung deshalb, weil sachliche Gründe, die dies rechtfertigen könnten, nicht genannt werden und wohl auch nicht vorhanden sind. Auch die Bezugnahme auf die genannten Beispiele gibt noch keinen Hinweis auf die Notwendigkeit einer bestimmten rechtlichen Behandlung. Die Aussage, bei der einen Gruppe sei die Mitwirkungshandlung "rechtsfolgebedingendes", bei der anderen Gruppe "rechtsfolgebegründendes" Tabestandsmoment, scheint willkürlich und sachlich nicht gerechtfertigt. Es ist nicht ohne weiteres einsichtig, warum eine ohne die erforderliche Mitwirkungshandlung erteilte Erlaubnis unwirksam sein soll, während verschiedene, den Betroffenen belastende Verwaltungsakte, wie etwa die Verwarnung gemäß § 56 Abs.2 OWiG und die Pauschalbesteuerung, nicht unwirksam, sondern lediglich anfechtbar sein sollen und ihn damit einer immanenten Anfechtungspflicht aussetzen. Daher kann auch die von Wolff/Bachof vorgeschlagene Differenzierung nicht überzeugen.

Auch der von Hablitzel1) und Franz Mayer2) gewählte Anknüpfungspunkt scheint nicht geeignet, die zwischen Anfechtbarkeit und Unwirksamkeit verlaufende Grenze hinreichend sicher zu bestimmen. Die Fragestellung, "ob bei der in Frage stehenden Verwaltungsfunktion grundsätzlich die Behördeninitiative vorherrsche und die Mitwirkung des Betroffenen keine notwendige ist oder ob Verwaltungsakte dieser Art ausnahmslos von der Mitwirkung des Betroffenen abhängen", ist nicht geeignet, sachliche Unterschiede aufzuzeigen. Es bleibt unklar, in welchen Fällen oder Fallgruppen vom "Vorherrschen der Behördeninitiative" auszugehen ist und aufgrund welcher Kriterien die Prüfung der Frage zu erfolgen hat, ob "die Mitwirkung des Betroffenen eine notwendige ist." Es ist daher nicht sachgerecht, die unterschiedlichen Rechtsfolgen am Grade des Erforderlichseins der Mitwirkungshandlung festmachen zu wollen, solange nicht feststeht, worauf sich dieser graduelle Unterschied gründet. Es gibt kein Gesetz oder eine sonstige Rechts-

---

1 Hablitzel, BayVBl 1974, 392(397).
2 Franz Mayer, Allgemeines Verwaltungsrecht, S.87.

regel, die an dieses "mehr" oder "weniger" eine bestimmte Rechtsfolge knüpfen.

Nach der von Ule/Laubinger vertretenen Auffassung soll im Falle eines fehlenden Antrages Nichtigkeit, bei vorliegender, jedoch defekter Antragstellung, wie sie etwa bei Geisteskrankheit des Antragstellers gegeben sein kann, nur eine Aufhebbarkeit des Verwaltungsaktes anzunehmen sein. Die dazu vorgetragene Begründung, der fehlende Antrag stelle einen offenkundigen, der fehlerhafte Antrag hingegen nur einen versteckten Mangel dar,1) vermag insoweit nicht zu überzeugen, denn das Gesetz verlangt zur Annahme der Nichtigkeit neben der Schwere des Fehlers noch seine Offenkundigkeit. In § 44 Abs.1 VwVfG sind die Tatbestandsmerkmale "Schwere des Fehlers" und "Offenkundigkeit" in der Weise miteinander verknüpft, daß die besondere Fehlerhaftigkeit des Verwaltungsaktes bei verständiger Würdigung aller in Betracht kommenden Umstände offenkundig sein muß.2) Es genügt also nicht, Schwere und Offenkundigkeit des Fehlers gesondert festzustellen. Ein Fehler ist darüber hinaus nur dann besonders schwerwiegend, wenn es mit der rechtsstaatlichen Ordnung unvereinbar erscheint, dem Verwaltungsakt den Anschein der Wirksamkeit oder auch nur eine vorläufige Geltung zu lassen.3) Davon ist jedoch beim Fehlen eines einfachen Antrages nicht ohne weiteres auszugehen.

Festzuhalten ist weiterhin, daß im Schrifttum eine Reihe von differenzierenden Lösungen vorzufinden ist, ohne daß die jeweiligen Autoren das Kriterium, das ihrer Abgrenzung zugrunde liegt, angeben.4) Dies läßt sich beispielsweise anhand der Darstellungen von Wittern5) und Brandel6) nachweisen. Beide gelangen auf der

---

1 Ule/Laubinger, Verwaltungsverfahrensrecht, § 57 IV, S.399; siehe dazu auch 8. Kapitel, A.

2 Stelkens, in: Stelkens/Bonk/Leonhardt, VwVfG § 44, Rdnr.12.

3 Klappstein, in: Knack, VwVfG, § 44 Rdnr. 4.1

4 Vgl. etwa: Obermayer, VwVfG, § 44 Rdnr.30,41, § 45 Rdnr.8; Schmalz, Allgemeines Verwaltungsrecht, Teil 1, S.175; Suckow, Allgemeines Verwaltungs- und Verfahrensrecht, Anm. 4.2.3.5., S.40.

5 Wittern, Grundriß des Verwaltungsrechts, § 8 III 3., S.114.

Grundlage der Wolff'schen Einteilung zu unterschiedlichen Rechtsfolgen. Wittern differenziert zwischen "mitwirkungsbedürftigen Verwaltungsakten"1) und "Verwaltungsakten auf Unterwerfung". Bei der erstgenannten Gruppe sei von der schwebenden Unwirksamkeit des ohne die erforderliche Mitwirkungshandlung erlassenen Verwaltungsaktes auszugehen, wenn der Antrag des Betroffenen noch nachgeholt werden könne. Ansonsten führe das Fehlen eines wirksamen Antrages zur Nichtigkeit des Verwaltungsaktes.

Brandel differenziert zwischen "Verwaltungsakten, die einen Antrag oder Zustimmung des Bürgers voraussetzen" und "Verwaltungsakten, deren Rechtswirksamkeit von der Übernahme einer Verpflichtung durch den Bürger abhängt". Fehle die erforderliche Mitwirkungshandlung des Bürgers, sei der Verwaltungsakt rechtswidrig mit der Möglichkeit der Heilung, es sei denn, daß er ausnahmsweise wegen der Bedeutung der unterlassenen Mitwirkungshandlung nichtig sei.

Allein die Feststellung, das Fehlen der Mitwirkungshandlung führe hier oder dort zu der einen oder anderen Rechtsfolge, vermag bei der Suche nach einer sachgerechten Lösung nicht weiterzuhelfen, solange unklar ist, aus welchen Gründen die jeweiligen Autoren ihre Ansicht zu der von ihnen vorgeschlagenen Rechtsfolge vertreten. Den Ausführungen von Brandel etwa ist nicht zu entnehmen, ob die vorgeschlagene Rechtsfolge auch für die zweitgenannte Untergruppe gelten soll und diese Verwaltungsakte damit als rechtswidrig und rechtsunwirksam oder mit Wolff/Bachof als lediglich rechtswidrig und (bis zu einer möglichen Aufhebung) vorerst wirksam zu betrachten sind.2)

Demgegenüber könnte aber bei der Frage nach der Bedeutung der Mitwirkungshandlung an die von einigen Autoren geforderte

---

6 Brandel, in: Schweickhardt, Allgemeines Verwaltungsrecht, 4. Aufl., Rdnr.369 ff.

1 Wolff/Bachof I, § 48 I, II, S.402 f., bezeichnen diese Gruppe als zustimmungsbedürftige Verwaltungsakte.

2 Ebenso unklar immer noch Brandt in der 5. Aufl., a.a.O.

Ungleichbehandlung begünstigender und belastender Verwaltungsakte anzuknüpfen sein. Gegen eine unterschiedliche Behandlung begünstigender und belastender Verwaltungsakte wird jedoch eingewandt, daß ein Grundsatz, der eine solche Differenzierung fordern könne, nicht bestehe. Die allgemeine Behauptung, daß an den begünstigenden Verwaltungsakt geringere Anforderungen zu stellen seien, fände im geltenden Verwaltungsrecht keine Stütze.1) Für die zwischen Anfechtbarkeit und Nichtigkeit vorzunehmende Entscheidung sei die Schwere des Fehlers entscheidend. Und bei deren Bestimmung sei auf die staatliche Ordnung einerseits sowie auf das individuelle Interesse des Betroffenen andererseits abzustellen.2)

Dazu muß festgestellt werden, daß, wie Forsthoff zutreffend ausführt, eine gesetzliche Regelung, die im Hinblick auf die Funktion der Mitwirkungshandlung an begünstigende und belastende Verwaltungsakte unterschiedliche Anforderungen knüpft, nicht besteht. Man kann jedoch davon ausgehen, daß nach geltendem Verwaltungsrecht und herrschendem Rechtsverständnis eine grundsätzliche Unterscheidung zwischen begünstigenden und belastenden Verwaltungsakten vorgenommen wird.

Diesem Umstand trägt auch der Gesetzgeber Rechnung, indem er in einer Vielzahl gesetzlicher Vorschriften dieser Unterscheidung Geltung verleiht. So treffen beispielsweise §§ 48, 49 VwVfG, 130, 131 AO und 44, 45 SGB X jeweils unterschiedliche Rücknahme- bzw. Widerrufsregelungen für begünstigende und belastende Verwaltungsakte. Eine unterschiedliche Behandlung begünstigender und belastender Verwaltungsakte wird nach herrschender Lehre auch im Hinblick auf die Geltung des Gesetzesvorbehaltes durchgeführt. Während der Gesetzesvorbehalt im Bereich der Eingriffsverwaltung

---

1 Forsthoff, Lehrbuch des Verwaltungsrechts, Band 1, Allgemeiner Teil, S.213 in Fn.4); ebenso Heberlein, S.266, und F. Haueisen, Die Voraussetzungen der Rechtswidrigkeit eines Verwaltungsaktes, NJW 1960, 1881(1882); beide jedoch ohne nähere Begründung.

2 Forsthoff, a.a.O., S.226.

allgemein anerkannt ist, ist seine Geltung für den Bereich der Leistungsverwaltung umstritten. Aus diesen Erwägungen ergibt sich jedoch eine allgemeine Privilegierung des begünstigenden Verwaltungsaktes gegenüber dem belastenden.

Damit könnte im Ergebnis derjenigen Meinung beizupflichten sein, die bei der Bewertung der Rechtsfolgen auf den Inhalt des Verwaltungsaktes abstellt. Die geforderte Ungleichbehandlung begünstigender und belastender Verwaltungsakte könnte in der Tat damit zu begründen sein, daß dann, wenn jemand mit einer antragsbedürftigen Beschwer belastet werde, sowohl sein Individualinteresse als auch die rechtsstaatliche Ordnung stärker beeinträchtigt würden, als dies bei einer antragsbedürftigen Begünstigung der Fall sei.1) Unterstellt man die Richtigkeit dieser Annahme, so folgt daraus, daß beim belastenden Verwaltungsakt die fehlende oder fehlerhafte Mitwirkung zur Nichtigkeit, beim begünstigenden Verwaltungsakt hingegen nur zur Rechtswidrigkeit führt.

Diese Lösung kann jedoch ebenfalls noch nicht endgültig akzeptiert werden. Sie erscheint insgesamt noch zu indifferenziert, weil sie wichtige Besonderheiten nicht beachtet. Etwa ist unklar geblieben, auf wessen Sichtweise bei der Abgrenzung zwischen begünstigenden und belastenden Verwaltungsakten abzustellen ist. Weiterhin ist zu klären, welches Schicksal ein Verwaltungsakt erleidet, der gleichermaßen begünstigende und belastende Elemente enthält. Auch müßte Berücksichtigung finden, zu welchem Zeitpunkt die Fehlerhaftigkeit eintritt und was zu geschehen hat, wenn in der Person des Betroffenen nach Vornahme seiner Mitwirkungshandlung ein Sinneswandel eingesetzt hat und er nunmehr der ehemals erstrebten Regelung entgehen möchte. Damit ist als weiteres Zwischenergebnis festzuhalten, daß auch die zur Abgrenzung zwischen Nichtigkeit und Anfechtbarkeit vorgeschlagenen differenzierenden Lösungen abschließend nicht überzeugen können. Demzufolge bedarf es noch einer Auseinandersetzung mit der im

1 Bulling, DÖV 1962, 378 ff.

Schrifttum vertretenen Ansicht, ein Defekt der Mitwirkungshandlung mache den Verwaltungsakt "schwebend unwirksam".

Während diese Rechtsfolge, die neben Rechtswidrigkeit und Rechtsunwirksamkeit als Fehlerfolge in Betracht kommt, mitunter überhaupt nicht in die Untersuchung einbezogen wird,1) besteht zwischen den Autoren, die sich mit dieser Rechtsfolge befassen, Streit über ihre Zulässigkeit. Dieser Meinungsstreit beschäftigt sich mit zwei gesonderten Problemen. Gegenstand der Diskussion ist einerseits die Frage, ob für bestimmte Fälle oder Fallgruppen für die Anerkennung dieser Rechtsfolge überhaupt ein praktisches Bedürfnis nachgewiesen werden kann; andererseits findet eine Auseinandersetzung über ihre rechtliche Zulässigkeit statt. Bevor anhand von Beispielsfällen in eine Erörterung von Detailfragen eingetreten werden kann, ist zunächst die entscheidende Vorfrage zu klären, ob eine schwebende Unwirksamkeit des Verwaltungsaktes mit der geltenden Rechtslage, insbesondere im Hinblick auf die Regelungen der §§ 43 ff. VwVfG, in Einklang steht.

Teilweise wird diese Rechtsfolge für zulässig erachtet.2) Zum Teil wird aber auch die Ansicht vertreten, ein ohne den erforderlichen Antrag ergangener Verwaltungsakt sei nichtig oder anfechtbar, niemals könne er schwebend unwirksam sein.3) Die Vorschriften des § 43 VwVfG und des § 45 Abs.1 VwVfG, der eine Heilungsmöglichkeit beinhalte, stellten eine abschließende Regelung dar, die für eine schwebende Unwirksamkeit keinen Raum mehr lasse.4) Das Verwaltungsrecht kenne nicht wie das Bürgerliche Recht eine schwebende Unwirksamkeit, die durch nachträgliche Genehmigung oder Zustimmung geheilt werden könne.5) Die Existenz eines Verwaltungsaktes, dessen äußere Wirksamkeit infolge einer

---

1 Vgl. Braun/Kanzok, Allgemeines Verwaltungsrecht, Rdnr. 203; Klaus Müller, Allgemeines Verwaltungsrecht, S.136 f.
2 Dazu 7. Kapitel, B.I.3.
3 Stelkens, in: Stelkens/Bonk/Leonhardt, VwVfG, § 45 Rdnr.6.
4 Klappstein, in: Knack, VwVfG, § 43 Anm.2.2; Stelkens, in: Stelkens/Bonk/Leonhardt, VwVfG, § 43 Rdnr. 15a; ders., NuR 1985, 213(220)
5 Kopp, VwVfG, § 43 Rdnr.27, a.A. noch in der 2. Auflage.

privaten Erklärung in der Schwebe bleibe, sei aus Gründen der Rechtssicherheit nicht anzuerkennen.1) Die Rechtsfolge der schwebenden Unwirksamkeit sei mit der geltenden Rechtslage aufgrund der §§ 43 ff. VwVfG nicht vereinbar.2)

Die Rechtsprechung hat sich zur Zulässigkeit der Rechtsfolge der schwebenden Unwirksamkeit eher sibyllinisch geäußert und eine eindeutige Stellungnahme vermieden.3) Einigen Entscheidungen, denen jedoch andere Problemstellungen zugrunde liegen, ist zu entnehmen, daß auch das Bundesverwaltungsgericht die Rechtsfolge der schwebenden Unwirksamkeit anerkennt.4) So findet sich etwa die Feststellung, "in Rechtsprechung und Schrifttum werde überwiegend die Auffassung vertreten, ein ohne Antrag des Betroffenen ergangener Bescheid sei bis zur Nachholung des Antrages schwebend unwirksam", der jedoch nicht der Hinweis folgt, ob dieser Auffassung auch zu beizupflichten sei.5)

Bei der Untersuchung der Zulässigkeit dieser Rechtsfolge ist zunächst auf die allgemeinen Regelungen der Verfahrensgesetze abzustellen. Eine erneute Betrachtung der bereits erörterten einschlägigen Vorschriften der §§ 43 ff. VwVfG, 39 ff.SGB X und 118 ff. AO zeigt, daß diese im Hinblick auf eine mögliche schwebende Unwirksamkeit des Verwaltungsaktes keine Anordnungen treffen. Ausdrücklich ist diese Rechtsfolge damit weder vorgesehen noch ausgeschlossen. Die Verfahrensgesetze sprechen sich für den Grundsatz der Anfechtbarkeit aus und erkennen für den Bereich bestimmter Ausnahmefälle auch die Rechtsfolge der Nichtigkeit an. Daraus ist jedoch noch nicht zu folgern, diese Vorschriften ent-

---

1 Kirchhof, DVBl 1985, 651(659); im Ergebnis ebenso: Krause, VerwArch 61 (1970), 297(310).

2 Hoffmann, DVBl 1977, 514(516 f.); Th. Elster, Begünstigende Verwaltungsakte mit Bedingungen, Einschränkungen und Auflagen, Göttingen 1979, S.67 f.; Kirchhof, DVBl 1985, 651(659); Klappstein, in: Knack, VwVfG, § 43 Rdnr. 2.2; Kopp, VwVfG, § 43 Rdnr.27; Stelkens, NuR 1985, 213 (220); ders. in: Stelkens/Bonk/Leonhardt, VwVfG, § 43 Rdnr.15a, § 44 Rdnr.9.

3 Bewußt offen gelassen: BVerwGE 30, 185(187)

4 Vgl.BVerwGE 30, 185(187); NJW 1982, 2273

5 BVerwG, NJW 1982, 2273; ähnlich auch BVerwGE 11, 195(198).

hielten eine abschließende Regelung, die für eine schwebende Unwirksamkeit keinen Raum mehr lasse.1)

Sachs2) hat überzeugend dargelegt, daß die Subsidiaritätsklausel des § 1 Abs.1 VwVfG der Geltung spezialgesetzlicher Vorschriften nicht entgegensteht. Die Rechtsfolge der schwebenden Unwirksamkeit werde durch die Regelung der §§ 43 ff. VwVfG nicht ausgeschlossen, denn diese enthielten keine abschließende Regelung. Die Subsidiaritätsklausel des § 1 VwVfG lasse den Bestand gesetzlicher Sonderregeln unberührt. Den jeweils einschlägigen Einzelvorschriften sei zu entnehmen, welche Rechtsfolge ein Fehlen der Mitwirkungshandlung für den Verwaltungsakt habe.3)

Dieser Auffassung ist beizupflichten, denn der allgemeine Geltung besitzende Grundsatz "lex specialis derogat legi generali" erfährt durch die Vorschriften der §§ 43 ff. VwVfG keine Einschränkung. Demzufolge ist aufgrund allgemeiner Überlegungen zu ermitteln, ob die jeweilige Ausgestaltung der das Mitwirkungserfordernis enthaltenden Einzelvorschrift eine schwebende Unwirksamkeit des Verwaltungsaktes zuläßt oder ausschließt.

Die Rechtsfolge der schwebenden Unwirksamkeit erscheint allerdings problematisch, solange unklar bleibt, wann ein einmal eingetretener Schwebezustand endet. Die Annahme einer Anfechtbarkeit statt einer schwebenden Unwirksamkeit vermeidet die "Hängepartien", die ein unredlicher oder zögernder Adressat auslösen kann, indem er nach Erlaß des Verwaltungsaktes keine Entscheidung herbeiführt, um sich quasi eine "Anwartschaft" auf das Recht zu erhalten, das er mit Vornahme seiner Mitwirkungserklärung endgültig erwerben könnte.4) Die Behörde hingegen wäre an den von ihr erlassenen rechtmäßigen Verwaltungsakt gebunden und könnte ihn allenfalls unter den erschwerten Bedingungen des § 49

---

1 So aber Kirchhof, DVBl. 1985, 651(659); Klappstein, in: Knack, VwVfG, § 43 Anm. 2.2.
2 Sachs, VerwArch 76 (1985), 398(406)
3 Sachs, VerwArch 76 (1985), 398(406).
4 Kirchhof, DVBl.1985, 651(659 f.)

Abs.2 VwVfG widerrufen. Ein derartiger unbegrenzter Schwebezustand ist daher aber im Interesse der Rechtssicherheit und im Interesse eines effektiven Verwaltungsverfahrens nicht anzuerkennen.

Für den Fall der Beamtenernennung böte eine zeitlich unbegrenzte schwebende Unwirksamkeit des Verwaltungsaktes für den Betroffenen die Möglichkeit, noch nach Jahren seine Unterwerfungserklärung abzugeben und somit dem Hoheitsakt zur endgültigen Wirksamkeit zu verhelfen und seine Ernennung möglicherweise sogar mit ex-tunc-Wirkung herbeizuführen. Dies genügt jedoch nicht der Forderung nach Rechtssicherheit und schafft ein Wirkungsverhältnis von Mitwirkungshandlung und Verwaltungsakt, bei dem der Staatswille gleichwertig neben dem des Betroffenen steht. Die Gleichwertigkeit des Willens beider Parteien kennzeichnet jedoch typischerweise den öffentlich-rechtlichen Vertrag, nicht aber den Verwaltungsakt, der sich nach dem Willen des Gesetzgebers dadurch auszeichnet, daß der Staatswille das Übergewicht besitzt.

Gegen die Rechtsfolge der Anfechtbarkeit und für eine (schwebende) Unwirksamkeit des Verwaltungsaktes spricht die Interessenlage des Betroffenen, gegenüber dem ein mitwirkungsbedürftiger belastender Verwaltungsakt erlassen wurde. Die Rechtssphäre des Betroffenen wird nicht nur durch die damit verbundene immanente Anfechtungspflicht beeinträchtigt, sondern er läuft darüber hinaus Gefahr, daß sich die durch den Verwaltungsakt geschaffene Rechtslage durch den Ablauf der gesetzlichen Anfechtungsfristen "verfestigt". Solange relativ unbedeutende Rechtspositionen des Betroffenen beeinträchtigt zu werden drohen, läßt sich diesem Umstand noch mit der Forderung nach Rechtssicherheit und Verfahrenseffizienz begegnen. In anderen Fällen aber, in denen Leben, Gesundheit und Freiheit des Betroffenen zur Disposition stehen, bietet die Rechtsfolge der Anfechtbarkeit keinen ausreichenden Rechtsschutz. Das folgende Beispiel der Einberufung eines Minderjährigen in den Wehrdienst zur Bundeswehr macht dies deutlich.

Gemäß § 21 WPflG hat sich der Wehrpflichtige entsprechend dem Einberufungsbescheid zum Wehrdienst in der Bundeswehr zu stellen. Ein Fehler des Verwaltungsaktes, der beispielsweise in der Mißachtung der Ausnahmevorschriften der §§ 9 ff. WPflG seinen Ursprung haben kann, macht diesen lediglich rechtswidrig und anfechtbar, hat jedoch auf seine Rechtswirksamkeit keinen Einfluß. Diese wird nicht einmal durch die Einlegung eines Widerspruchs oder durch die Erhebung einer verwaltungsgerichtlichen Klage beeinträchtigt, denn gemäß § 33 Abs.5 S.2 bzw. § 35 Abs.1 WPflG haben weder der Widerspruch noch die gegen den Einberufungsbescheid erhobene Anfechtungsklage aufschiebende Wirkung. Dieses Ergebnis entspricht dem ausdrücklichen Willen des Gesetzgebers und ist für den Regelfall der Einberufung auch sachgerecht. Es besteht kein Anlaß, die Wirksamkeit des Verwaltungsaktes von einer Mitwirkungshandlung des Betroffenen abhängig machen zu wollen, denn es handelt sich hierbei nicht um einen mitwirkungsbedürftigen Verwaltungsakt.1)

Anders liegen die Dinge jedoch dann, wenn es sich um die Einberufung eines Minderjährigen handelt. Nach § 5 Abs.1 S.5 WPflG kann ein Minderjähriger nach Vollendung des siebzehnten Lebensjahres auf seinen Antrag hin zum Grundwehrdienst herangezogen werden. Der Antrag bedarf der Zustimmung des gesetzlichen Vertreters. Ist jedoch ein Defekt der Mitwirkungshandlung festzustellen, etwa weil es an der Antragstellung des Betroffenen oder an der Zustimmung seines gesetzlichen Vertreters fehlt, so fragt sich, welche Rechtsfolge einzutreten hat. Es kommen hier "Nichtigkeit", "Anfechtbarkeit" und "schwebende Unwirksamkeit" in Betracht.

Die Auffassung, ein Defekt der Mitwirkungshandlung führe zur Anfechtbarkeit des Einberufungsbescheides,2) erscheint insbesondere dann bedenklich, wenn der Betroffene niemals einen Antrag

---

1 So auch Steinlechner, in Scherer/Steinlechner, WPflG, § 21 Rdnr.8

2 Steinlechner, in: Scherer/Steinlechner, WPflG, § 5 Rdnr. 47.

gestellt hat und die Einberufung auf einen Irrtum der Behörde zurückzuführen ist. Auch für diesen Fall schließen §§ 33 Abs.5 S.2, 35 Abs.1 WPflG1) den Suspensiveffekt von Widerspruch und Anfechtungsklage aus. Der Betroffene hat dem Verwaltungsakt Folge zu leisten und ist darauf beschränkt zu hoffen, daß die Rücknahme des Bescheides durch die Behörde (rechtzeitig) erfolgt.

An diesem Beispiel tritt der zwischen mitwirkungsbedürftigen und mitwirkungsfreien Verwaltungsakten bestehende Unterschied deutlich hervor. Bei einem mitwirkungsbedürftigen Verwaltungsakt, der mit gravierenden Folgen für den Betroffenen verbunden ist, zeigt sich, daß die Annahme der Rechtsfolge der Anfechtbarkeit seinen rechtlich geschützten Interessen nicht hinreichend gerecht wird und darüber hinaus dem gesetzlichen Mitwirkungserfordernis nicht genügend Rechnung trägt.

Andererseits ist schwer verständlich, warum dem erlassenen Hoheitsakt von vornherein jegliche Rechtswirkungen abgesprochen werden sollten. Aus diesem Grunde erscheint auch die Rechtsfolge der Nichtigkeit bedenklich, denn sie beraubt den Betroffenen der Möglichkeit, durch eine Nachholungs- oder Heilungshandlung einen Mitwirkungsakt herzustellen, der dem gesetzlichen Mitwirkungserfordernis genügt. Aus diesen Gründen scheint die Rechtsfolge der schwebenden Unwirksamkeit eine sachgerechte Lösung darzustellen. Es ist jedoch erforderlich, die Dauer des Schwebezustandes einer zeitlichen Befristung zu unterwerfen. Nimmt der Betroffene seine erforderliche Mitwirkungshandlung vor, so verhilft er dem bis dahin schwebend unwirksamen Verwaltungsakt zu dessen endgültiger Wirksamkeit. Unterbleibt die erforderliche Mitwirkungshandlung, so tritt nach Ablauf einer Monatsfrist (§§ 70, 74 VwGO analog) endgültige Unwirksamkeit (§§ 43 Abs.3, 44 Abs.1, 45 Abs.1 Nr.1 VwVfG analog) ein. Der Lauf der Frist beginnt mit dem Zeitpunkt der Bekanntgabe des Verwaltungsaktes gegenüber dem Betroffenen (§ 43 Abs.1 VwVfG).

---

1 Ebenso die Parallelvorschrift des § 74 ZDG.

Auch der verfahrensökonomische Gewinn, den diese Rechtsfolge bietet, ist unübersehbar. Die Annahme der Nichtigkeit würde dazu führen, daß die Behörde im Falle nachträglich erfolgter Mitwirkung einen zweiten Verwaltungsakt erlassen müßte. Diesen doppelten Verwaltungsaufwand erspart die Rechtsfolge der schwebenden Unwirksamkeit, indem sie dem Betroffenen gestattet, in den Erstakt einzuwilligen und diesem zur Wirksamkeit zu verhelfen.

Das so gewonnene Ergebnis weist eine starke Ähnlichkeit mit den Ausführungen Rudolf Elleringmanns zum "zustimmmungsbedürftigen Verwaltungsakt" auf.1) Schon Elleringmann erkannte, daß die Rechtsfolge der Anfechtbarkeit die Bedeutung der Mitwirkungshandlung unter-, die Rechtsfolge der Nichtigkeit die Bedeutung der Mitwirkungshandlung jedoch überschätzt. Diese Erkenntnis ist auch im Hinblick auf das geltende Verwaltungsverfahrensrecht aufrechtzuerhalten. Damit ist zunächst einmal nur die Feststellung getroffen, daß die Rechtsfolge der schwebenden Unwirksamkeit zulässig ist und für ihre Anerkennung ein Bedürfnis nachgewiesen werden kann.

Da sich aus den genannten Gründen eine pauschalierende Lösung verbietet, ist eine differenzierende Lösung zu erarbeiten. Zwischen der Nichtigkeit und der Aufhebbarkeit eines Verwaltungsaktes besteht keine begriffliche Grenze in dem Sinne, daß sich theoretisch und allgemein ausmachen ließe, welche Fehlerarten die eine, welche die andere Folge notwendig nach sich ziehen.2) Die Frage, wie sich ein Fehlen oder die Fehlerhaftigkeit einer Mitwirkungshandlung auf den Verwaltungsakt auswirkt und dessen Rechtsbestand beeinflußt, kann also nicht mit einem klaren Ja oder Nein beantwortet werden. Die richtige Antwort muß für den Einzelfall individuell bestimmt werden. Der Entscheidungsprozeß

---

1 Siehe dazu 2. Kapitel, A.III., S.33, und 7. Kapitel, A.III., S.142.

2 Forsthoff, Lehrbuch des Verwaltungsrechts, Band 1, Allgemeiner Teil, S.226.

wird durch ein hochdifferenziertes kompliziertes System von Rechtssätzen gesteuert, welches widerstreitende Prinzipien wie Gesetzmäßigkeit, Rechtssicherheit, Vertrauensschutz, öffentliches Interesse usw. in eine ausbalancierte Konkordanz bringt. Die zu ermittelnde Antwort kennt kein "Entweder/Oder", sondern nur ein "Sowohl/Als auch".1) Daher soll im folgenden versucht werden, das weiter oben entwickelte System der mitwirkungsbedürftigen Verwaltungsakte durch eine Systematik der Rechts- und Fehlerfolgen zu ergänzen.

1 F. Ossenbühl, Eine Fehlerlehre für untergesetzliche Normen, NJW 1986, 2805

8. Kapitel

Das System der rechtlichen Folgen fehlender oder fehlerhafter Mitwirkung nach hier vertretener Auffassung

A. Die Rechtsfolgen fehlender oder fehlerhafter formell-rechtlicher Mitwirkung

Immer dann, wenn die Mitwirkungshandlung ein formell-rechtliches Element aufzuweisen hat, weil das Gesetz die Rechtsmacht zur Verfahrenseinleitung dem Privaten zugewiesen hat, ist bei dessen Fehlen von einem Verfahrensfehler auszugehen. Dieser Fehler führt gemäß §§ 43 ff. VwVfG zur Anfechtbarkeit des Verwaltungsaktes. Wird dieser Fehler durch eine entsprechende Nachholungs- oder Heilungshandlung beseitigt, so führt dies nach der Heilungsvorschrift des § 45 Abs.1 Nr.1 VwVfG zu seiner Unbeachtlichkeit. Einer der in § 44 Abs.2 VwVfG aufgeführten Nichtigkeitsgründe greift hier erkennbar nicht ein. Auch die Voraussetzungen des § 44 Abs.1 VwVfG werden im Regelfall nicht gegeben sein, denn ein unter Verstoß von Form- und Verfahrensvorschriften ergangener Verwaltungsakt stellt aus der Sicht des aufmerksamen und verständigen Durchschnittsbetrachters1) regelmäßig keinen schwerwiegenden Fehler dar.2) Weder das Fehlen noch die Fehlerhaftigkeit der formell-rechtlichen Mitwirkungshandlung sind aus dem erlassenen Verwaltungsakt erkennbar, so daß es hier regelmäßig an der von § 44 Abs.1 VwVfG geforderten Offenkundigkeit fehlt.

Die Annahme der Nichtigkeit im Falle fehlender formeller Antragstellung würde den Betroffenen contra legem der Möglichkeit berauben, den erforderlichen Antrag nachträglich zu stellen, denn dieses sieht § 45 Abs.1 Nr.1 VwVfG ausdrücklich vor. Nach dem

---

1 Vgl. BVerwGE 19, 284(287); BVerwG, NJW 1971, 578; MDR 1978, 79(80)

2 So aber H. Pickel, Fehlerhafte Verwaltungsakte, SGb. 1985, 532(533), der die mangelnde Mitwirkung beim mitwirkungsbedürftigen Verwaltungsakt als besonders schwerwiegenden Fehler ansieht, dabei jedoch nicht zwischen formeller und materieller Mitwirkung unterscheidet.

eindeutigen Willen des Gesetzgebers ist daher auch ein fehlender Antrag regelmäßig nicht als Nichtigkeitsgrund zu behandeln. Gleiches gilt für den fehlerhaften Antrag. Ist der formelle Antrag unzulässig oder unwirksam, also fehlerhaft, so ist dieser wie ein fehlender Antrag zu behandeln; beide lassen keine Sachentscheidung zu. Entsprechend der Systematik der §§ 43 ff. VwVfG führt ein Verfahrensfehler lediglich zur Anfechtbarkeit des Hoheitsaktes. Diese Rechtsfolge wird damit vom Gesetz in Fällen eines formell-rechtlichen Defekts der Mitwirkungshandlung eindeutig präferiert. Nur in Ausnahmefällen soll Nichtigkeit eintreten. Ein unter Verletzung von Verfahrensvorschriften zustande gekommener Verwaltungsakt ist daher allenfalls rechtswidrig und anfechtbar, wenn und soweit nicht § 46 VwVfG die gänzliche Unbeachtlichkeit des Fehlers anordnet.1)

Ein Ausnahmefall ist nur bei Vorliegen besonderer Voraussetzungen anzunehmen, wie etwa dann, wenn der Verwaltungsakt inhaltlich auf den Antrag oder seine Anlagen, insbesondere Pläne, Zeichnungen oder Erläuterungen, Bezug nimmt, ein Antrag einschließlich der genannten Unterlagen aber gar nicht vorlag.2) Als Beispiel kann hier das Verfahren nach § 10 BImSchG genannt werden. Aus der Regelung des § 10 Abs.1, 3, 4, 6, 7 BImSchG geht hervor, daß das Fehlen des Antrages bei Würdigung aller in Betracht kommenden Umstände einen besonders schwerwiegenden und offenkundigen Fehler darstellt,3) der zur Nichtigkeit des Verwaltungsaktes führt.

---

1 Vgl. dazu im einzelnen F. Hufen, Heilung und Unbeachtlichkeit grundrechtsrelevanter Verfahrensfehler?, NJW 1982, 2160; H.-W. Laubinger, Heilung und Folgen von Verfahrens- und Formfehlern, VerwArch 72 (1981), 333 ff.; H.H. Rupp, Bemerkungen zum verfahrensfehlerhaften Verwaltungsakt, in: Festschrift für Otto Bachof, S.151 ff. W.-R. Schenke, Der verfahrensfehlerhafte Verwaltungsakt gemäß § 46 VwVfG, DÖV 1986, 305 ff.; W.Skouris, Die Rücknahme form- und verfahrensfehlerhafter Verwaltungsakte, NJW 1980, 1721 ff.

2 Gusy, BayVBl. 1985, 484(490)

3 C.H. Ule, Die Bedeutung des Verwaltungsverfahrensgesetzes für das Bundes-Immissionsschutzgesetz, DVBl 1976, 729 ff.

B. Die Rechtsfolgen fehlender oder fehlerhafter materiell-rechtlicher Mitwirkung

Welche Auswirkungen eine fehlende oder fehlerhafte materiell-rechtliche Mitwirkung auf den Rechtsbestand des Verwaltungsaktes hat, ist eine weitere Frage. Mit der Feststellung, daß das Gesetz in bestimmten Fällen eine materielle Form der Mitwirkung fordert, ist noch keine Aussage darüber getroffen, wie sich deren Fehlen oder Fehlerhaftigkeit auf den Rechtsbestand des Hoheitsaktes auswirken. Bei der Beantwortung dieser Frage ist zunächst daran zu erinnern, daß das Erfordernis materieller Mitwirkung des Privaten beim Erlaß eines ihn betreffenden Verwaltungsaktes auf die Geltung des Autonomieprinzips zurückzuführen ist. Danach rechtfertigt sich hoheitliches Handeln in den hier zu untersuchenden Fallgruppen nicht allein durch geltendes Recht, sondern ist darüber hinaus vom Willen des Betroffenen abhängig.[1]

Die zunehmende Intervention des Staates in die Rechtssphäre des Bürgers hat für diesen ein gesteigertes Schutzbedürfnis zur Folge. Im modernen Leistungs- und Sozialstaat hat die Verwaltung eine Aufgabenerfüllung übernommen, die das ehemals vorherrschende einfache binäre Schema von Ordnung und Unordnung längst hinter sich gelassen hat. Lediglich im Rahmen der Ordnungs- und Eingriffsverwaltung ist das geltende Recht noch in der Lage, überschaubare Lösungen anzubieten. Die klare Formulierung von Tatbestand und Rechtsfolge ermöglicht hier dem Staat ein Tätigwerden im Verhältnis zum Bürger, bei dem das Entscheidungsergebnis gesetzlich vorbestimmt ist. Auf dem Gebiet der Sozialgestaltung und Sozialverwaltung hingegen ist der Staat nicht mehr imstande, seine Ziele mit den ihm eigenen Instrumenten von Befehl und Zwang durchzusetzen, sondern muß sich indirekt wirkender Mittel, wie Information, Überzeugung und Anreiz bedienen. Dies hat zur Folge, daß der einzelne gegenüber dem Staat in eine Position gelangt, die es ihm erlaubt, das Ergebnis administrativer Entscheidungsprozesse zu beeinflussen. Derartige Entscheidungen sind nur noch

---

1 Dazu 1. Kapitel, A. und B. II.

der äußeren Form nach administrative. Ihr Wesensgehalt - und auf diesen kommt es an - besteht aus einer unauflösbaren Gemengelage von Faktoren, die öffentlich-rechtlicher und privat-rechtlicher Natur sein können.1) Die Rechtssphären von Bürger und Staat sind demzufolge nicht mehr trennscharf voneinander abzugrenzen. Daher ist sicherzustellen, daß die Erfüllung veränderter Staatsaufgaben nicht dazu führt, den Umfang des privaten Freiheitsraumes zu schmälern. Dieses Ziel ist aber nur dann zu erreichen, wenn die subjektiven Rechte und Interessen des Betroffenen bereits im Verwaltungsverfahren Anerkennung finden.2)

Bei der Gestaltung des Verwaltungsverfahrens bildet die Beteiligung des einzelnen eine aus dessen Grundrechten abgeleitete positive Leistung des Staates. Der Anspruch auf Mitwirkung ist nicht Eingriffsabwehr, sondern Leistungsbegehren.3) Das gesetzliche Erfordernis nach Mitwirkung dient damit der Sicherung sachgerechter Verwaltungsverfahren. Diese Verfahrenssicherung wiederum erfüllt keinen Selbstzweck, sondern ist Mittel zum Zweck grundrechtskonformer Sachentscheidungen, denn es erscheint sachwidrig, die Grundrechte des einzelnen anzuerkennen und dabei ein Verwaltungsverfahren durchzuführen, das diese ignoriert. Das Recht des Privaten auf Mitwirkung an ihn betreffenden Entscheidungsprozessen der öffentlichen Verwaltung korrespondiert mit seinem status activus processualis,4) der ihm diese Beteiligung schon im Verwaltungsverfahren sichert. Dieser Status ist immer dann beeinträchtigt, wenn materielle Grundrechte des einzelnen durch staatliche Verfahrenshandlungen bedroht oder beeinträchtigt werden, wie es etwa der Fall ist, wenn sein Leistungsbegehren auf

---

1 D. Grimm, Verfahrensfehler als Grundrechtsverstöße, NVwZ 1985, 865(866)

2 Ähnl. F. Hufen, Fehler im Verwaltungsverfahren, S.127 f.

3 Grimm, NVwZ 1985, 865(869)

4 Dazu grundlegend J. Held, Der Grundrechtsbezug des Verwaltungsverfahrens, Diss.jur. Bonn 1984; P. Häberle, Grundrechte im Leistungsstaat, VVDStRL 30 (1972), 43 (86 ff.). Den Ausgangspunkt dieser Diskussion bildet der sog. Mühlheim-Kärlich-Beschluß des Bundesverfassungsgerichts, BVerfGE 53, 30 (65 f., 74 ff.).

Mitwirkung unbeachtet bleibt. Die Geltendmachung von Beteiligungsrechten an mitwirkungsbedürftigen Verwaltungsentscheidungen stellt materielle Mitwirkung dar, da der Betroffene damit festlegt, in welcher Art und Weise er einen erlassenen oder zu erlassenden Verwaltungsakt für oder gegen sich gelten lassen will. Weist diese Mitwirkung einen Defekt auf, so muß dieser Umstand im rechtlichen Bestand des Verwaltungsaktes seinen Niederschlag finden. In welchem Umfang dies der Fall zu sein hat, ist nach den erarbeiteten Grundsätzen auch von seinem Inhalt abhängig.1) Daher sind auch hier begünstigende und belastende Verwaltungsakte zu unterscheiden.

I. Der Inhalt des Verwaltungsaktes als Abgrenzungskriterium

1. Begünstigende und belastende Verwaltungsakte

Eine mögliche Unterscheidungsform der Verwaltungsakte ergibt sich bei der Betrachtung ihrer Auswirkungen auf den Rechtskreis des betroffenen Bürgers. Ein Verwaltungsakt kann für diesen rechtliche Vorteile, oder aber auch rechtliche Nachteile mit sich bringen. Zu unterscheiden sind daher begünstigende und belastende Verwaltungsakte sowie Mischformen zwischen beiden. Das Gesetz definiert in § 48 Abs.1 S.2 VwVfG den begünstigenden Verwaltungsakt als einen solchen, der ein Recht oder einen rechtlich erheblichen Vorteil begründet oder bestätigt hat. Belastende Verwaltungsakte hingegen verlangen ein Tun, Dulden oder Unterlassen, beschränken oder entziehen Rechte oder treffen eine ungünstige Feststellung,2) bringen also irgendeinen rechtlichen Nachteil mit sich.
Während das Gesetz in §§ 48 Abs.1, 49 Abs.1, 2, 5, 50 VwVfG zwischen begünstigenden und nicht begünstigenden Verwaltungsakten differenziert, unterscheidet der herrschende Sprachge-

1 Dazu 7. Kapitel, B.I. 2. b) und C.
2 Wolff/Bachof I, § 47 VI a), S.394

brauch[1]) in vorgenannter Weise zwischen begünstigenden und belastenden Verwaltungsakten. In der Sache selbst hat dies keine Auswirkungen.

Einordnungsschwierigkeiten können aber dort auftreten, wo die tatsächliche und rechtliche Qualität eines Verwaltungsaktes nicht offenkundig zu Tage tritt und dieser etwa eine Mehrzahl von Bürgern in ihren Rechtssphären tangiert und/oder gleichermaßen begünstigende und belastende Elemente enthält. Beispielsweise im Baurecht erhebt sich die Frage, ob eine Baugenehmigung, die dem Bauherrn gestattet, ein die Rechte seines Nachbarn beeinträchtigendes Bauvorhaben durchzuführen, als begünstigender oder als belastender Verwaltungsakt anzusehen ist und auf wessen Sichtweise es bei der Beantwortung dieser Frage ankommt. Das gleiche Problem stellt sich bei der an einen Ausländer gerichteten Ausweisungsverfügung, durch die dessen Ehefrau gleichfalls "betroffen" wird.

2. Mischformen begünstigender und belastender Verwaltungsakte

Die notwendige Unterscheidung derartiger Mischformen wird vielerorts vernachlässigt, insbesondere ist die Terminologie uneinheitlich und daher irreführend.
Als Beispiel kann hier der Sprachgebrauch von Wolff/Bachof[2]) angeführt werden, die einen Verwaltungsakt, der gleichermaßen begünstigende und belastende Elemente enthält, und einen Verwaltungsakt, der den Adressaten begünstigt, einen Dritten aber beschwert, als Verwaltungsakt mit Doppelwirkung bezeichnen. Nach dieser Ansicht stellt der Verwaltungsakt mit Doppelwirkung einen Oberbegriff dar, der inhaltlich den "Verwaltungsakt mit Mischwirkung" und den "Verwaltungsakt mit Drittwirkung" umfaßt. Der Verwaltungsakt mit Mischwirkung entfalte seine teils belastende,

---

1 Vgl. statt vieler: Erichsen, in: Erichsen/Martens (Hrsg.), Allgemeines Verwaltungsrecht, § 12 III, S.214 f.; Faber, Verwaltungsrecht, § 20, S.158 ff. sowie § 25, S.243 ff.
2 Wolff/Bachof I, § 47 VI c), S.395

teils begünstigende Wirkung für dieselbe Person, der Verwaltungsakt mit Drittwirkung entfalte seine Wirkung für verschiedene Personen. Weides bezeichnet Verwaltungsakte, die teils begünstigend und teils belastend wirken, an einer Stelle als "Verwaltungsakte mit Mischwirkung"1) und an einer anderen Stelle als "Verwaltungsakte mit Doppelwirkung".2) Verwaltungsakte, die einen Beteiligten begünstigen und einen anderen belasten, bezeichnet er als "Verwaltungsakte mit Drittwirkung".3)

Überwiegend werden die Begriffe "Dritt-" und "Doppelwirkung" synonym verwendet.4) Dieser Sprachgebrauch ist jedoch deshalb abzulehnen, weil es wünschenswert ist, daß beide Begriffe für unterschiedliche Sachverhalte Verwendung finden. Der Begriff des "Verwaltungsaktes mit Doppelwirkung" sollte zur Klarstellung nur für diejenigen Verwaltungsakte verwendet werden, die einen Bürger begünstigen und einen anderen belasten.

Nicht unter diesen Begriff fallen Verwaltungsakte, die für den Adressaten sowohl begünstigende als auch belastende Elemente enthalten. Diese sind zur deutlichen Abgrenzung und zur Vermeidung von Mißverständnissen als "Verwaltungsakte mit Mischwirkung" zu bezeichnen.5)

---

1 Weides, Verwaltungsverfahren und Widerspruchsverfahren, § 2 III 5, S.23.
2 Ebenda, § 14 III 2 e, S.187.
3 Ebenda, § 14 III 2 e, S.187.
4 Vgl. etwa nur N. Achterberg, Allgemeines Verwaltungsrecht, Grundriß, S.102, III 2 c; Erichsen, in: Erichsen/Martens (Hrsg.), Allgemeines Verwaltungsrecht, § 12 III, S.215; V. Götz, Allgemeines Verwaltungsrecht, S.124; Scholz, Allgemeines Verwaltungsrecht II, 4.2, S.35; Schmalz, Allgemeines Verwaltungsrecht, Teil 1, S.129; Ule/Laubinger, Verwaltungsverfahrensrecht, § 61 III 2, S.418.
5 Vgl. Müller-Uri, in: Giemulla/Jaworsky/Müller-Uri, Verwaltungsrecht, Rdnr.285; Stelkens, in: Stelkens/Bonk/Leonhardt, VwVfG, § 48 Rdnr.23; ähnlich auch Ule/Laubinger, Verwaltungsverfahrensrecht, § 61 III 2, S.418, die vom "Mischcharakter" sprechen.

Weiterhin sind solche Verwaltungsakte abzugrenzen, die für eine Mehrzahl von Personen gleichartige Rechtswirkungen entfalten. In dem Moment der Gleichartigkeit ihrer Auswirkungen auf die Rechtskreise der betroffenen Bürger liegt der wesentliche Unterschied zum Verwaltungsakt mit Doppelwirkung. Während bei diesem die Begünstigung des einen zur Belastung des anderen führt, hat hier der erlassene Verwaltungsakt für alle Betroffenen gleichermaßen Begünstigungen oder Belastungen zur Folge. So hat, um das von Stelkens1) gebildete Beispiel aufzugreifen, die Ausweisung eines Ausländers zugleich belastende Folgen für dessen Ehefrau und Kinder. Diese Verwaltungsakte sind als "Verwaltungsakte mit Drittwirkung" zu klassifizieren und je nachdem, ob sie für die Betroffenen Begünstigungen oder Belastungen aussprechen, als "begünstigende oder belastende Verwaltungsakte mit Drittwirkung" zu bezeichnen.

Die erforderliche Unterscheidung zwischen begünstigenden und belastenden Verwaltungsakten ist stets aus der Sicht des (der) Betroffenen vorzunehmen. Dabei ist auf seine (ihre) Interessenlage abzustellen.2) So ist die Erteilung einer beantragten Genehmigung auch dann als begünstigender Verwaltungsakt zu qualifizieren, wenn diese für den Betroffenen mit Auflagen und Gebührenpflichten verbunden ist. In diesen Fällen der Mischwirkung ist darauf abzustellen, ob der begünstigende oder belastende Teil überwiegt. Dies richtet sich nach dem Interesse des Betroffenen, wobei es häufig nicht unproblematisch ist, das Gewicht von Gewährung und Nebenbestimmung miteinander zu vergleichen, weil das in der Person des Betroffenen herrschende Selbstverständnis der Interessenlage nicht immer leicht zu erkennen ist und dieses Interesse bestimmten Wandlungen unterworfen sein kann.3)
Keineswegs sind an die Rechtmäßigkeit einer derartigen Teilbelastung ebenso strenge Anforderungen zu stellen wie an einen belastenden Verwaltungsakt. Wie Schulke4) überzeugend dargelegt

1 Stelkens, in: Stelkens/Bonk/Leonhardt, VwVfG, § 50 Rdnr.8
2 Sachs, VerwArch 76 (1985), 398(417)
3 Weyreuther, DVBl 1969, 232, 295(298 f.)
4 Schulke, DÖV 1959, 132(134)

hat, kann die öffentliche Gewalt gegenüber dem Bürger eine Begünstigung schmälern, sofern diese auf Antrag gewährt wurde und der Betroffene der Beeinträchtigung zustimmt. Diese Schmälerung ändert nicht den Charakter des Verwaltungsaktes. Er ist und bleibt ein begünstigender.1)

II. Die Rechtsfolgen fehlender materiell-rechtlicher Mitwirkung beim mitwirkungsbedürftigen begünstigenden Verwaltungsakt

In allen Fällen, in denen die Verwaltung aufgrund gesetzlicher Ermächtigung den Erlaß eines einwilligungsbedürftigen Verwaltungsaktes beabsichtigt, schützt das Erfordernis einer einverständlichen Mitwirkungshandlung den Betroffenen vor aufgedrängten Bereicherungen. Wie weiter oben dargelegt, ist auch für das deutsche Verwaltungsrecht der aus dem Zivilrecht abgeleitete Grundsatz, der Bürger müsse sich eine Begünstigung, die er nicht haben will, nicht aufdrängen lassen, anzuerkennen.2) Einerseits gilt es, den Privaten vor aufgedrängten Begünstigungen und den damit verbundenen Nachteilen zu schützen. Diese Nachteile liegen in etwaigen mit der Begünstigung einhergehenden Pflichten3) und darüber hinaus in der Vernachlässigung der Autonomie des Betroffenen.4) Andererseits ist ihm die Möglichkeit zu geben, durch Nachholung der erforderlichen Mitwirkungshandlung in den Erlaß des ihn betreffenden Verwaltungsaktes einzuwilligen und damit dessen Regelungsinhalt in Anspruch nehmen zu können. Dem Betroffenen steht es demzufolge frei, die ihm durch den Erlaß des

---

1 Vgl. HessVGH, DVBl 1977, 255(256); Th. Maunz, Rechtsfragen der Leistungsverwaltung, BayVBl 1986, 545(547); Schachel, Nebenbestimmungen zu Verwaltungsakten, Diss.jur. Berlin 1979, S.90; Weides, JuS 1985, 364(365)

2 Dazu 1. Kapitel, B. II. 2.

3 Hierunter fallen etwa Gebührenpflichten, Auskunfts- und Mitteilungspflichten, etwa nach §§ 16 BImSchG, 17 HandwO, 22 GaststättenG, Anzeigepflichten, etwa nach § 16 HandwO, die Betriebs- und Beförderungspflicht gem. §§ 21, 22 PBefG, sowie alle Pflichten, die aus belastenden Auflagen und Nebenbestimmungen i.S.d. § 36 VwVfG resultieren.

4 Sachs, VerwArch 76 (1985), 398(418); Vgl. dazu auch 1. Kapitel, B. II.

begünstigenden Verwaltungsaktes angebotene Leistung anzunehmen oder nicht. Die Ausübung dieses Wahlrechts ist ihm verwehrt, wenn der Verwaltungsakt als nichtig und damit unwirksam behandelt wird. Der Schluß, daß die Rechtserheblichkeit der Mitwirkungshandlung soweit geht, daß aus deren Fehlen sogleich die Unwirksamkeit des Hoheitsaktes folgt, steht im eindeutigen Widerspruch zur gesetzgeberischen Wertung der §§ 43 ff. VwVfG, die vom Grundsatz der Anfechtbarkeit ausgehen. Um von diesem Grundsatz abzuweichen, müssen besondere Momente des Einzelfalles hinzukommen. Die "Belastung" des Betroffenen mit einer von ihm nicht gewünschten Begünstigung kann insoweit nicht als ausreichend angesehen werden. Nach dem eindeutigen Willen des Gesetzgebers gilt der Grundsatz der Anfechtbarkeit. Die Belastung des einzelnen mit einer ungewollten Begünstigung stellt keinen so schwerwiegenden Eingriff in dessen Rechtssphäre dar, daß daraus zu folgern sein könnte, der Verwaltungsakt müsse unwirksam sein. Ausnahmen von diesem Grundsatz, wie sie sich etwa aus spezialgesetzlichen Regelungen ergeben können, bleiben unberührt. Schreibt das Gesetz in bestimmten Fällen die Mitwirkungshandlung als Wirksamkeitsvoraussetzung fest, enthalten die §§ 43 ff. VwVfG insoweit keine abschließende Regelung.

Die Einwilligung des Betroffenen stellt damit für diese Untergruppe des mitwirkungsbedürftigen Verwaltungsaktes keine Rechtsbedingung für dessen Wirksamkeit, sondern lediglich für dessen Rechtmäßigkeit dar. Erklärt der Betroffene nachträglich sein Einverständnis, so verhilft er dem bis dahin rechtswidrigen und anfechtbaren Hoheitsakt zu dessen endgültiger Rechtmäßigkeit. Unterbleibt die Einwilligungserklärung oder versagt der Betroffene ausdrücklich sein Einverständnis, so hat die Anfechtung des Verwaltungsaktes nach den Regeln der §§ 79 f. VwVfG und §§ 68 ff. VwGO zu erfolgen. Nach Ablauf der Anfechtungsfristen wird auch der rechtswidrige einwilligungsbedürftige Verwaltungsakt unanfechtbar und schafft eine Regelung, die der Betroffene endgültig hinzunehmen hat.

III. Die Rechtsfolgen fehlender materiell-rechtlicher Mitwirkung beim mitwirkungsbedürftigen belastenden Verwaltungsakt

Der mitwirkungsbedürftige belastende Verwaltungsakt, also der Verwaltungsakt auf Unterwerfung, und der einwilligungsbedürftige Verwaltungsakt könnten im Falle fehlender Mitwirkung unterschiedslos zu behandeln sein, es sei denn, daß ihr unterschiedlicher Inhalt - Begünstigung hier, Belastung dort - die Annahme einer abweichenden Rechtsfolge gebietet. Ebenso wie beim einwilligungsbedürftigen Verwaltungsakt könnte sich ergeben, daß ein ohne die erforderliche Unterwerfungserklärung ergangener Verwaltungsakt rechtswidrig und anfechtbar ist. Wo der erklärte Wille des Betroffenen, eine für ihn ungünstige Rechtsänderung hinnehmen zu wollen, fehlt, befindet sich staatliches Handeln infolge der Mißachtung des gesetzlichen Mitwirkungserfordernisses im Widerspruch zur Rechtsordnung. Ob dieser Widerspruch dazu führt, daß dem Hoheitsakt jegliche Rechtswirkungen abzusprechen sind, er mithin nichtig und unwirksam ist, stellt eine weitere Frage dar.

Hier zeigt sich der wesentliche Unterschied zwischen dem einwilligungsbedürftigen Verwaltungsakt und dem Verwaltungsakt auf Unterwerfung. Die Annahme, der Verwaltungsakt sei im Falle fehlender Mitwirkung lediglich rechtswidrig, vermag den Betroffenen nicht hinreichend zu schützen, da nach dem Grundsatz des Verwaltungsverfahrensgesetzes auch ein rechtswidriger Verwaltungsakt mit Bekanntgabe gegenüber dem Betroffenen Wirksamkeit entfaltet. Damit ist auch der Auffassung1) zu widersprechen, die das Institut des Verwaltungsaktes auf Unterwerfung u.a. deshalb für obsolet erklärt, weil heute das grundgesetzlich garantierte Verwaltungsverfahrensrecht einen ausreichenden Rechtsschutz des Bürgers gegenüber der Verwaltung garantiere und deshalb das Bedürfnis dafür, die Nichtigkeit des Verwaltungsaktes anzunehmen, entfallen sei. Diese Ansicht kann für den mitwirkungsbedürftigen belasten-

1 Kirchhof, DVBl 1985, 651(689); siehe dazu 7. Kapitel, C.

den Verwaltungsakt keine Geltung beanspruchen. Da dieser Verwaltungsakt infolge seiner Wirksamkeit bereits auf die Rechtsposition des Betroffenen einwirkt und diese zu schmälern droht, muß dieser sich der einschlägigen Rechtsbehelfe bedienen, um den belastenden Folgen zu entgehen. Darüber hinaus besteht die Gefahr, daß der Ablauf der Rechtsbehelfsfristen dazu führt, daß der Verwaltungsakt nicht mehr oder nur noch unter erschwerten Bedingungen abzuwehren ist. Allein die Möglichkeit, durch Widerspruch und Klage der unerwünschten Regelung entgehen zu können, berücksichtigt das Interesse des Bürgers an einem ungeschmälerten Fortbestand seiner Rechtsposition nicht hinreichend. Schon die Begründung einer immanenten Anfechtungspflicht stellt eine Belastung für den Betroffenen dar. Dies gilt insbesondere dann, wenn es sich um rechtsunkundige und in "Behördengeschäften" unerfahrene Bürger handelt.

Auch die Verweisung des Betroffenen auf den im verwaltungsgerichtlichen Vorverfahren bestehenden Rechtsschutz verkürzt in unzulässiger Weise seine Rechtsposition.1) Obgleich sich nach der Rechtsprechung des Bundesverfassungsgerichts aus Art.19 Abs.4 GG das Gebot umfassenden und rechtzeitigen Rechtsschutzes ergibt, soll im folgenden versucht werden nachzuweisen, daß beim Verwaltungsakt auf Unterwerfung allein die Rechtsfolge der Unwirksamkeit die Rechtssphäre des Bürgers hinreichend zu schützen vermag. Ein problematischer Fall ist etwa dann anzunehmen, wenn Widerspruch und Anfechtungsklage entgegen der Regel des § 80 Abs.1 VwGO die Wirkungen des belastenden Hoheitsaktes nicht suspendieren, wie es in den in § 80 Abs.2 VwGO genannten Fällen gegeben ist. Der Katalog dieser Vorschrift ist viel zu komplex und ihr Anwendungsbereich zu mannigfaltig, als daß effektiver Rechtsschutz immer und überall gewährleistet ist. Dies gilt umso mehr,

---

1 In diesem Sinne bereits W. Jellinek; vgl. das weiter oben aufgeführte Zitat auf S.142, Fn.2; ebenso Gitzinger, S. 32, "... der Trost, eine unangenehme Begünstigung durch Gebrauch der einschlägigen Rechtsmittel zurückweisen zu können, ist für den, der mit dem Staat möglichst wenig zu tun haben will, doch mehr als schwach".

als der Behörde durch die Möglichkeit, die sofortige Vollziehung des Verwaltungsaktes anzuordnen, ein Instrument in die Hand gegeben ist, mit dem sie dem Bedürfnis des Betroffenen nach möglichst frühzeitigem Rechtsschutz entgegenwirken kann.1)

Dies soll durch eine Gegenüberstellung belastender und begünstigender Verwaltungsakte unter besonderer Beachtung des Suspensiveffektes und der Möglichkeit der Anordnung des sofortigen Vollzuges nachgewiesen werden. Der Fortfall der aufschiebenden Wirkung von Widerspruch und Anfechtungsklage gemäß § 80 Abs.2 VwGO kommt auch bei mitwirkungsbedürftigen Verwaltungsakten in Betracht. Selbst Verwaltungsakte, die Erlaubnisse oder andere Befugnisse erteilen, können für sofort vollziehbar erklärt werden, wie auch jeder andere Verwaltungsakt für sofort vollziehbar erklärt werden kann, für den bei Einlegung eines Rechtsbehelfs die aufschiebende Wirkung eintritt.2) Eine Vollzugsanordnung gegenüber dem Betroffenen kommt jedoch nur beim mitwirkungsbedürftigen belastenden Verwaltungsakt in Betracht. Der mitwirkungsbedürftige begünstigende Verwaltungsakt ist einer Vollzugsanordnung nur in den Fällen fähig, in denen sich ein Dritter durch einen den Adressaten begünstigenden Verwaltungsakt belastet fühlt3) und gegen diesen mit Widerspruch oder Anfechtungsklage vorgeht.4) Bei Genehmigungen, Konzessionen und Erlaubnissen scheidet eine Vollzugsanordnung gegenüber dem Antragsteller jedoch aus, weil es sich insoweit um einen sog. vollzugsunfähigen Verwaltungsakt handelt,5) wie das Beispiel der Baugenehmigung zeigt. Beantragt der Eigen-

---

1 Diese Gefahr sieht auch W. Löwer, Funktion und Begriff des Verwaltungsaktes, JuS 1980, 805(806), der meint, das Recht der Behörde zur Selbsttitulierung des Verwaltungsaktes zwinge den Bürger in eine prozessuale Angriffsposition, wolle er der Titulationsbefugnis der Verwaltung nicht beinahe uneingeschränkt ausgesetzt sein.

2 Eyermann/Fröhler/Kormann, VwGO, 9. Aufl., § 80 Rdnr.31, 32

3 Verwaltungsakt mit Doppelwirkung. Vgl. etwa OVG Münster, NJW 1963, 2244; OVG Lüneburg, DVBl.1963, 335(336), zum Sofortvollzug einer einstweiligen Erlaubnis nach dem PBefG.

4 Siehe dazu Eyermann/Fröhler/Kormann, a.a.O., § 80 Rdnr. 11, 12

5 Vgl. Fromm, Die einstweilige Erlaubnis im Personenbeförderungsrecht, DVBl 1962, 801(802).

tümer eines Grundstücks eine Baugenehmigung und setzt nach deren Erteilung in seiner Person ein Sinneswandel ein, der ihn von seinem Bauvorhaben Abstand nehmen läßt, so scheidet eine Anordnung der sofortigen Vollziehung der Baugenehmigung durch die Behörde aus. Sollte ausnahmsweise ein besonderes öffentliches Interesse an der Durchführung des Bauvorhabens bestehen, so kommt allenfalls die Anordnung eines Baugebotes gemäß § 176 BauGB durch Erlaß eines gesonderten Verwaltungsaktes,1) nicht aber der Sofortvollzug der Genehmigung in Betracht.

Eine andere Situation zeigt sich beim mitwirkungsbedürftigen belastenden Verwaltungsakt. Hier sei erneut an das Beispiel der Einberufung eines Minderjährigen zum Wehrdienst in der Bundeswehr erinnert.2) Gemäß § 80 Abs.2 Nr.3 VwGO i.V.m. §§ 33 Abs.5 S.3 bzw. 35 Abs.1 WPflG besitzen Widerspruch und Anfechtungsklage gegenüber dem Einberufungsbescheid keine aufschiebende Wirkung. Das gleiche gilt bei Bescheiden, die die Anforderung von öffentlichen Abgaben und Kosten enthalten. Auch in diesem Fall gewähren die für den Betroffenen zur Verfügung stehenden Rechtsbehelfe diesem keinen Schutz, da die Abgabenbescheide durch die Behörde unter erleichterten Voraussetzungen durchzusetzen sind.3)

Weiterhin sind hier beispielhaft einige mitwirkungsbedürftige Verwaltungsakte auf dem Gebiete des Steuerrechts zu nennen. Gemäß § 12 GrEStG bzw. § 28 KapVerkStG kann das Finanzamt im Einvernehmen mit dem Steuerpflichtigen unter bestimmten Umständen von der genauen Ermittlung des Steuerbetrages absehen und die Steuer in einem Pauschbetrag festsetzen. Im Einvernehmen des Steuerpflichtigen wird gleichzeitig sein Verzicht auf die zuläs-

---

1 Vgl. Battis, Öffentliches Baurecht und Raumordnungsrecht, § 6 IV 2, S.205 f.; Werner Vogel, in Brügelmann, Bundesbaugesetz, § 39 b Rdnr.22.

2 Dazu bereits 7. Kapitel, C.

3 So etwa nach § 3 Abs.1 Nr.1, 2. Alt. NVwVG i.V.m. § 80 Abs. 2 Nr.1 VwGO

sigen Rechtsbehelfe erblickt.1) Darüber hinaus wird durch die Einlegung des Einspruchs oder durch die Erhebung der Klage die Vollziehung des angefochtenen Verwaltungsaktes nicht gehemmt, §§ 361 Abs.1 AO, 69 Abs.1 FGO. Dem Betroffenen bleibt nur die Möglichkeit, beim Finanzamt einen Antrag auf Aussetzung der Vollstreckung nach § 69 Abs.3 FGO zu stellen.

Zwar ist einzuräumen, daß eine Anordnung der sofortigen Vollziehung bzw. die Durchführung einer Vollstreckung nur unter bestimmten Voraussetzungen zulässig ist, doch steht die Entscheidungsbefugnis darüber auch wieder der Behörde (Erlaß- bzw. Widerspruchsbehörde)2) zu. Sie verfügt damit über die ausreichende Rechtsmacht, unabhängig von der Frage der Zulässigkeit, einen ohne die erforderliche Mitwirkungshandlung erlassenen Verwaltungsakt tatsächlich mit den Zwangsmitteln der Verwaltungsvollstreckungsgesetze durchzusetzen. Solche Vorgehensweise ist für den mitwirkungsfreien Verwaltungsakt anzuerkennen, begegnet jedoch beim mitwirkungsbedürftigen belastenden Verwaltungsakt durchgreifenden Bedenken.

Auch der Hinweis darauf, daß effizientes Verwaltungshandeln nur gegeben sein könne, wenn dieses vom Willen des Betroffenen unabhängig sei,3) vermag hier nicht zu überzeugen. Die Forderung nach einem möglichst einfachen und wirkungsvollen Verwaltungsverfahren ist nur dann anzuerkennen, wenn die handelnde Behörde

---

1 Vgl. Boruttau/Klein, GrEStG, § 12 Rdnr.21; Kamprad, in Brönner/Kamprad, KapVerkStG, § 28 Rdnr.1; anders aber OVG Koblenz, DVBl 1965, 771, für den Fall einer gebührenpflichtigen Verwarnung. In der Einverständniserklärung des Betroffenen liege kein Verzicht auf die zulässigen Rechtsmittel.

2 Die sofortige Vollziehung kann von der Behörde, die den Verwaltungsakt erlassen hat, oder während des Vorverfahrens von der Widerspruchsbehörde angeordnet werden, Redeker/v. Oertzen, VwGO, § 80 Rdnr.28.

3 Vgl. Kirchhof, DVBl 1985, 651(659 f.), der die Rechtsfolge der Anfechtbarkeit deshalb fordert, da diese "Hängepartien" vermeide, die ein unredlicher oder zögernder Adressat auslösen könne.

mitwirkungsfreie begünstigende, mitwirkungsfreie belastende oder mitwirkungsbedürftige begünstigende Verwaltungsakte erläßt.

Hier jedoch, wo die Verwaltung mit dem Instrument des mitwirkungsbedürftigen belastenden Verwaltungsaktes, aber in Ermangelung der gesetzlich geforderten Mitwirkungshandlung tätig wird, gebührt dem Integritätsinteresse des Betroffenen an der Erhaltung seines Rechtsgüterbestandes gegenüber dem Interesse der Behörde am Vollzug eines Verwaltungsaktes auf Unterwerfung der Vorrang. Diese Abwägung schafft zum einen die Grundlage für Verwaltungstätigkeit in solchen Bereichen, in denen sie ansonsten nicht möglich wäre,1) stellt aber andererseits sicher, daß der Bürger keinen ungerechtfertigten Rechtsverlust erleidet.

Daher ist der Verwaltungsakt auf Unterwerfung mangels erforderlicher Mitwirkungshandlung des Betroffenen als rechtswidrig und schwebend unwirksam anzusehen. Die Unterwerfung des Betroffenen stellt damit für diese species des mitwirkungsbedürftigen Verwaltungsaktes eine Rechtsbedingung für dessen Rechtmäßigkeit und Rechtswirksamkeit dar. Erklärt der Betroffene nachträglich sein Einverständnis, so verhilft er dem rechtswidrigen, schwebend unwirksamen Hoheitsakt zu dessen endgültiger Wirksamkeit. Verweigert der Betroffene seine Mitwirkungshandlung, so tritt die endgültige Unwirksamkeit des Verwaltungsaktes ein.

Schwierigkeiten bereitet die Ermittlung der Fehlerfolgen jedoch dann, wenn der Betroffene sich weder in positiver noch in negativer Hinsicht erklärt. Seine Untätigkeit kann zum einen in seiner Vergeßlichkeit oder seinem Desinteresse begründet sein, andererseits könnte ein unredlicher Adressat versucht sein, sich eine "Quasi-Anwartschaft" in Bezug auf den erlassenen und schwebend unwirksamen Verwaltungsakt zu erhalten. Deshalb muß sichergestellt werden, wann ein etwaiger Schwebezustand endet.

---

1 Dazu 1. Kapitel, A. und B. II. 1.

Zu dieser Frage enthält das geltende Verwaltungsverfahrensrecht keine ausdrückliche Regelung. Daher muß auch hier das Ergebnis aufgrund allgemeiner Überlegungen gewonnen werden. Die Vorschriften der §§ 68 ff. VwGO beschäftigen sich mit der Frage, unter welchen Voraussetzungen und innerhalb welcher Frist die Anfechtung eines Verwaltungsaktes durch den Betroffenen erfolgen kann. Diese Regelungen beziehen sich damit ausdrücklich nur auf das Vorliegen eines wirksamen und anfechtbaren Verwaltungsaktes. Hier jedoch handelt es sich um einen anfechtbaren, aber schwebend unwirksamen Hoheitsakt. Während beim gesetzlich geregelten Fall dem Betroffenen die Möglichkeit zur Beseitigung des Aktes gegeben wird, geht es hier darum, einen Fehler des Verwaltungsaktes zu beseitigen. Daher ist zu prüfen, ob eine analoge Anwendung der §§ 68 ff. VwGO in Betracht kommt.

Die analoge Anwendung von Rechtsvorschriften setzt voraus, daß eine Gesetzeslücke im Sinne einer planwidrigen Unvollständigkeit besteht.1) Weiterhin muß der zur Beurteilung stehende Sachverhalt mit dem vergleichbar sein, den der Gesetzgeber geregelt hat.2) Durch die Vorschriften der §§ 79 VwVfG, 68 ff. VwGO hat der Gesetzgeber dem Bürger die Möglichkeit eingeräumt, einen ihn betreffenden Verwaltungsakt mit dem Widerspruch anzufechten, um ihn so im Wege des sogenannten Vorverfahrens einer erneuten behördlichen Prüfung zu unterstellen, oder dieses nicht zu tun, um den Verwaltungsakt kraft Gesetzes in eine gesteigerte Bestandskraft erwachsen zu lassen. Die Entscheidung des Bürgers, ob er sich zu einer Anfechtung entschließt oder nicht, wird durch die Monatsfrist des § 70 VwGO einer zeitlichen Begrenzung unterworfen. Während dieser Monatsfrist ist der Verwaltungsakt gemäß § 43 Abs.1 VwVfG wirksam und nach den §§ 79 VwVfG, 68 ff. VwGO anfechtbar.

Abweichend von diesem gesetzlich geregelten Fall weist der zur Beurteilung stehende Sachverhalt einen gleichfalls anfechtbaren

---

1 BGH, NJW 1988, 2109(2110)
2 BGH, NJW 1988, 2734

Verwaltungsakt auf, der aber nicht wirksam, sondern nur schwebend unwirksam ist. Der Tatbestand der Anfechtbarkeit ist beiden Fällen gemein; ein erster Unterschied zeigt sich in der Frage der Rechtswirksamkeit. Dieser Unterschied steht aber der analogen Anwendung der zu prüfenden Vorschriften nicht entgegen, weil sich auch das rechtliche Schicksal des gemäß § 43 Abs.1 VwVfG anfechtbaren und wirksamen Verwaltungsaktes erst mit dem Ablauf der Anfechtungsfrist entscheidet und bis dahin auch dieser Verwaltungsakt seine Wirksamkeit durch Anfechtung, Widerruf oder Rücknahme wieder verlieren kann.

Ein bedeutsamer Unterschied könnte insoweit bestehen, als der gesetzlich geregelte Fall im Falle der Untätigkeit des Betroffenen zur Unanfechtbarkeit des wirksamen Verwaltungsaktes führt und diesen in eine gesteigerte Bestandskraft erwachsen läßt, während der hier zu untersuchende Sachverhalt durch einen Verwaltungsakt gekennzeichnet wird, der unter gleichen Bedingungen durch einfachen Zeitablauf endgültig unwirksam wird. Da dieser Sachverhalt von der gesetzlichen Regelung nicht erfaßt wird, ist vom Vorliegen einer Lücke auszugehen.

Der Gesetzgeber hat mit den Vorschriften des Verwaltungsverfahrensgesetzes und der Verwaltungsgerichtsordnung allgemeine Tatbestände geschaffen, die jedoch - wie weiter oben dargelegt[1]- die Geltung sondergesetzlicher Regelungen unberührt lassen. Diesen die allgemeinen Regelungen verdrängenden Spezialvorschriften ist zu entnehmen, welches Schicksal ein ohne die erforderliche Mitwirkung erlassener Verwaltungsakt erleidet. Das gesamte Regelungsgefüge - gleich, ob allgemeingesetzlicher oder spezialgesetzlicher Art - enthält keine Bestimmungen zu der hier interessierenden Frage und weist damit eine Lücke auf, die als planwidrig zu bezeichnen ist, weil ein umsichtiger Gesetzgeber, der die vorherrschende Problematik erkannt hätte, auch eine entsprechende gesetzliche Regelung geschaffen hätte.

---

1 S. 169.

Der gesetzlich geregelte Fall und der hier zur Entscheidung stehende Fall sind vergleichbar. Hier wie dort geht es um den Rechtsbestand eines rechtswidrigen und anfechtbaren Verwaltungsaktes. Allein der Umstand, daß der Verwaltungsakt hier nach Ablauf der Anfechtungsfrist unwirksam wird, steht einer Anwendung der zu prüfenden Vorschriften nicht entgegen, denn diese Rechtsfolge ergibt sich bereits aus der Geltung der das Mitwirkungserfordernis enthaltenden Spezialvorschriften, während die analoge Anwendung der §§ 68 ff. VwGO lediglich dazu dient, den Schwebezustand zeitlich zu befristen.

Mit der analogen Anwendung der §§ 68 ff. VwGO ist unmittelbar die Frage verbunden, wie die Rechtsbehelfsbelehrung des Verwaltungsaktes auszusehen hat. Dazu ist festzustellen, daß hier Änderungen nicht notwendig sind. Keineswegs ist davon auszugehen, der Verwaltungsakt müsse eine Rechtsbehelfsbelehrung des Inhalts aufweisen, daß der Betroffene über die nach Fristablauf eintretende Unwirksamkeit des Verwaltungsaktes auf Unterwerfung zu informieren ist. Die insoweit etwas ungenaue übliche Rechtsbehelfsbelehrung könnte dem Betroffenen eine in Wahrheit nicht bestehende Anfechtungspflicht vorspiegeln. Dieser Nachteil ist jedoch im Sinne einer vereinfachten und effizienten Verwaltungstätigkeit in Kauf zu nehmen und wird ferner dadurch kompensiert, daß im Falle der Untätigkeit des Betroffenen die endgültige Unwirksamkeit des Verwaltungsaktes eintritt und der Bürger letztlich keinen ungerechtfertigten Rechtsverlust zu erleiden droht.

Die analoge Anwendung der §§ 68 ff. VwGO hat für das rechtliche Schicksal des mitwirkungsbedürftigen belastenden Verwaltungsaktes die folgenden Konsequenzen:
Von seiner Bekanntgabe gegenüber dem Betroffenen an ist der Verwaltungsakt schwebend unwirksam. Nimmt der Betroffene seine Mitwirkungshandlung vor, so wird der Verwaltungsakt endgültig wirksam; verweigert er sie, wird der Akt endgültig unwirksam. Zur Vornahme einer Mitwirkungshandlung oder deren Verweigerung steht

dem Betroffenen eine Monatsfrist zu. Der Lauf der Frist beginnt mit der Bekanntgabe des Verwaltungsaktes gegenüber dem Betroffenen. Die Erklärung ist gegenüber der handelnden Behörde abzugeben. Nach Ablauf dieser Monatsfrist wird der Verwaltungsakt endgültig unwirksam (§§ 70, 74 VwGO analog). In dieser Rechtsfolge zeigt sich der Unterschied zwischen den im Gesetz geregelten Fall und dem hier zu entscheidenden Fall. Während dort der Verwaltungsakt durch den Ablauf der Anfechtungsfristen in eine gesteigerte Bestandskraft erwächst, verliert er hier seine sämtlichen rechtlichen Wirkungen.

Die auf diese Weise erfolgte Behandlung fehlender Mitwirkungshandlungen beim mitwirkungsbedürftigen belastenden Verwaltungsakt respektiert einerseits die Privatautonomie des Betroffenen und schützt ihn vor drohenden Rechtsverlusten gegenüber solchen Verwaltungsakten, die unter Mißachtung des gesetzlichen Mitwirkungserfordernisses zustande gekommen sind. Andererseits wird hiermit der Forderung nach Rechtssicherheit Genüge getan, indem der Schwebezustand einer zeitlichen Befristung unterworfen und der Betroffene somit zu rascher Entscheidung gezwungen wird. Weiterhin gewährleistet dieses Ergebnis effizientere Verwaltungstätigkeit gegenüber der Annahme einer sofortigen und beim Erlaß des Verwaltungsaktes eintretenden Nichtigkeit, indem sie dem Betroffenen die Möglichkeit gewährt, sich dem Erstakt zu unterwerfen und somit weiteren Verwaltungsaufwand erspart.

Gerade in den voneinander abweichenden Rechtsfolgen zeigt sich der Unterschied zwischen mitwirkungsbedürftigen begünstigenden Verwaltungsakten und mitwirkungsbedürftigen belastenden Verwaltungsakten. Während für die ersteren bei Vorliegen eines Fehlers der Grundsatz der Anfechtbarkeit gilt, führt bei letzteren ein Fehlen der erforderlichen Mitwirkungshandlung zur (schwebenden) Unwirksamkeit. Der Betroffene hat nur dann Beeinträchtigungen seiner Rechtssphäre hinzunehmen, wenn ein Gesetz die Verwaltung zum Erlaß eines mitwirkungsfreien belastenden Verwaltungsaktes befugt. Ist nach dem Willen des Gesetzgebers der Erlaß eines belastenden Verwaltungsaktes an das materielle Einverständnis des Betroffenen gebunden, so muß dessen Fehlen ipso iure zur Rechtswidrigkeit und (schwebenden) Unwirksamkeit des Hoheitsaktes führen.

Insbesondere bei der Unterwerfungserklärung wird deutlich, daß das Zustandekommen eines mitwirkungsbedürftigen Verwaltungsaktes in seinem dynamischen Prozeß mit dem Zustandekommen einer vertraglichen Regelung im Zivilrecht vergleichbar ist.1) Die Einflußnahme des Privaten auf einseitige hoheitliche Maßnahmen unterscheidet sich von einer Beteiligung an einer vertraglichen Rechtsgestaltung nur der Form nach; der Sache nach handelt es sich auch hier um korrespondierende Willenserklärungen zweier verschiedener Rechtssubjekte, deren willenmäßige Übereinstimmung eine rechtsgestaltende Wirkung zur Folge hat.

---

1 Vgl. Hablitzel, BayVBl 1974, 392(396); Heiß/Hablitzel, DVBl 1976, 93(94); Krause, VerwArch 61 (1970), 287(300); ders., JuS 1972, 425; im Ergebnis ebenso Gusy, DVBl 1983, 1222 (1226), der betont, daß die mehrseitige Regelung des mitwirkungsbedürftigen Verwaltungsaktes in Wahrheit als öffentlich-rechtlicher Vertrag zu qualifizieren sei; dagegen Heberlein, S.283 ff., der die Gefahr sieht, die gebotene Unterscheidung zwischen Verwaltungsakt und Vertrag könne verwischt werden.

IV. Die Rechtsfolgen fehlerhafter materiell-rechtlicher Mitwirkung

1. Die Voraussetzungen einer möglichen Gleichstellung von fehlenden und fehlerhaften Mitwirkungshandlungen

Es ist fraglich, ob die für das Fehlen der materiellen Mitwirkung erarbeiteten Feststellungen auch dann zu gelten haben, wenn der Betroffene die erforderliche Mitwirkungshandlung vorgenommen hat, diese jedoch fehlerhaft und daher unwirksam ist.1) Als Fehlerursachen kommen etwa mangelnde Geschäftsfähigkeit des Betroffenen oder dessen wirksame Anfechtung seiner Einwilligungs- oder Unterwerfungserklärung in Betracht. Dabei ist zu untersuchen, ob und in welcher Weise sich die Fehlerhaftigkeit der Mitwirkungshandlung auf den Rechtsbestand des Verwaltungsaktes auswirkt. Die Problematik einer fehlerhaften Mitwirkung unterscheidet sich von derjenigen einer fehlenden Mitwirkung dadurch, daß hier die erforderliche Handlung tatsächlich vorliegt, jedoch rechtlich unbeachtlich ist, während im anderen Fall nicht einmal das äußere Erscheinungsbild einer solchen gegeben ist. Mit der Feststellung dieser bestehenden Unterschiede ist aber noch keine Aussage darüber getroffen, ob beide im Hinblick auf ihre rechtlichen Folgen einer unterschiedlichen Behandlung bedürfen.

Zunächst ist zu bemerken, daß in Schrifttum2) und Rechtsprechung3) vielerorts nicht unterschieden wird, ob die vom Gesetz

---

1 Die Frage, ob und inwieweit die jeweiligen Fehlerursachen zur Unwirksamkeit der Mitwirkungshandlung führen können, war Gegenstand des 5. und 6. Kapitels. An dieser Stelle genügt die Feststellung, daß die Mitwirkungshandlung des Betroffenen - aus welchem Grund auch immer - fehlerhaft und damit unwirksam sein kann.

2 Vgl. etwa Badura, in: Erichsen/Martens (Hrsg.), Allgemeines Verwaltungsrecht, § 39 III, S.395; Brandt, in: Schweickhardt (Hrsg.), Allgemeines Verwaltungsrecht, 5. Aufl., Rdnr.369 ff.; Weides, Verwaltungsverfahren und Widerspruchsverfahren, § 7 VI, S.99 f.

3 Vgl. etwa BaWüVGH, DVBl 1951, 667(668), der den rechtsungültigen Entlassungsantrag eines Beamten wie einen fehlenden behandelt.

geforderte Mitwirkungshandlung des Betroffenen ganz fehlt oder von ihm vorgenommen wurde, aber fehlerhaft und unwirksam ist.

Teilweise wird jedoch eine Differenzierung zwischen fehlenden und fehlerhaften Mitwirkungshandlungen vorgenommen. Dazu wird im Hinblick auf die Nichtigkeitsregel des § 44 Abs.1 VwVfG vorgetragen, nur der fehlende Antrag stelle einen schweren und offenkundigen Fehler dar, nicht aber der fehlerhafte. Fehle der vorgeschriebene Antrag des Betroffenen, so sei der Verwaltungsakt nichtig. Liege dagegen ein Antrag vor, sei dieser aber selbst nichtig, etwa wegen einer zunächst nicht erkannten Geisteskrankheit des Antragstellers oder auf Anfechtung seines Antrages wegen Willensmängeln, so fehle es regelmäßig an der Offenkundigkeit des Fehlers, so daß nicht Nichtigkeit, sondern lediglich Aufhebbarkeit die Folge sei.1)

Es wird aber auch die Ansicht vertreten, eine fehlerhafte Mitwirkungshandlung sei wie eine fehlende zu behandeln, denn beide ließen keine Sachentscheidung zu.2) Dem fehlenden stehe der fehlerhafte Antrag gleich, also ein Antrag, der notwendige Bedingungen für seine Wirksamkeit nicht erfülle. Auch er entspreche nicht den Erfordernissen, auf die § 45 Abs.1 Nr.1 VwVfG mit dem Begriff "erforderlich" hinweise.3)

Für die letztgenannte Ansicht und für eine Gleichbehandlung fehlender und fehlerhafter Mitwirkungshandlungen spricht zunächst die weiter oben gewonnene Feststellung, daß beide im Hinblick auf eine etwaige Fehlerheilung durch den Betroffenen gleichen Regeln unterliegen.4) Die generelle Gleichbehandlung fehlender und fehlerhafter Mitwirkungshandlungen begegnet etwa dann Bedenken, wenn eine Anfechtung der Mitwirkungshandlung durch den Betroffenen nach dem Eintritt der Unanfechtbarkeit des Verwaltungsaktes

---

1 Ule/Laubinger, Verwaltungsverfahrensrecht, § 57 IV. 2 c, S.399
2 Gusy, BayVBl 1985, 484(490)
3 Meyer, in: Meyer/Borgs, VwVfG, § 45 Rdnr.15.
4 Dazu 5. Kapitel, B. I.

erfolgt. Für den Fall wirksamer Anfechtung müßte nach dieser Auffassung eine vorliegende und unwirksame Mitwirkungshandlung wie eine solche zu behandeln sein, die von Anfang an fehlte und damit ipso iure zur Rechtswidrigkeit bzw. Rechtsunwirksamkeit des Verwaltungsaktes führen. Dies hätte jedoch zur Folge, daß der Fehler der Mitwirkungshandlung auch sofort und unmittelbar auf den Rechtsbestand des Verwaltungsaktes durchschlagen würde, was jedoch der Regelungsfunktion des Verwaltungsaktes und dem Streben nach Rechtssicherheit zuwiderliefe. Im Falle der Fehlerhaftigkeit der Mitwirkungshandlung sind daher nicht nur die Fehlerhaftigkeit als solche, sondern auch der Zeitpunkt und die Wirkung ihrer Geltendmachung zu berücksichtigen. Deshalb kann die Fehlerhaftigkeit der Mitwirkungshandlung nicht ohne nähere Prüfung ihrem Fehlen gleichgestellt werden.

2. Die Folgen der Fehlerhaftigkeit der Mitwirkungshandlung unter Berücksichtigung des Zeitpunktes und der Wirkung ihrer Geltendmachung

Bei der Prüfung der rechtlichen Folgen eines Fehlers der Mitwirkungshandlung ist als nächstes der Zeitpunkt zu berücksichtigen, in welchem die Fehlerhaftigkeit durch den Betroffenen geltend gemacht wird. Dabei ist gleichfalls zu beachten, ob es sich um einen begünstigenden oder belastenden Verwaltungsakt handelt und welcher Art die Fehlerhaftigkeit ist. Während bei einer mangelnden Geschäftsfähigkeit des Betroffenen seine Mitwirkungserklärung als von Anfang an nichtig anzusehen ist, stellt sich bei deren Rücknahme oder Anfechtung die Frage, auf welchen Zeitpunkt Rücknahme- oder Anfechtungserklärung ihre Rechtswirkungen entfalten. Zunächst aber kommt es darauf an, ob der Betroffene einen Fehler seiner Mitwirkungshandlung vor dem Eintritt der Unanfechtbarkeit des Verwaltungsaktes geltend macht oder danach.

a) Die Geltendmachung der Fehlerhaftigkeit vor dem Eintritt der Unanfechtbarkeit des Verwaltungsaktes

Die Rücknahme der Einwilligungserklärung, der Unterwerfungserklärung oder des materiellen Antrages ist bis zum Eintritt der Unanfechtbarkeit des Verwaltungsaktes zulässig.1) Demzufolge steht es dem Betroffenen auch frei, den Fehler eines vorhandenen, aber unwirksamen Mitwirkungsaktes zu beseitigen oder nicht. In diesem Verfahrensstadium überwiegt sein Lossagungsinteresse ein etwaiges Bindungsinteresse der Verwaltung.2) Beseitigt der Betroffene den Fehler seiner Mitwirkungshandlung nicht, so überläßt er den Verwaltungsakt seinem rechtlichen Schicksal. Damit löst bis zum Eintritt der Unanfechtbarkeit des Verwaltungsaktes ein Fehler der Mitwirkungshandlung dieselben rechtlichen Folgen aus wie ihr Fehlen. Der mitwirkungsbedürftige Verwaltungsakt wird rechtswidrig bzw. (schwebend) unwirksam, und zwar je nachdem, ob die Mitwirkungshandlung nach dem bisher Gesagten eine Rechtmäßigkeits- oder Rechtswirksamkeitsbedingung darstellt.3)

b) Die Geltendmachung der Fehlerhaftigkeit nach dem Eintritt der Unanfechtbarkeit des Verwaltungsaktes

Probleme ergeben sich jedoch, wenn zunächst eine wirksame Mitwirkungshandlung vorlag, dann jedoch ihre Fehlerhaftigkeit geltend gemacht wird, wie es etwa bei einer Anfechtung durch den Betroffenen der Fall sein kann. Bei der Anfechtung ist zweifelhaft, ob diese die Mitwirkungserklärung mit ex-tunc- oder mit ex-nunc-Wirkung beseitigt. Die grundsätzliche Anwendbarkeit der zivilrechtlichen Vorschriften über Willenserklärungen führt auch hier zu einer Lösung, die der zivilrechtlichen entspricht.4) Da im Zivilrecht die Anfechtung des Anfechtungsberechtigten seine

---

1 Dazu 6. Kapitel, A.II.2.b.

2 Dazu 6. Kapitel, A.II.2.b. und B.

3 Dagegen: Stichlberger, BayVBl 1980, 393(395 f.), "eine automatische Rechtswidrigkeit des Verwaltungsaktes" sei bei einem Mangel der öffentlich-rechtlichen Willenserklärung nicht anzunehmen.

4 Dazu 4. Kapitel, B.

Erklärung mit ex-tunc-Wirkung (§ 142 Abs.1 BGB) vernichtet, hat die Anwendung dieser Vorschrift auf die hier in Rede stehenden öffentlich-rechtlichen Willenserklärungen zur Folge, daß die wirksam angefochtenen Mitwirkungserklärungen des Betroffenen so zu behandeln sind, als hätten sie niemals vorgelegen. Das BGB unterscheidet in der rechtlichen Behandlung nicht, ob die Willenserklärung von einem Geschäftsunfähigen stammt oder aber von einem Geschäftsfähigen abgegeben wurde, jedoch später durch dessen Anfechtung wieder beseitigt worden ist. In beiden Fällen ist die Erklärung als von Anfang an nichtig anzusehen (§§ 105 Abs.1, 142 Abs.1 BGB). Auch im Hinblick auf die hier diskutierten Unterwerfungs- und Einwilligungserklärungen lassen sich keine Anhaltspunkte erkennen, die es gebieten könnten, von diesem Grundsatz abzuweichen. Unabhängig davon, in welchem Zeitpunkt der Betroffene seinen Willensmangel geltend macht, ist die angefochtene Erklärung als von Anfang an nichtig zu betrachten. Zu klären bleibt aber die Frage, wie sich der Fortfall der Mitwirkungserklärung auf das rechtliche Schicksal des Verwaltungsaktes auswirkt.

Bedenken gegen ein auf den Rechtsbestand des Verwaltungsaktes durchschlagendes Anfechtungsrecht bestehen deshalb, weil dieses der gesetzlich angeordneten Unanfechtbarkeit widersprechen und diese damit aufheben könnte. Hätte die Anfechtung durch den Betroffenen zur Folge, daß dadurch nach Eintritt der Unanfechtbarkeit des Verwaltungsaktes dieser seine Rechtswirksamkeit verliert, so würde damit - zumindest in bestimmten Ausnahmefällen- die Entscheidung über den Rechtsbestand des ihn betreffenden Verwaltungsaktes allein der Dispositionsbefugnis des Privaten unterworfen. Daher sind das Bestandsinteresse der Behörde sowie das Interesse des Betroffenen an der Beseitigung des Verwaltungsaktes gegeneinander abzuwägen. Für den Bestand des Verwaltungsaktes streitet der Gedanke des Rechtsfriedens und der Rechtssicherheit, auf der Seite des Betroffenen stehen dessen Privatautonomie und jene gesetzliche Regelung, die das Mitwirkungserfordernis konstituiert und damit seinem Willen zur Geltung verhelfen soll. Die zwischen den verschiedenen Untergruppen materiell-rechtlich mitwirkungsbedürftiger Verwaltungsakte bestehenden Unterschiede erfordern auch bei der Beantwortung dieser Frage deren getrennte Untersuchung.

aa) Die Folgen der Geltendmachung eines Fehlers beim einwilligungsbedürftigen Verwaltungsakt

Stellt die gesetzlich vorgesehene Mitwirkungshandlung eine Bedingung für die Rechtmäßigkeit des Verwaltungsaktes dar, so führt deren nach Eintritt der Unanfechtbarkeit des Verwaltungsaktes vorgenommene Anfechtung zu dessen Rechtswidrigkeit. Nach Ablauf einer Monatsfrist nach seiner Bekanntgabe gegenüber dem Betroffenen erwächst der einwilligungsbedürftige Verwaltungsakt in eine formelle Bestandskraft und wird damit unanfechtbar (§ 70 VwGO). Das im Verfassungsrang stehende Prinzip der Rechtssicherheit gebietet dem Betroffenen, unter bestimmten Voraussetzungen eine ihn belastende materielle Ungerechtigkeit hinzunehmen, wenn er diese durch den rechtzeitigen Gebrauch der Rechtsmittel hätte abwehren können.1)

Der Grundsatz der Unanfechtbarkeit liefe leer, wenn allein die Rechtswidrigkeit eines Verwaltungsaktes ausreichen sollte, die Behörde zu einer neuen Sachentscheidung zu verpflichten.2) Die Wirksamkeit des Hoheitsaktes wird von der Anfechtung der Mitwirkungshandlung nicht berührt. Diese wird nur dann beeinträchtigt, wenn der Verwaltungsakt selbst mit Widerspruch und Anfechtungsklage angegriffen werden, was jedoch gemäß §§ 70, 74 VwGO durch den Eintritt seiner Unanfechtbarkeit ausgeschlossen ist.

Beantragt beispielsweise der Betroffene eine Genehmigung gemäß §§ 2, 9, 12 PBefG und wird diese in dem Antrag entsprechender Form erteilt, so schlägt eine nach dem Eintritt der Unanfechtbarkeit des Verwaltungsaktes erklärte Anfechtung nicht sofort und

---

1 OVG Koblenz, DVBl 1964, 773(775)
2 BVerwG, DVBl 1967, 159 f.

unmittelbar auf dessen Rechtsbestand durch. Die Bestandskraft des Verwaltungsaktes wird davon nicht berührt und der Betroffene hat die aus §§ 20, 21 PBefG resultierenden, ihn belastenden Folgen zunächst hinzunehmen. Die Anfechtung bleibt jedoch insoweit sinnvoll, als sie in Verbindung mit einem Antrag auf Rücknahme des Verwaltungsaktes nach § 48 VwVfG zu dessen Aufhebung führen kann.1)

bb) Die Folgen der Geltendmachung eines Fehlers beim Verwaltungsakt auf Unterwerfung

Die Anfechtung der Mitwirkungserklärung schlägt nur dann unmittelbar auf den Rechtsbestand des Verwaltungsaktes durch, wenn diese eine Bedingung für die Wirksamkeit des Verwaltungsaktes darstellt.2) Fällt diese Bedingung infolge Anfechtung weg, so kann auch der darauf beruhende Akt keine Geltung mehr besitzen. Sollte dagegen eingewandt werden, die Einflußnahme des Privaten könne nicht soweit gehen, daß er befugt sei, auch die Wirksamkeit eines Hoheitsaktes zu beeinflussen, so ist dem entgegenzuhalten, daß er nach dem derzeit geltenden Verfahrensrecht dazu sehr wohl befugt und in der Lage ist. Die gesetzlich vorgesehenen Rechtsbehelfe geben ihm ein Instrumentarium in die Hand, mit dem er in weitem Umfang auch den Rechtsbestand hoheitlicher Akte zu beeinflussen vermag. Daneben ist der Private durch Vornahme bzw. durch Nichtvornahme einer Mitwirkungshandlung befugt, den Erlaß eines Verwaltungsaktes zu beeinflussen. Die ihm vom Gesetzgeber eingeräumte (Mit-)Dispositionsbefugnis gibt dies deutlich zu erkennen. Allein die Tatsache, daß ein Verwaltungsakt erlassen worden ist, läßt die alleinige Entscheidungsbefugnis über seinen Rechtsbestand nicht auf die Verwaltung übergehen. Dies geschieht nicht einmal dann, wenn der Verwaltungsakt seine formelle Bestandskraft erlangt. Auch nach Erlaß des Verwaltungsaktes und nach dem Eintritt seiner Unanfechtbarkeit hat der Betroffene die Möglichkeit, durch die Anfechtung seiner Mitwirkungserklärung

---

1 Schnell, S.158; siehe dazu bereits 6. Kapitel, B.
2 Dazu 7. Kapitel, C., und 8. Kapitel, B. III.

auch die Unwirksamkeit des bereits bestandskräftigen Verwaltungsaktes herbeizuführen, wenn und soweit seine Erklärung eine Bedingung für dessen Wirksamkeit darstellt.

Besteht für den Betroffenen ein hinreichender Grund zur Anfechtung, etwa weil er durch fahrlässig oder vorsätzlich falsche Beratung seitens der Behörde zur Abgabe seiner Unterwerfungserklärung bestimmt worden ist, oder weil eine dritte Person seinen Antrag gefälscht hat, so muß diese sofort und unmittelbar auf den Rechtsbestand des Verwaltungsaktes durchschlagen und damit auch dessen Rechtswirksamkeit beseitigen. Nur die Anerkennung dieser Rechtsfolge trägt dem gesetzlichen Mitwirkungserfordernis ausreichend Rechnung, denn nach dem Willen des Gesetzgebers folgt die Zulässigkeit der hoheitlichen Maßnahme nicht allein aus dem (teil-)ermächtigenden Gesetz, sondern ist darüber hinaus dem Willen des Betroffenen unterworfen. Dieser wiederum ist nur geeignet, die gesetzlich vorgesehenen Rechtswirkungen auszulösen, wenn der Willensbildungs- und Willensäußerungsprozeß wirklich störungsfrei verlaufen ist. Der Private hat die aus dem Erlaß eines ihn betreffenden mitwirkungsbedürftigen belastenden Verwaltungsaktes resultierenden Beeinträchtigungen seiner Rechtssphäre endgültig nur dann hinzunehmen, wenn die Gestaltung und Ausübung seiner Unterwerfungserklärung fehlerfrei erfolgt ist. Ist diese Unterwerfungserklärung jedoch fehlerhaft, so kann ein das Lossagungsinteresse des Betroffenen überwiegendes Bestandsinteresse der Behörde nicht nachgewiesen werden.

Als Beispiele sind hier die Einverständniserklärung des Betroffenen unter die gebührenpflichtige Verwarnung gemäß § 56 Abs.2 OWiG, die Unterwerfung des Steuerpflichtigen unter die Pauschalbesteuerung gemäß §§ 12 GrEStG, 28 KapVerkStG und auch die Entlassung aus der Staatsbürgerschaft sowie die Entlassung aus dem Staatsdienst anzuführen. Wurde etwa der Beamte zur Stellung seines Entlassungsantrages durch arglistige Täuschung oder widerrechtliche Drohung veranlaßt, so beseitigt er mit seiner Anfechtungserklärung eine Wirksamkeitsbedingung des Verwaltungsaktes auf Unterwerfung und führt damit dessen Unwirksamkeit herbei.

Dieses Ergebnis erscheint auch im Hinblick auf eine erstrebenswerte Rechtssicherheit vertretbar. Zum einen ist für den Regelfall davon auszugehen, daß eine an Recht und Gesetz gebundene Verwaltung ihrer aus § 25 VwVfG resultierenden Auskunfts- und Beratungspflicht hinreichend nachkommt, so daß die Interessen des Betroffenen bereits im Verwaltungsverfahren entsprechende Beachtung finden. Die Fälle einer defekten Mitwirkungshandlung bilden also die Ausnahme. Weiterhin wird die hier zu untersuchende Fallgruppe schon dadurch reduziert, daß in weitem Umfange die Beseitigung einer defekten Mitwirkungshandlung bereits durch Widerruf oder Rücknahme erfolgen wird. Für den verbleibenden und zahlenmäßig geringfügigen Bereich angefochtener Mitwirkungshandlungen sind weiterhin diejenigen Fälle auszuscheiden, in denen der Betroffene rechtsirrig vom Vorliegen eines Anfechtungsrechtes ausging, im Ergebnis der Anfechtung jedoch in Ermangelung eines anerkennenswerten Anfechtungsgrundes der Erfolg versagt bleiben muß.

3. Die Gleichstellung fehlender und fehlerhafter Mitwirkungshandlungen ab dem Zeitpunkt der Geltendmachung der Fehlerhaftigkeit

Die Untersuchung der Folgen der Fehlerhaftigkeit einer Mitwirkungshandlung hat gezeigt, daß sich eine vorliegende Fehlerhaftigkeit erst durch ihre Geltendmachung seitens des Betroffenen auf das rechtliche Schicksal des Verwaltungsaktes auswirkt. Bis zu diesem Zeitpunkt ist das Vertrauen der Behörde als Erklärungsgegner in der Regel schutzwürdig, so daß eine grundsätzliche Vermutung dahingehend besteht, der Betroffene wolle eine von ihm vorgenommene Mitwirkungshandlung auch tatsächlich gegen sich gelten lassen. Daher bedarf es eines besonderen Aktes, will der Betroffene von den Rechtsfolgen seiner Mitwirkungshandlung wieder befreit werden. Vom Zeitpunkt der Geltendmachung der Fehlerhaftigkeit an sind fehlende und fehlerhafte Mitwirkungshandlungen gleich zu behandeln.

Auf der Grundlage der im Verlaufe dieser Untersuchung erarbeiteten Grundsätze[1] lassen sich allein aus dem Umstand, ob die Mitwirkungshandlung gänzlich fehlt oder tatsächlich vorliegt, aber fehlerhaft und infolge der Geltendmachung ihrer Fehlerhaftigkeit unwirksam ist, Folgen für den Bestand des Verwaltungsaktes nicht ableiten. Erkenntnisse über die Rechtsfolgen einer defekten Mitwirkungshandlung ergeben sich erst unter Berücksichtigung des gesetzlichen Mitwirkungserfordernisses, denn diesem ist zu entnehmen, welche Bedeutung der erforderlichen Mitwirkungshandlung zukommt. Bildet die Mitwirkungshandlung eine Rechtmäßigkeitsvoraussetzung für den Erlaß eines mitwirkungsbedürftigen Verwaltungsaktes, so führt deren Fehlen oder die Geltendmachung ihrer Fehlerhaftigkeit zu seiner Rechtswidrigkeit. Stellt hingegen die Mitwirkungshandlung eine Wirksamkeitsbedingung dar, so führt die Geltendmachung der Fehlerhaftigkeit zum Fortfall dieser Bedingung und damit zur Unwirksamkeit des Verwaltungsaktes.

---

1 Vgl. etwa 8. Kapitel, B. II., III.

Aus diesen Erwägungen folgt, daß fehlende und fehlerhafte Mitwirkungshandlungen nicht nur im Hinblick auf eine Fehlerheilung durch den Betroffenen gleichen Regeln unterliegen, sondern auch ab dem Zeitpunkt der Geltendmachung der Fehlerhaftigkeit in bezug auf das Schicksal des mitwirkungsbedürftigen Verwaltungsaktes die gleichen Rechtsfolgen erzeugen. Für die Rechtmäßigkeit oder Rechtswirksamkeit des Verwaltungsaktes ist es unerheblich, ob die Mitwirkungserklärung zu keinem Zeitpunkt wirksam vorgelegen hat, wie es etwa bei mangelnder Geschäftsfähigkeit des Mitwirkungsberechtigten der Fall ist, oder zunächst wirksam vorlag, später aber mit ex-tunc-Wirkung wieder weggefallen ist. In keinem dieser beiden Fälle beruht der erlassene Verwaltungsakt auf einer Mitwirkungshandlung, der die Rechtsordnung eine rechtserhebliche Bedeutung beimißt. Hier wie dort fehlt es an einem Beteiligungsakt des Betroffenen, der dem jeweiligen Mitwirkungserfordernis genügt.

9. Kapitel

Konkludente Ausübung der Mitwirkungshandlung durch die Schaffung eines erlaubnis- oder genehmigungspflichtigen Tatbestandes

A. Problemstellung

Bedarf der Erlaß eines Verwaltungsaktes einer entsprechenden Mitwirkungshandlung durch den Betroffenen - etwa in Form einer Einwilligungs- oder Unterwerfungserklärung - und weigert sich dieser, die erforderliche Erklärung abzugeben, obwohl er schon ein ihn begünstigendes, genehmigungspflichtiges Vorhaben ausführt, so stellt sich die Frage, ob dieses Verhalten die fehlende Mitwirkung zu ersetzen vermag und damit die Behörde zum rechtmäßigen Erlaß des Verwaltungsaktes berechtigt. Eine derartige Fallgestaltung ist in der Praxis recht häufig denkbar und wird im einschlägigen Schrifttum vorrangig anhand bestimmter Fallgruppen diskutiert. Hier bilden die straßenrechtliche Sondernutzungsgenehmigung und die Baugenehmigung anschauliche Beispiele. Beiden Genehmigungen ist gemein, daß sie einen begünstigenden Verwaltungsakt darstellen, der einen Antrag des Betroffenen voraussetzt. Während das Antragserfordernis bei der Baugenehmigung jeweils ausdrücklich in den gesetzlichen Vorschriften enthalten ist,1) ergibt es sich im Fall der straßenrechtlichen Sondernutzung implizit aus den entsprechenden Vorschriften.2)

Aus der Statuierung der Genehmigungspflicht folgt, daß die Erteilung der Genehmigung durch die zuständige Behörde eine Mitwirkungshandlung des Erlaubnisnehmers voraussetzt. Die "Beantragung" der Erlaubnis setzt einen hier sog. materiellen Antrag voraus. Der Erlaubnisnehmer erklärt zum einen, daß er die Einleitung eines Verwaltungsverfahrens wünsche, an dessen Ende der

---

1 Vgl. etwa §§ 71 NBauO, 89 BremLBO und die entsprechenden Vorschriften der anderen Bundesländer.

2 Z.B.: § 18 Abs.1 NStrG, § 18 Abs.1 BremLStrG; ähnlich auch § 8 Abs.1 GüKG, § 7 Abs.1 WaffG

Erlaß eines Verwaltungsaktes mit dem von ihm begehrten Regelungsinhalt steht, und zum anderen sein Einverständnis, das neben dem Gesetz die materielle Grundlage für den Hoheitsakt darstellt. Ob das Mitwirkungserfordernis ausdrücklich oder implizit in den jeweiligen gesetzlichen Vorschriften enthalten ist, macht keinen Unterschied.1)

Führt der Private das genehmigungspflichtige Vorhaben tatsächlich aus, ohne zuvor die erforderliche Genehmigung beantragt zu haben, so fragt sich, ob in seinem tatsächlichen Verhalten ein Umstand gesehen werden kann, der dem jeweils gültigen Mitwirkungserfordernis genügt. Dies ist insbesondere dann zweifelhaft, wenn der Betroffene ausdrücklich erklärt, er verweigere die Vornahme seiner erforderlichen Mitwirkungshandlung. In diesen Fällen könnte der Erlaß eines mitwirkungsbedürftigen Verwaltungsaktes unzulässig sein, denn es konnte festgestellt werden, daß der Erlaß eines mitwirkungsbedürftigen Verwaltungsaktes die einverständliche Beteiligung des Betroffenen voraussetzt. Seine ausdrückliche Erklärung besagt jedoch, daß er dieses Einverständnis verweigert. Im Widerspruch zum Inhalt seiner Erklärung befindet sich sein tatsächliches Verhalten, das er mangels Genehmigung unzulässigerweise ausübt und die Behörde veranlassen könnte, repressiv gegen ihn vorzugehen.

Ob und inwieweit die Behörde befugt ist, gegen ihn einzuschreiten und die Durchführung seines Vorhabens zu unterbinden, gehört nicht zum Gegenstand dieser Untersuchung. Von Interesse ist aber, ob die Behörde aufgrund der tatsächlichen Umstände befugt ist, eine Genehmigung zu erteilen und somit dem Vorhaben zur Rechtmäßigkeit zu verhelfen. Die beiden genannten Beispiele scheinen auf den ersten Blick identisch zu sein, weisen jedoch einen bedeutsamen Unterschied auf. Die Wirkung von Baugenehmigung und Sondernutzungserlaubnis weichen insoweit voneinander ab, als durch die Erteilung einer Baugenehmigung der im Regelfall vor-

---

1 Vgl. dazu bereits die Ausführungen zum Antragsverfahren, 1. Kapitel, B. I. 2.

liegenden materiellen Legalität die formelle Legalität noch hinzugefügt wird, während durch die Sondernutzungserlaubnis eine ansonsten rechtswidrige Nutzung materiell und formell legalisiert wird. Die Erteilung einer Genehmigung oder Erlaubnis kommt aber nur dann in Betracht, wenn dem tatsächlichen Verhalten des Pflichtigen gegenüber seiner ausdrücklich widersprechenden Erklärung der Vorrang einzuräumen ist.

Neben der Möglichkeit, in der Schaffung der erlaubnis- oder genehmigungspflichtigen Sachlage eine konkludente oder fiktive Mitwirkungshandlung zu erblicken und diese dem jeweiligen Mitwirkungserfordernis genügen zu lassen, könnte für die Behörde die Befugnis bestehen, den Erlaubnispflichtigen zur Abgabe einer den Form- und Verfahrenserfordernissen entsprechenden Mitwirkungserklärung, etwa in Gestalt eines materiellen Antrages, zu zwingen. Hat der Bauherr, ohne eine Baugenehmigung zu beantragen, mit der Ausführung seines Bauvorhabens begonnen und entspricht dieses dem materiellen Baurecht, so kommen neben der Stillegungsverfügung wegen formeller Baurechtswidrigkeit[1] die Erteilung einer Baugenehmigung und die Erzwingung eines Bauantrages in Betracht.[2]

---

1 So etwa gemäß § 89 Abs.1 Nr.1 NBauO, § 63 Abs.1 Nr.1 LBO BW; zu den Voraussetzungen im einzelnen vgl.etwa G.Schlez, Landesbauordnung für Baden-Württemberg, § 63 Rdnr.2 ff.; H.K. Schmaltz, in: Grosse-Suchsdorf/Schmaltz/ Wiechert, Niedersächsische Bauordnung, § 89 Rdnr.2 ff.

2 Dazu 10. Kapitel

B. Der Streitstand in Schrifttum und Rechtsprechung

I. Befürwortende Auffassung

Nach herrschender in Schrifttum1) und Rechtsprechung2) vertretener Ansicht vermag das tatsächliche Verhalten des Erlaubnis- oder Genehmigungspflichtigen seine ausdrückliche Mitwirkungserklärung zu ersetzen und kann damit auch konkludent erfolgen.

Die Ansicht von der Zulässigkeit einer konkludenten Mitwirkung wird häufig nicht näher begründet. Es findet sich mitunter lediglich die Feststellung, daß eine Antragstellung auch konkludent erfolgen könne.3) Danach genügt es, wenn der Antragteller seinem Begehren in einer Weise Ausdruck verleiht, die für die Behörde bei verständiger Würdigung der Gesamtsituation erkennen läßt, daß er die Gewährung einer antragsbedürftigen Leistung begehrt.4)

In einigen Urteilen wird ausführlich dargelegt, warum die erforderliche Mitwirkung des Betroffenen auch konkludent erfolgen kann. Es ist zunächst ein Urteil des Bundesverwaltungsgerichts hervorzuheben.5) Diesem Urteil liegt ein Streit über die Ertei-

---

1 Bachof, Verfassungsrecht, Verwaltungsrecht, Verfahrensrecht in der Rechtsprechung des Bundesverwaltungsgerichts, Band I, S.250 f.; Badura, JuS 1964, 103(107); Borgs, in: Meyer/Borgs, VwVfG, § 22 Rdnr. 7; Clausen, in: Knack, VwVfG, § 22 Rdnr. 4.2; Geck/Furkel, JuS 1968, 35 (36); Gusy, BayVBl 1985, 484 (485); Hablitzel, BayVBl 1974, 392(396); B. Hofmann, Der Auftrag auf beamtenrechtliche Versorgungsleistungen, ZBR 1965, 6(11); Kopp, VwVfG, § 22 Rdnr.15; G. Kuhn, Landesverwaltungsgesetz Schl.-Holst., § 82 Anm.5.; Schnell, S.69; Stelkens, in: Stelkens/Bonk/Leonhardt, VwVfG, § 35 Rdnr. 118; Weides, Verwaltungsverfahren und Widerspruchsverfahren, § 4 III 7, S.44; Weyreuther, DVBl 1969, 295.

2 BVerwGE 11, 18(21); BVerwG, MDR 1963, 527; BSGE 2, 273(275); 3, 112

3 So etwa Borgs, in: Meyer/Borgs, VwVfG, § 22 Rdnr.7; Gusy, BayVBl 1985, 484(485); Kopp, VwVfG, § 22 Rdnr.15; Leonhardt, in: Stelkens/Bonk/Leonhardt, VwVfG, § 22 Rdnr.12; Stelkens, in: Stelkens/Bonk/Leonhardt, VwVfG, § 35 Rdnr. 118; Weyreuther, DVBl 1969, 295.

4 BVerwG, MDR 1963,527; Geck/Furkel, a.a.O.; Hofmann,a.a.O.

5 BVerwGE 11, 18

lung einer Zweckentfremdungsgenehmigung bei der Wohnraumbewirtschaftung zugrunde. Der Betroffene hatte Wohnräume in Praxisräume umgewandelt und sie als solche benutzt. Die insoweit bedeutsame, durch das Gericht zu entscheidende Frage war, ob die Wohnungsbehörde im Falle der Zweckentfremdung von Wohnraum die erforderliche Zweckfremdungsgenehmigung erteilen und darüber hinaus noch mit einer Auflage1) versehen durfte, obwohl der Erlaubnispflichtige die Stellung des erforderlichen Antrages verweigerte. Dazu hat das Bundesverwaltungsgericht entschieden, daß vom Vorliegen eines Antrages dann abgesehen werden könne, wenn die Herstellung des gesetzmäßigen Zustandes, ohne übergeordnete Interessen zu verletzen, nur durch die Erteilung der Genehmigung zu erreichen sei, der Erlaubnispflichtige sich aber weigere, diese zu beantragen. Die auf diese Weise erteilte Genehmigung gestatte auch ihre Verbindung mit einer den Betroffenen belastenden Auflage.

Auch in der Sozialgerichtsbarkeit wird die Zulässigkeit einer konkludenten Mitwirkungshandlung angenommen. Insbesondere das Bundessozialgericht hat in zwei grundlegenden Entscheidungen2) dargelegt, daß die Rechtswirksamkeit eines Antrages nicht verlange, daß der Antragsteller ausdrücklich und formgerecht erklärt habe, er wünsche die Gewährung einer bestimmten Leistung. Der Anspruch auf Witwenrente setze einen entsprechenden Antrag voraus,3) der keiner besonderen Form bedürfe. Dieser Anspruch fordere nur eine auf Gewährung der Leistung gerichtete Willenserklärung gegenüber dem Versicherungsamt, der Versicherungsanstalt oder gegenüber einer anderen Behörde. Auch ein "Vorstelligwerden" des Antragstellers bei der Behörde könne als Antragstellung zu qualifizieren sein. Bei der Beurteilung des Verhaltens des Betroffenen, das sein Verlangen zum Ausdruck bringe, sei die allgemeine Lebenserfahrung zu berücksichtigen, daß es einer Witwe un-

---

1 Zahlung von DM 3.000,-- an das Wohnungsamt.

2 BSGE 2, 273, betreffend der Voraussetzungen wirksamer Antragstellung bei der Gewährung von Witwenrente; BSGE 3, 112, zur konkludenten Antragstellung bei der Gewährung von Alu und Alfu, hier Familienzuschläge gemäß § 103 Abs.1 AVAVG a.F.

3 §§ 41 Abs.1 AVG a.F., 1286 Abs.1 RVO a.F.

mittelbar nach dem Tode ihres Mannes im Zweifel nicht nur darum gehe, sich von der Behörde eine "Auskunft" einzuholen, sondern vielmehr darum, alles zu tun, was geeignet sei, ihr künftig einen gewissen Ersatz für den Verdienst ihres Mannes zu bieten.1)

Die Behörde könne sich ebenfalls nicht darauf berufen, daß der Antragsteller einen ihm überreichten Vordruck unrichtig ausgefüllt habe. Es sei Aufgabe der Behörde, den Antragsteller zu fragen, ob er tatsächlich eine ihm zustehende Leistung begehre oder nicht. Die Behörde sei demgegenüber nicht berechtigt oder gar verpflichtet, die Unkenntnis oder mangelnde Gewandtheit der Betroffenen zu Einsparungen zu benutzen. Insbesondere der Sozialgesetzgeber erwarte vielmehr, daß Leistungen, die dem geschützten Personenkreis zustünden, auch gewährt würden.2)

In seiner bereits zitierten Entscheidung3) hat der Hessische Verwaltungsgerichtshof unter ausdrücklicher Aufgabe seiner bisherigen Rechtsprechung4) entschieden, daß Anträge nach § 22 VwVfG auch stillschweigend/konkludent gestellt werden könnten. Der Antrag auf Erlaß eines Verwaltungsaktes sei eine Willenserklärung des öffentlichen Rechts, für deren rechtliche Behandlung die allgemeinen Grundsätze des bürgerlichen Rechts über Willenserklärungen entsprechend anzuwenden seien. Für ihre Auslegung gelte daher § 133 BGB. Soweit keine Formvorschriften entgegenstünden, könnten Anträge auch durch schlüssiges Verhalten abgegeben werden. In derartigen Fällen fände das Gewollte nicht unmittelbar in einer Erklärung seinen Ausdruck, der Erklärende nehme aber Handlungen vor, die unmittelbar den Schluß auf einen bestimmten Rechtsfolgewillen zuließen. Bei der Auslegung dieses Verhaltens sei auf den objektiven Erklärungsinhalt, wie er sich für den Empfänger darstelle, sowie die Verkehrssitte unter Beachtung von Treu und Glauben abzustellen.

---

1 BSGE 2, 273(276)
2 BSGE 3, 112(114 f.)
3 HessVGH, NVwZ 1985, 498; vgl. bereits die Erörterung dieser Entscheidung unter 7. Kapitel, B. II.
4 HessVGH, DÖV 1968, 809 = MDR 1968, 955

II. Eingeschränkte Befürwortung

Zum Teil wird auch die Auffassung vertreten, die Ausübung konkludenter Mitwirkung sei nur in bestimmten Fällen oder nur unter bestimmten Voraussetzungen zulässig.

Bachof1) ist der dargestellten Entscheidung des Bundesverwaltungsgerichts entgegengetreten und hat das dortige Ergebnis als bedenklich bezeichnet. Nach seiner Auffassung ist es grundsätzlich zulässig, eine Genehmigung auch ohne Antrag zu erteilen, da durch diese der Empfänger der Genehmigung im allgemeinen nicht beschwert werde. Anderes gelte jedoch, wenn die Genehmigung mit einer Auflage verbunden sei, denn durch diese würde der Adressat belastet. Sei die Begünstigung mit einer Belastung verbunden, dürfe sie dem Begünstigten nicht ohne seinen Antrag oder ohne sein Einverständnis aufgenötigt werden.2)

Nach der von Hablitzel3) vertretenen Ansicht läßt sich der fehlende Antrag dann rechtlich einwandfrei konstruieren, wenn eine erlaubnis- oder genehmigungspflichtige Sachlage mit erkennbarem entsprechenden Willen geschaffen worden sei. Dies gelte umso mehr dann, wenn der Betroffene von der Behörde über die rechtliche Lage aufgeklärt worden sei. Die dogmatische Begründung seiner Ansicht gewinnt Hablitzel aus einer entsprechenden Anwendung der Grundsätze für die stillschweigende zivilrechtliche Willenserklärung auf die öffentlich-rechtliche Willenserklärung. Die Schaffung einer erlaubnis- oder genehmigungspflichtigen Sachlage genüge selbst dann dem Mitwirkungserfordernis, wenn ein entgegengesetzter Wille erklärt würde. Die dem Gemeinen Recht

---

1 Bachof, Verfahrensrecht, Verwaltungsrecht, Verfahrensrecht in der Rechtsprechung des Bundesverwaltungsgerichts, Band I, S.250 f.

2 So auch Schnell, S.69, der in diesen Fällen die durch die Gebührenpflicht eintretende Belastung als "unverhältnismäßig im engeren Sinne" ansieht.

3 Hablitzel, BayVBl 1974, 392(396)

entliehene Regel "protestatio facto contraria non valet" gelte auch hier.

Weides,1) der ebenfalls den Erlaß eines Verwaltungsaktes in diesen Fällen für zulässig erachtet, stellt im Gegensatz zu Hablitzel nicht auf den (vermuteten) Willen des Betroffenen ab, sondern räumt dem öffentlichen Interesse an der Legalisierung des rechtswidrigen Zustandes den Vorrang ein.2) Danach könne ein sonst nur auf Antrag zu erlassender Verwaltungsakt sogar gegen den Willen des Antragsberechtigten ergehen.

Nach der von Badura3) vertretenen Auffassung kommt es entscheidend darauf an, ob die Genehmigungspflicht einem repressiven Verbot mit Befreiungsvorbehalt oder einem präventiven Verbot mit Erlaubnisvorbehalt entspringt. Nur beim repressiven Verbot sei die Schaffung einer genehmigungspflichtigen Sachlage geeignet, den Antrag des Genehmigungspflichtigen zu ersetzen. Die Befugnis der Behörde, von Amts wegen tätig zu werden, führe dazu, das Verhalten des Betroffenen als materiellen Mitwirkungsakt anzuerkennen. In diesen Fällen ergebe sich aus der Funktion der Genehmigungspflicht, daß es auf eine der Erteilung der Genehmigung zustimmende öffentlich-rechtliche Willenserklärung des Betroffenen nicht ankomme, sondern dessen tatsächliches Verhalten eine hinreichende materiell-rechtliche Voraussetzung für den Erlaß eines Verwaltungsaktes darstelle. Das Beispiel des Baugenehmigungsverfahrens zeige, daß beim präventiven Verbot mit Erlaubnisvorbehalt diese Grundsätze keine Anwendung fänden. Hier könne ein Beseitigungsverfahren von Amts wegen durchgeführt werden, welches aber materielle Baurechtswidrigkeit voraussetze. Um diese prüfen zu können, müsse ein Bauaufsichtsverfahren stattfinden, das antragsbedingt sei. Der Bauantrag könne nach bayerischem Baurecht im Wege des Verwaltungszwanges erzwungen werden. Daher

---

1 Weides, Verwaltungsverfahren und Widerspruchsverfahren, § 4 III. 7., S.44
2 Ebenso Schnell, S.69; Bachof, a.a.O., S.250
3 Badura, JuS 1964, 103(106 f.)

sei die Schaffung eines erlaubnispflichtigen Tatbestandes für den Erlaß der Genehmigung nicht als ausreichend anzusehen.

Schnell1) hingegen behandelt die Schaffung einer erlaubnis- oder genehmigungspflichtigen Sachlage unter einem anderen rechtsdogmatischen Aspekt. Er betrachtet die Herstellung eines tatsächlichen Zustandes nicht als konkludenten Antrag, sondern fragt, ob es in einem solchen Fall eines Antrages überhaupt bedarf oder ob er verzichtbar ist, weil die Gründe nicht vorliegen, welche die Antragsbedürftigkeit auslösen. Habe der Betreffende die erlaubnis- oder genehmigungspflichtige Sachlage bereits geschaffen, so sei die Erteilung der Erlaubnis oder Genehmigung auch ohne Antrag geeignet, das gesetzgeberische Ziel, die Legalisierung des Vorhabens zu erreichen. Jedoch sei auch nach Schaffung der erlaubnis- oder genehmigungspflichtigen Sachlage ein Antrag erforderlich, wenn die Genehmigung oder Erlaubnis - wie in der Regel- etwa durch die Auslösung einer Gebührenpflicht belastend wirke. Der eingetretene rechtswidrige Zustand könne durch Erteilung der Erlaubnnis oder Genehmigung oder auch durch eine Sanktion - etwa durch eine Beseitigungsanordnung - beendet werden. Die Behörde sei verpflichtet, von den in Betracht kommenden Möglichkeiten diejenige zu wählen, die den Betroffenen am wenigsten belaste. Auch hierbei sei dem Betroffenen die Wahl zu belassen. Nur wenn dieser sich nicht erkläre, habe die Behörde das objektiv mildere Mittel anzuwenden. Weil in diesem Falle eine Antragstellung nicht mehr erforderlich sei, erübrige sie sich im Wege teleologischer Reduktion auch dann, wenn sie vom Gesetzgeber ausdrücklich vorgeschrieben sei. Dies gelte auch dann, wenn ein schriftlicher Antrag gefordert werde, denn dieser sei verzichtbar, weil alle Funktionen, denen die Schriftform diene, auch durch die tatsächliche Vornahme der Handlung gewahrt würden. Der Inhalt des "Antrages" sei durch die tatsächliche Vornahme der Handlung beweisbar, und ein Schutz vor Übereilung zugunsten des Antragstellers

---

1 Schnell, S.69 ff.

komme dann nicht mehr in Betracht, wenn er die Handlung schon ausgeführt habe.

Selbst beim Baugenehmigungsverfahren hält Schnell den Antrag für entbehrlich. Weil beim sog. "Schwarzbau" die Genehmigungserteilung in aller Regel nur dann möglich sei, wenn die Bauvorlagen eingereicht würden, da ohne diese die Genehmigungsfähigkeit des Bauvorhabens nicht beurteilt werden könne, sei die Behörde befugt, diese zu fordern und ihre Forderung im Verwaltungszwang durchzusetzen. Die Bauvorlagen seien in hinreichendem Maße geeignet, das ausgeführte Vorhaben zu umreißen und damit eine ordnungsgemäße Durchführung des Verfahrens zu ermöglichen. Der Entbehrlichkeit des Bauantrages stünden daher keine Bedenken entgegen.

Das Oberverwaltungsgericht Koblenz1) hat festgestellt, die Schaffung eines genehmigungspflichtigen Tatbestandes könne für sich genommen eine Genehmigung von Amts wegen regelmäßig nicht rechtfertigen. Die Genehmigungserteilung nach § 8 Abs.1 TierschutzG könne nur erteilt werden, wenn der Betroffene zuvor in seinem Antrag umfassend darlege, daß die weiteren Voraussetzungen2) der Genehmigung vorliegen. Diese Darlegungspflicht zeige, daß Genehmigungen nach § 8 TierschutzG nicht in einem Amts-, sondern nur in einem Antragsverfahren erteilt werden könnten. Dieses wiederum setze einen Antrag des Betroffenen voraus. Diese Ansicht folge dem Willen des Gesetzgebers, der in den Motiven zu dieser Bestimmung ausdrücklich nur vom "beantragten" Versuchsvorhaben spreche.3) Die vom Bundesverwaltungsgericht4) entwickelten Grundsätze, nach denen ausnahmsweise auf einen vorgeschriebenen Antrag verzichtet werden könne, wenn die

---

1 OVG Koblenz, NVwZ 1986, 576 ff.

2 Etwa der Nachweis, daß die angestrebten Ergebnisse nicht durch andere Methoden zu erreichen sind, der Leiter und sein Stellvertreter die gebotene Zuverlässigkeit besitzen, eine ordnungsgemäße Behandlung der Tiere gewährleistet ist, usw.; vgl. im einzelnen A. Lorz, TierSchG, § 8 Rdnr.5 ff.

3 Vgl. BT-Drucks. VI/2559, S.11

4 BVerwG 11, 18

Herstellung eines gesetzmäßigen Zustandes nur durch die Erteilung einer Genehmigung zu erreichen sei, könnten nicht verallgemeinert werden. Denn der Umstand, daß die Behörde zu einem Tätigwerden von Amts wegen berufen sei, besage nichts über das Ergebnis ihres Einschreitens. Die mitunter vorgenommene Abgrenzung zwischen repressiven und präventiven Verboten sei ungeeignet, Auskunft über den Rechtswert der Mitwirkungshandlung zu erteilen.

Hingegen mache es einen Unterschied, ob der Betroffene einen Antrag auf Erteilung der benötigten Genehmigung schlicht unterlasse, weil er trotz Kenntnis seiner Notwendigkeit sich lediglich die Arbeit sparen möchte oder finanzielle Nachteile befürchtet, oder aber ob er einen Antrag nicht stelle, weil er davon überzeugt sei, aus Rechtsgründen keiner Genehmigung zu bedürfen. Nur im ersten Fall könne der gebotene materiellrechtliche Mitwirkungsakt in der Schaffung des genehmigungspflichtigen Sachverhaltes gesehen werden, und die Weigerung des Betroffenen, einen Antrag zu stellen, sei unbeachtlich. Soweit aber der Betroffene meine, es bedürfe für die Ausübung seines Verhaltens keiner Genehmigungserteilung und damit auch keines Antrages, so müsse die Behörde eine Untersagungsverfügung erlassen oder ein Bußgeldverfahren einleiten.

III. Ablehnende Auffassung

Es wird auch die Auffassung vertreten, die Zulässigkeit konkludenter Mitwirkung sei nicht anzuerkennen. Hierbei ist jedoch nicht immer klar erkennbar, ob dies grundsätzlich oder nur für die jeweils diskutierten Beispielsfälle gelten soll.

Gegen die Möglichkeit, in der Schaffung eines erlaubnis- oder genehmigungspflichtigen Tatbestandes einen Umstand zu sehen, der die erforderliche Mitwirkungshandlung ersetzen könnte, wird insbesondere anhand des Baugenehmigungsverfahrens argumentiert, daß der Antrag eine notwendige Mitwirkungshandlung darstelle, die unverzichtbar sei.1) Der Bauantrag bilde gemeinsam mit den Bauvorlagen nicht lediglich den Anstoß für ein behördliches Genehmigungsverfahren, sondern sei Ausgangspunkt und Grundlage für eine weitverzweigte Beteiligung von Behörden und Privatpersonen. Er sei die Grundlage für die Beteiligung der Nachbarn, Sachverständigen und anderer Behörden.2) Die Baugenehmigung als mitwirkungsbedürftiger Verwaltungsakt setze zu ihrer Wirksamkeit voraus, daß sie beantragt worden sei; eine Baugenehmigung ohne Antrag sei unwirksam. Daher könne die erforderliche Antragstellung nicht durch die Erstellung des Bauvorhabens ersetzt werden. Es stelle einen Anreiz zum "Schwarzbauen" dar, wenn man sich durch die Errichtung eines Bauwerkes sämtlicher Mühen3) entledigen könnte und bedeute somit eine Privilegierung desjenigen, der gegen die gesetzlichen Vorschriften verstoße.

Dölker ist der Ansicht, daß auch nach der Errichtung eines "Schwarzbaues" der Antrag eine notwendige Mitwirkungshandlung darstelle, von der nicht abgesehen werden könne. Die Bayerische Bauordnung habe die Notwendigkeit einer Verpflichtung zur Antragstellung erkannt und in Art.100 S.3 BayBauO eine entsprechende Regelung vorgesehen, die ein schwerwiegendes Indiz für die Bedeutung, die der Gesetzgeber dem Bauantrag zumesse, darstelle. Der Halbsatz "wenn nicht auf andere Weise rechtmäßige Zustände hergestellt werden können" besage, daß bei genehmigungspflichtigen Anlagen ein Beseitigungsverfahren erst dann eingeleitet werden könne, wenn feststehe, daß keine Baugenehmigung zu erteilen sei. Dabei handele es sich um keinen Zwang zur Antragstellung im Rahmen eines Beseitigungsverfahrens, sondern um die Einleitung eines dem Beseitigungsverfahren vorausgehenden Genehmigungsverfahrens.4)

---

1 W. Dölker, Baugenehmigung ohne Antrag und stillschweigende Baugenehmigung?, BayVBl 1974, 400(401).

2 So etwa nach Art.87, 89 BayBauO, § 72 NBauO oder § 94 BremLBO

3 Stellung des schriftlichen Antrages, Verwendung des vorgeschriebenen Formblattes, Behördengänge, Unterschrift des Nachbarn, u.s.w.

4 Dölker, a.a.O., S.402

Diese Ansicht teilt der Bayerische Verwaltungsgerichtshof,1) der betont, eine Bauanlage könne nur dann Gegenstand eines Baugenehmigungsverfahrens sein, wenn ihre Genehmigung ausdrücklich schriftlich beantragt worden sei. Die für andere bauliche Anlagen beantragte und erteilte Genehmigung erstrecke sich nicht auf ein Bauvorhaben, das lediglich in den für die Beurteilung der anderen Bauanlagen und die Beurteilung des für dieses gestellten Bauantrages eingereichten Unterlagen dargestellt worden sei. Dem Gesetz,2) das die Schriftlichkeit des Bauantrages fordere, werde nicht genügt, wenn die zu genehmigende bauliche Anlage nur in den Bauvorlagen, nicht aber im Bauantrag dargestellt werde. Nur der schriftliche Bauantrag sei geeignet, den Gegenstand des Baugenehmigungsverfahrens zu bestimmen.

Auch in den Kommentierungen zu den Bauordnungen der Bundesländer finden sich Stellungnahmen, die gegen die Anerkennung der Möglichkeit einer konkludenten Antragstellung gerichtet sind. Dabei wird die Einreichung eines schriftlichen Bauantrages als unabdingbare Voraussetzung für die wirksame Erteilung einer Baugenehmigung angesehen.3) Schmaltz hat argumentiert, das Gesetz schreibe aus Gründen der Rechtssicherheit und Rechtsklarheit für den Bauantrag zwingend die Schriftform vor. Dieser sei nur schriftlich und ausdrücklich zu stellen. Demgegenüber genüge die Herstellung eines genehmigungspflichtigen Zustandes nicht, denn

---

1 BayVGH, BayVBl 1973, 295 f.

2 Hier: Art. 86 Abs.1 BayBauO, ebenso § 71 Abs.1 NBauO, § 89 Abs.1 BremLBO, § 53 Abs.1 LBO BW, § 63 Abs.1 BO NW, § 57 Abs.1 BauOBln und die Parallelvorschriften der übrigen Bundesländer.

3 D. Böckenförde, in: Gädtke, BauO NW, § 63 Rdnr.3; H.-G.Rößler, BauO NW, § 63 Anm.1; G. Schlez, LBO BW, § 53 Rdnr.2; H.K. Schmaltz, in: Grosse-Suchsdorf/Schmaltz/Wiechert, NBauO, § 71 Rdnr.1 und 3; H.Schwarzer, BayBauO, Art.69 Anm.2; A. Simon, BayBauO, Art.69 Rdnr.1 a.

dadurch werde der Bauantrag nicht stillschweigend gestellt.1) Die bisher herrschende Meinung, nach der die ohne Antrag erteilte Baugenehmigung als schwebend unwirksam betrachtet worden sei, könne nach Inkrafttreten der §§ 43 ff. VwVfG nicht mehr aufrechterhalten werden. § 43 VwVfG schließe einerseits eine schwebende Unwirksamkeit aus, andererseits sehe § 45 Abs.1 Nr.1 VwVfG die Nachholung des Antrages mit heilender Wirkung nur dann vor, wenn der fehlende Antrag nicht zur Nichtigkeit führe. Das Fehlen des Bauantrages stelle aber einen offenkundigen Fehler im Sinne des § 44 VwVfG dar, der die Nichtigkeit der Baugenehmigung zur Folge habe.2)

Auch Schlez3) will die Erteilung einer Genehmigung ausschließen, wenn ein Bauwerk ohne den erforderlichen Bauantrag errichtet wurde, weil die Baugenehmigung einen mitwirkungsbedürftigen Verwaltungsakt darstelle. Sei eine genehmigungspflichtige Anlage ohne Genehmigung errichtet worden, könne die Behörde vom Bauherrn die Einreichung eines Bauantrages verlangen, denn der teilweise oder vollständige Abbruch einer Anlage könne nur dann angeordnet werden, "wenn nicht auf andere Weise die rechtmäßigen Zustände hergestellt werden könnten". Liege ein Widerspruch zu öffentlichrechtlichen Vorschriften nur insofern vor, als eine Anlage ohne die erforderliche Genehmigung errichtet worden sei, so könne dem Bauherrn die Auflage gemacht werden, einen ordnungsgemäßen Antrag auf Erteilung einer Baugenehmigung einzureichen.4)

Diese Ansicht teilt auch Simon,5) der ausführt, daß die Behörde verpflichtet sei, dafür zu sorgen, daß bei der Errichtung bauli-

---

1 Schmaltz, a.a.O., § 71 Rdnr.3, jedoch insoweit widersprüchlich, als er zunächst eine ausdrückliche Antragstellung fordert, im folgenden aber dann auch die konkludente Stellung eines Antrages anerkennt. "Die Vorlage eines Bauantrages kann, wenn er weder ausdrücklich noch konkludent gestellt ist, auch nicht erzwungen werden, ...".

2 Schmaltz, a.a.O., § 71 Rdnr.1

3 Schlez, LBO BW, § 53 Rdnr.2 f.

4 Schlez, LBO BW, § 64 Rdnr.25

5 H. Simon, BayBauO, Art.82 Rdnr.63

cher Anlagen die öffentlich-rechtlichen Vorschriften eingehalten würden. Dazu gehöre, neben den materiell-rechtlichen Vorschriften, auch, daß die vorgeschriebene Baugenehmigungspflicht beachtet werde. Um in einem Baugenehmigungsverfahren die Zulässigkeit des Vorhabens zu überprüfen und die Baugenehmigung erteilen zu können, sei es erforderlich, daß der Bauherr bei der Behörde einen Bauantrag stelle und die Bauvorlagen nach der Bayerischen Bauverfahrensordnung1) vorlege. Da die Baugenehmigung einen mitwirkungsbedürftigen Verwaltungsakt darstelle, der nichtig sei, wenn er ohne wirksamen Bauantrag erlassen werde, müsse die Behörde das Recht haben zu verlangen, daß ein Bauantrag gestellt werde. Ein Bauantrag mit Bauvorlagen könne dann verlangt werden, wenn sachgerechte Gründe dafür vorlägen. Insbesondere sei davon abzusehen, wenn bei einem "Schwarzbau" von vorneherein feststehe, daß er nicht genehmigungsfähig sei, weil er etwa aus den Gründen des § 35 Abs.3 BBauG dem Baurecht widerspreche.

Selbst wenn die materielle Rechtmäßigkeit des Vorhabens auf der Hand läge, könne ein Bauantrag gefordert werden, da die Bauaufsichtsbehörden die nach Art.65 BayBauO vorgeschriebene Baugenehmigungspflicht zu beachten hätten. Die Anordnung, einen Bauantrag zu stellen und die Baupläne vorzulegen, sei ein anfechtbarer und kostenpflichtiger Verwaltungsakt,2) der gegen den Bauherrn als richtigen Adressaten zu richten sei. Diese Anordnung sei in der Regel mit der gleichzeitigen Androhung eines Zwangsgeldes nach Art.31 VwZVG zu verbinden. Mit dem Zwangsgeld, das wiederholt angewendet werden könne, sei die Anordnung notfalls durchzusetzen. Sei dieses wiederum aus irgendeinem Grunde nicht möglich, so könne mangels eines Bauantrages eine nachträgliche Genehmigung nicht erteilt und rechtmäßige Zustände nicht hergestellt werden.3)

---

1 Verordnung über das bauaufsichtliche Verfahren (Bauaufsichtliche Verfahrensordnung - BauVerfV) vom 2. Juli 1980 (BayGVBl S.57), geändert durch Verordnung vom 17. 12.1986 (BayGVBl S.13).

2 Ebenso H.Koch/P.Molodovsky, BayBauO, Art.86 Rdnr.2, Art. 100 Rdnr.3

3 Simon, a.a.O., Art.82 Rdnr.63

Ule[1]) hält beim Genehmigungsverfahren nach § 10 BImSchG den schriftlichen Antrag für unabdingbar. Obwohl das Genehmigungsverfahren kein förmliches Verfahren im Sinne des § 63 VwVfG sei, entspreche nur ein schriftlicher Antrag den Anforderungen des § 10 Abs.1 S.1 BImSchG. Liege kein schriftlicher Antrag vor, so könne eine rechtswirksame Genehmigung nicht erteilt werden. Werde sie dennoch erteilt, so sei sie wie eine ohne Antrag erfolgte Genehmigung nichtig. Aus der Regelung des § 10 Abs.1, 3, 4, 6 und 7 BImSchG folge, daß das Fehlen des Antrages einen besonders schwerwiegenden Fehler darstelle, der gemäß § 44 Abs.1 VwVfG zur Nichtigkeit der Genehmigung führe.

Eine ablehnende Haltung zur Zulässigkeit konkludenter Mitwirkung nahm der Hessische Verwaltungsgerichtshof[2]) ein und setzte sich damit ausdrücklich in Widerspruch zu der eingangs dargestellten Rechtsauffassung des Bundesverwaltungsgerichts.[3]) In einem Fall der straßenrechtlichen Sondernutzung hat er entschieden, daß die Schaffung eines genehmigungspflichtigen Tatbestandes nicht geeignet sei, das Erfordernis des Antrages zu ersetzen. Beim Erlaß eines mitwirkungsbedürftigen Verwaltungsaktes, wie ihn die Erteilung der Sondernutzungserlaubnis darstelle, bilde der Antrag eine wesentliche Bedingung für seinen Erlaß und es bedeute daher eine Verletzung unabdingbarer Verfahrensvorschriften, wenn der Akt ohne gültigen Antrag erginge. Dem Antrag sei ein so großes Gewicht beizumessen, daß sein Fehlen die Nichtigkeit des Verwaltungsaktes nach sich zöge.

---

1 C.H. Ule, Die Bedeutung des Verwaltungsverfahrensgesetzes für das Bundes-Immissionsschutzgesetz, DVBl 1976,729 f.

2 HessVGH, DÖV 1968, 809 = MDR 1968, 955, nunmehr ausdrücklich aufgegeben durch die vorstehend erörterte Entscheidung in NVwZ 1985, 498

3 BVerwGE 11, 18

C. Auseinandersetzung mit den in Schrifttum und Rechtsprechung vertretenen Auffassungen und Stellungnahme

Da die genannten Auffassungen die Zulässigkeit konkludenter Mitwirkung befürworten, einschränkend vom Vorliegen bestimmter Voraussetzungen abhängig machen wollen oder ablehnen, ist zu prüfen, welcher Ansicht der Vorzug zu gewähren ist.

Gegen die erstgenannte Ansicht,1) die die Ausübung der erforderlichen Mitwirkungshandlung keinen Einschränkungen unterwirft und diese auch in konkludenter Form allgemein zulassen will, spricht, daß sie in dieser Allgemeinheit nicht bestehen kann und damit zumindest in bestimmten Fällen einer Korrektur bedarf. Es wäre nicht einsichtig, wenn sich etwa der Betreiber einer Atomanlage darauf berufen könnte, er habe durch den Beginn seines Bauvorhabens den Antrag in konkludenter Form gestellt mit der Folge, daß die Behörde sodann verpflichtet wäre, die Genehmigungsvoraussetzungen im Wege ihrer Ermittlungstätigkeit zu überprüfen und es dem Betreiber damit gelänge, sich sämtlicher Mühen, wie Anfertigung von Gutachten und Bauplänen usw., zu entledigen.

Entgegenzutreten ist jedoch auch der ablehnenden Auffassung, nach der eine Erlaubnis- oder Genehmigungserteilung ohne Vorliegen eines entsprechenden Antrages stets als nichtig anzusehen ist. Diese Ansicht steht im Widerspruch zur Regelung der §§ 43 ff. VwVfG. Die unter Verstoß gegen § 22 S.2 Nr.2 VwVfG erteilte Baugenehmigung führt lediglich zur Rechtswidrigkeit, nicht aber zur Nichtigkeit.2) Dies folgt bereits aus § 45 Abs.1 Nr.1 VwVfG,3) der die Nachholung des erforderlichen Antrages ausdrücklich vorsieht und sich damit gegen die Rechtsfolge der Nichtigkeit ausspricht. Daraus ist zu folgern, daß allein das Fehlen eines formgerechten Antrages noch nicht zu der Feststellung führen kann, es läge überhaupt kein Antrag vor. Als

1 Dazu 9. Kapitel, B. I.

2 Treffend A.H.Grundei, in: Förster/Grundei/Steinhoff/Dageförde/Wilke, BauO Bln, § 57 Rdnr.2.

3 Ebenso die Regelungen der Landesverwaltungsverfahrensgesetze.

Antrag im Rechtssinne muß vielmehr jede Willensbetätigung des Betroffenen verstanden werden, die nach der Übereinkunft der Beteiligten, nach der Lebenserfahrung oder nach den besonderen Umständen des Falles den rechtserheblichen Willen des Betroffenen erkennen läßt, er wünsche die Erteilung einer entsprechenden Genehmigung. Diese Willensäußerung kann auch konkludent erfolgen.1) Damit muß, um beim Beispiel der Baugenehmigung zu bleiben, in der Errichtung eines sog. "Schwarzbaues" auch der Antrag des Betroffenen gesehen werden, er begehre die Erteilung einer Baugenehmigung.

Ob aufgrund einer derartigen Antragstellung auch eine entsprechende Genehmigung erteilt werden kann, ist eine ganz andere Frage, denn auch hier zeigt sich, daß Mitwirkungshandlung und Verwaltungsakt getrennte Rechtsakte darstellen. Die Frage, ob die jeweilige Mitwirkungshandlung auch eine Erlaubnis- oder Genehmigungserteilung zu rechtfertigen vermag, ist unter Berücksichtigung der jeweiligen gesetzlichen Vorschrift zu beantworten.

Beispielhaft kann auch hier wieder die Baugenehmigung angeführt werden. Das rechtliche Nebeneinander von Bauantrag und Bauvorlagen hat für die Ersetzbarkeit der Mitwirkungshandlung nahezu unüberwindliche Schwierigkeiten zur Folge, weil die Genehmigungserteilung zwingend die Prüfung sämtlicher Bauvorlagen durch die Behörde voraussetzt. Nur auf diese Weise läßt sich feststellen, ob das geplante Bauwerk den Vorschriften entspricht. Die zur Prüfung notwendigen Unterlagen und Daten werden sich allein aus der tatsächlichen Bauausführung kaum jemals ermitteln lassen können, so daß eine Genehmigungserteilung fast immer ausscheiden wird. Diese Bewertung ändert nichts daran, daß in der Schaffung der genehmigungspflichtigen Sachlage die Stellung eines Bauantrages gesehen werden muß, wie durch das folgende Beispiel nochmals belegt werden soll.

---

1 Vgl. BVerwGE 9, 89(92) betreffend die konkludente Stellung eines Antrags auf Ersatz eines Besatzungsschadens.

Erfolgt die Erteilung der Baugenehmigung in abgeänderter Form, und zwar gleichgültig, ob die Genehmigung über den Antrag hinausgeht oder hinter diesem zurückbleibt, und führt der Betroffene entsprechend der ihm erteilten Genehmigung sein Bauvorhaben durch, so muß hierin die Nachholung des entsprechenden Antrages gesehen werden. Keineswegs ist davon auszugehen, die rechtmäßige Ausführung des Bauvorhabens erfordere die erneute förmliche Antragstellung unter Berücksichtigung sämtlicher Änderungen. Obwohl sich hier ursprünglicher Bauantrag und Baugenehmigung nicht entsprachen, ist dennoch von der Rechtmäßigkeit des Bauvorhabens auszugehen, weil die in der tatsächlichen Ausführung liegende Antragsänderung dem gesamten Vorhaben zur Rechtmäßigkeit verhilft.

Es läßt sich damit nicht sagen, eine konkludente Mitwirkung sei generell auszuschließen oder generell zuzulassen. Die zu findende Lösung besteht nicht in einem klaren 'Ja' oder 'Nein', sondern weist feine Nuancierungen auf und ist auf der Grundlage bestimmter Kriterien unter Berücksichtigung der Umstände des Einzelfalles zu ermitteln. Diese Feststellung, nach der weder die befürwortende noch die ablehnende Ansicht überzeugen können, führt zum nächsten Schritt dieser Untersuchung und zu der Frage, ob die dargestellten differenzierenden Auffassungen geeignete Abgrenzungskriterien bieten.

Für das von Bachof genannte Abgrenzungskriterium, das auf die Unterscheidung zwischen begünstigenden und belastenden Verwaltungsakten abstellt, spricht die bereits weiter oben gewonnene Feststellung, daß an die Unterscheidung zwischen begünstigenden und belastenden Verwaltungsakten vielfach unterschiedliche Rechtsfolgen anzuknüpfen sind. Danach ist die Verwaltung unter erleichterten Voraussetzungen berechtigt, gegenüber dem Privaten begünstigende Verwaltungsakte zu erlassen.1) Dieser Umstand könnte auch für die hier in Rede stehende Problemgestaltung

---

1 Dazu 7. Kapitel, C.

beachtlich sein und es der Behörde gestatten, aufgrund des tatsächlichen Verhaltens des Erlaubnis- oder Genehmigungspflichtigen begünstigende, nicht aber belastende Verwaltungsakte zu erlassen.

Hablitzel, der die Auffassung vertritt, aus der Schaffung einer genehmigungspflichtigen Sachlage lasse sich ein fehlender Antrag dann rechtlich einwandfrei konstruieren, wenn diese vom Betroffenen mit erkennbarem entsprechenden Willen geschaffen worden sei, ist zu entgegnen, daß allein der Wille des Betroffenen als Abgrenzungskriterium unzureichend erscheinen muß. Zum einen führt diese Betrachtungsweise zu neuen Differenzierungsproblemen, etwa wenn unklar ist, auf wessen Sichtweise es bei der Bewertung des Willens ankommt, der Wille des Betroffenen nicht klar erkennbar ist oder aber Wandlungen unterliegt. Zum anderen gerät hierbei die Ausgestaltung des gesetzlichen Mitwirkungserfordernisses völlig in den Hintergrund. Schreiben gesetzliche Bestimmungen explizit vor, welche qualitativen Anforderungen1) an den Mitwirkungsakt zu stellen sind, so vermag allein die tatsächliche Handlung des Betroffenen nicht genügen, um einen "erforderlichen" Antrag zu stellen. Statische Berechnungen eines Bauwerkes, der gegebenenfalls erforderliche Standsicherheitsnachweis und sonstige technische Einzelheiten gehen allein aus einer tatsächlichen Willensbetätigung des Betroffenen nicht hervor.

Dies übersieht auch das Oberverwaltungsgericht Koblenz, indem es meint, es mache einen entscheidenden Unterschied, ob der Betroffene die Antragstellung bewußt unterlasse oder aber glaube, ein Antrag sei aus Rechtsgründen nicht erforderlich.2) Die Auffassung, der gebotene materiellrechtliche Mitwirkungsakt könne in der Schaffung eines genehmigungspflichtigen Sachverhalts nur dann gesehen werden, wenn der Betroffene trotz Kenntnis seiner Notwendigkeit die Stellung des Antrages unterlasse, weil er Arbeit

---

1 Siehe etwa § 3 AtVfV, § 8 TierSchG, die Vorschriften der 9. BImSchV und die jeweiligen Baugenehmigungsverfahrensvorschriften der einzelnen Bundesländer.

2 OVG Koblenz, NVwZ 1986, 576(577 f.)

oder Kosten sparen möchte, führt unter Umständen zu einer Privilegierung des unredlichen Erlaubnisnehmers und lastet damit völlig ungerechtfertigt der Behörde die Mühe der Sachverhaltsermittlung auf. Diese Form der Differenzierung scheint sachlich nicht gerechtfertigt und findet darüber hinaus auch keine Anhaltspunkte im Gesetz. Bedenken ergeben sich auch daraus, daß die zu beantwortende Frage nach der Ersetzbarkeit der Mitwirkungshandlung nicht allein am Willen des Betroffenen orientiert sein kann, weil dieser, wie gesagt, mitunter schwer zu ermitteln ist und auch Wandlungen unterworfen sein kann.

Mit dem Oberverwaltungsgericht Koblenz ist jedoch der von Weides und Schnell vertretenen Auffassung zu widersprechen, die auf das öffentliche Interesse an der Legalisierung eines rechtswidrigen Zustandes abstellen. Während sich im Falle der nicht beantragten Sondernutzung eines Gehweges als Straßencafé der so geschaffene rechtswidrige Zustand vielleicht noch recht einfach durch die Erteilung einer entsprechenden Erlaubnis legalisieren läßt, stellen sich in anderen Beispielsfällen1) die genannten Probleme dar, wenn sich allein aus der Schaffung einer Sachlage die Einzelheiten des Bauwerkes oder der Anlage nicht hinreichend sicher bestimmen lassen. Auch der Umstand, daß die Behörde zu einem Tätigwerden von Amts wegen berechtigt ist, besagt nichts über das Ergebnis ihres Einschreitens, zumal sie auch sonst - und zwar selbst bei sozial unerwünschtem Verhalten - regelmäßig keine Veranlassung sieht, genehmigungsbedürftige Betätigungen des Einzelnen bei Fehlen der erforderlichen Genehmigung einfach zu sanktionieren.2)

Die von Schnell einerseits und die von Dölker und dem Bayerischen Verwaltungsgerichtshof andererseits vertretenen Ansichten stehen sich diametral gegenüber. Schnell, nach dessen Auffassung der Antrag in vielen Fällen verzichtbar sein soll, wenn der Betroffene eine genehmigungspflichtige Sachlage geschaffen habe, wälzt

---

1 Errichtung eines Bauwerkes, Errichtung einer Atomanlage.
2 OVG Koblenz, a.a.O., S.577

damit dem Bürger auferlegte Lasten auf die Behörde ab, indem er diese für verpflichtet hält, von allen in Betracht kommenden Möglichkeiten diejenige zu wählen, die den Betroffenen am wenigsten belaste. Ein genereller Verzicht auch auf einen gesetzlich vorgeschriebenen Antrag könnte gerade den unredlichen Bürger ermutigen, mit der Ausführung seines Vorhabens ohne Stellung des erforderlichen Antrages zu beginnen und darauf zu warten, bis die Behörde mit Maßnahmen zur Legalisierung des Vorhabens beginnt.

Die Ausführungen von Ule zur Notwendigkeit eines formgerechten Antrages beim Genehmigungsverfahren nach § 10 BImSchG stützen die Ansicht Dölkers und des Bayerischen Verwaltungsgerichtshofes, die in dem Antrag eine unverzichtbare Voraussetzung für die Durchführung eines Baugenehmigungsverfahrens erkennen.

Daher fragt sich, ob und inwieweit sich die jeweiligen Ausführungen auf Verwaltungsverfahren im allgemeinen übertragen lassen; dabei könnte ein Vergleich beider Genehmigungsverfahren für die vorliegende Untersuchung hilfreich sein. Beiden Genehmigungen ist gemein, daß sie nur aufgrund eines Antrages erteilt werden, der jeweils in schriftlicher Form zu erfolgen hat.1) Die zuständige Behörde hat gemäß § 22 S.2 Nr.1 VwVfG auf diesen Antrag hin ein Verwaltungsverfahren einzuleiten und die Voraussetzungen einer Genehmigungserteilung zu überprüfen. Eine weitere Gemeinsamkeit beider Verfahren läßt sich insoweit feststellen, als sowohl das Baugenehmigungsverfahren wie auch das Verfahren nach dem Bundes-Immissionsschutzgesetz einem präventiven Verbot mit Erlaubnisvorbehalt entspringt.

Aus dem Vergleich beider Verfahren lassen sich demnach für die von Badura2) geforderte Ungleichbehandlung präventiver und repressiver Verbote keine Anhaltspunkte herleiten. Nicht zu überzeugen vermag die Feststellung, daß lediglich beim repressiven Verbot die Schaffung einer erlaubnis- oder genehmigungspflich-

---

1 Vgl. § 71 Abs.1 NBauO, § 89 Abs.1 BremLBO, § 10 Abs.1 BImSchG.
2 Badura, JuS 1964, 103(106 f.)

tigen Sachlage den geforderten Mitwirkungsakt ersetzen könne. Für diese Differenzierung findet sich im geltenden Recht keine Stütze. Weitaus überzeugender erscheint demgegenüber die von Ule vertretene Auffassung, nach der beim repressiven Verbot mit Befreiungsvorbehalt, wo eine an sich unerwünschte Handlung vorgenommen wird, der vom Gesetz geforderten Mitwirkungshandlung eine so elementare Bedeutung zukommt, daß auf sie nicht verzichtet werden kann.1) Beim leichteren präventiven Verbot, wo die unter Verbot gestellte Tätigkeit nicht wirklich verhindert, sondern lediglich einer wirksamen administrativen Kontrolle unterzogen werden soll, besitzt das gesetzliche Mitwirkungserfordernis eher eine Ordnungsfunktion und knüpft damit an die Ersetzbarkeit des jeweiligen Mitwirkungsaktes leichtere Voraussetzungen.

Die Feststellung, nur beim repressiven Verbot sei der Antrag verzichtbar, da hier die Behörde die Möglichkeit habe, von Amts wegen tätig zu werden,2) verkennt, daß auch bei einer Vielzahl nichtrepressiver Erlaubnis- oder Genehmigungspflichten die Befugnis zur Einleitung eines Verwaltungsverfahrens (auch) der Behörde zusteht.3) Darüber hinaus führt das Abstellen auf die Befugnis

---

1 Im gesamten Schrifttum zum Immissionsschutzrecht wird der Schriftform des Genehmigungsantrages eine Funktion zuerkannt, die nicht nur die Rechtmäßigkeit der Genehmigung, sondern darüber hinaus auch deren Rechtswirksamkeit beeinflußt. Vgl. etwa: H. Engelhardt, BImSchG, § 10 Rdnr.1,2; H.D. Jarass, BImSchG, § 10 Rdnr.11; R.Stich/K.-W.Porger, BImSchG, § 10 Anm.5; Ule, DVBl 1976, 729 f.; ders., BImSchG, § 10 Rdnr.2.

2 So Badura, a.a.O., JuS 1964, 103 (106 f.)

3 So etwa beim Verfahren gem. §§ 1 Abs.1, 10 Abs.1 HandwO. Der selbständige Betrieb eines Handwerks setzt die Eintragung in die Handwerksrolle voraus. Das Eintragungsverfahren, in dem die Voraussetzungen einer Berechtigung zur Führung eines Handwerksbetriebes überprüft werden, wird auf Antrag oder von Amts wegen durchgeführt, § 10 Abs.1 HandwO. Dies gilt auch für ein Verfahren der Bauaufsichtsbehörden. Die Erteilung einer Baugenehmigung erfolgt auf Antrag, jedoch ist die Behörde auch bei der Errichtung eines "Schwarzbaues" befugt, ein Verwaltungsverfahren einzuleiten. Die Frage, ob dieses Verfahren in der Erteilung einer Genehmigung oder im Erlaß einer Abrißverfügung endet, ist ein zusätzlicher Aspekt, der

zur Verfahrenseinleitung zur alleinigen Berücksichtigung formell-rechtlicher Mitwirkung. Durch diese Betrachtungsweise wird die bestehende Problematik jedoch in unzulässiger Weise verkürzt, denn die Tatsache, daß in vielen Fällen der Erlaß eines mitwirkungsbedürftigen Verwaltungsaktes eine materiell-rechtliche Mitwirkungshandlung voraussetzt, bleibt hierbei unbeachtet.1) Aus diesen Gründen erscheint die Unterscheidung zwischen präventivem Verbot mit Erlaubnisvorbehalt und repressivem Verbot mit Befreiungsvorbehalt nicht geeignet, als Abgrenzungskriterium für den Rechtswert der Mitwirkungshandlung zu dienen.

Die Zulässigkeit konkludenter Mitwirkung ist von verschiedenen Voraussetzungen abhängig und richtet sich folglich nach dem spezifischen Wirkungsverhältnis von gesetzlichem Mitwirkungserfordernis, Mitwirkungshandlung und Verwaltungsakt. Wie bereits weiter oben festgestellt werden konnte,2) vermag nur eine solche Mitwirkungshandlung den Erlaß eines mitwirkungsbedürftigen Verwaltungsaktes zu tragen, die alle Merkmale aufweist, die vom gesetzlichen Mitwirkungserfordernis genannt werden. Daraus ist zu folgern, daß ein tatsächlicher Akt3) eine erforderliche Mitwirkungshandlung nur dann ersetzen kann oder als solche anzusehen ist, wenn auch er alle Merkmale aufweist, die dem jeweils gültigen Mitwirkungserfordernis genügen. Welche Merkmale gegeben sein müssen, läßt sich nicht allgemein und abstrakt darstellen, sondern bestimmt sich nach dem Inhalt der einschlägigen gesetzlichen Regelungen. Diese legen ausdrücklich oder implizit, meistens in

---

mit der Befugnis zur Verfahrenseinleitung nichts zu tun hat.

1 Dazu 1. Kapitel, B.II.; 3. Kapitel; 8. Kapitel, B.II., III. und IV.

2 1. Kapitel, B.II., 8. Kapitel, B. II, III.

3 Hierzu gehören im weitesten Sinne alle Handlungen des Betroffenen, die als Mitwirkungshandlung qualifiziert werden könnten. So zum Beispiel die Schaffung eines erlaubnis- oder genehmigungspflichtigen Tatbestandes, die tatsächliche Inanspruchnahme einer antragsbedürftigen Leistung, und auch ein "Vorstelligwerden" bei der Behörde. Vgl. dazu BSGE 2, 273 (275 f.); BVerwG, MDR 1963, 527.

Verbindung mit Verfahrensvorschriften,1) fest, wie die Mitwirkung des Betroffenen ausgestaltet zu sein hat. Der jeweiligen Regelungsmaterie ist zu entnehmen, welche der drei bekannten Formen der Mitwirkungshandlung vorzuliegen haben. Nur wenn der tatsächliche Akt in seiner Qualität mit einer dieser Mitwirkungshandlungen gleichzustellen ist, besteht für die Behörde die Möglichkeit, dem bis dahin rechtswidrigen Verhalten durch Erlaß einer entsprechenden Genehmigung zur Legalität zu verhelfen. Anderenfalls kann die Herstellung des rechtmäßigen Zustandes nur auf repressivem Wege, d.h. durch zwangsweise Einstellung des erlaubnispflichtigen Verhaltens erfolgen.2)

Als Zwischenergebnis läßt sich somit festhalten, daß bei der Beantwortung der Frage, inwieweit in der Schaffung eines genehmigungspflichtigen Tatbestandes die Vornahme einer erforderlichen Mitwirkungshandlung erblickt werden kann, davon auszugehen ist, welchen Charakter diese Mitwirkungshandlung hat.

---

1 So etwa nach dem VwVfG, den Verwaltungsverfahrensgesetzen der Länder, nach dem SGB X oder nach der AO, nach der AfVfV oder nach den Bauvorlagenverordnungen.

2 Badura, JuS 1964, 103(104); Schnell,S.69 f. Für den Fall der Baugenehmigung kommen eine Stillegungs- oder Abrißverfügung, für den Fall der straßenrechtlichen Sondernutzung eine Verbotsverfügung nach Polizeirecht in Betracht.

D. Der Charakter der Mitwirkungshandlung als Grundlage für die Beurteilung ihrer Ersetzbarkeit

I. Konkludente Ausübung materiell-rechtlicher Mitwirkung durch Schaffung eines erlaubnis- oder genehmigungspflichtigen Tatbestandes

Bedarf der rechtmäßige und/oder rechtswirksame Erlaß eines Verwaltungsaktes einer materiell-rechtlichen Mitwirkungshandlung des Betroffenen, so könnte auch die Schaffung einer erlaubnis- oder genehmigungspflichtigen Sachlage dem jeweils gültigen Mitwirkungserfordernis zu genügen. Davon ist jedoch nur dann auszugehen, wenn das tatsächliche Verhalten des Erlaubnis- oder Genehmigungspflichtigen die Rechtsqualität der geforderten materiell-rechtlichen Mitwirkungshandlung aufweist. Der Rechtscharakter dieser Mitwirkung wird dadurch geprägt, daß der Betroffene mit ihr zum Ausdruck bringt, er erkläre sich mit dem Inhalt des erlaubnis- oder genehmigungserteilenden Verwaltungsaktes einverstanden, weil er die Ausübung des fraglichen Vorhabens im Einklang mit den geltenden Gesetzen auszuführen wünsche. Der in dieser öffentlich-rechtlichen Willenserklärung liegende Erklärungstatbestand könnte seinen entsprechenden materiellen Sinngehalt auch in dem tatsächlichen Verhalten des Betroffenen vorfinden.

Ob dies der Fall ist, muß insbesondere dann in Zweifel gezogen werden, wenn der Betroffene trotz Belehrung und Aufforderung sich weigert, einen entsprechenden Antrag zu stellen. Nach durchgeführter Prüfung hat die Behörde nunmehr die Möglichkeit, durch repressives Vorgehen die Ausführung des Vorhabens zu unterbinden oder durch Erteilung einer Erlaubnis oder Genehmigung den bis dahin rechtswidrigen Zustand zu legalisieren. Dabei hat die Behörde gegenüber dem Betroffenen das objektiv mildere Mittel anzuwenden.1) Welches dies ist, muß unter Berücksichtigung aller Umstände und durch Auslegung der einschlägigen Vorschriften ermittelt werden. Insoweit dürfte jedoch die Vermutung gegen eine

1 Schnell, S.70

Sanktion und für die Erlaubnis- oder Genehmigungserteilung sprechen. Mit der tatsächlichen Ausführung seines Vorhabens bringt der Betroffene kraft stillschweigender oder konkludenter Erklärung1) gegenüber der Behörde seinen rechtserheblichen Willen zum Ausdruck, er "beantrage" die erforderliche Erlaubnis oder Genehmigung. Der Schluß, in diesem Fall einen entsprechenden Rechtsfolgewillen anzunehmen, beruht auf der Bewertung einer folgerichtigen und redlichen Handlungsweise desjenigen, dessen Rechtsfolgewillen aus seinem Verhalten erschlossen wird.2)

Daher ist auch das Prinzip des geringstmöglichen Eingriffs allein nicht geeignet,3) zu einer sachgerechten Lösung zu verhelfen. Welche von mehreren möglichen Vorgehensweisen der Behörde diesem Prinzip am ehesten genügt, ist aus der Sicht des Betroffenen zu beurteilen. Dabei ist sein Selbstverständnis der Interessenlage der durchzuführenden Bewertung zugrunde zu legen.4) Folglich spricht eine generelle Vermutung dafür, in der Schaffung einer erlaubnis- oder genehmigungspflichtigen Sachlage eine Erklärung des Inhalts zu erkennen, der Betroffene sei mit der Erteilung einer entsprechenden Erlaubnis oder Genehmigung einverstanden. Die seinem tatsächlichen Verhalten entgegenstehende Erklärung des Betroffenen, er verweigere die Stellung eines Antrages, weil er die Erlaubnis- oder Genehmigungserteilung nicht wünsche, ist insoweit unbeachtlich.5) Protestatio facto contraria non valet.

Dieses Ergebnis entspricht auch der Behandlung vergleichbarer Fälle im Bereich des privaten Rechts. Dort ist seit langem anerkannt, daß nicht nur eine ausdrückliche Willenserklärung, sondern auch die tatsächliche Inanspruchnahme einer Leistung eine ver-

---

1 Vgl. HessVGH, NVwZ 1985, 498 f.; Grundei, in: Förster/ Grundei/Steinhoff/Dageförde/Wilke, BauO Bln, § 57 Rdnr.4
2 Vgl. Larenz, Allgemeiner Teil des deutschen Bürgerlichen Rechts, § 19 IV b, S. 324 f.
3 So aber Schnell, S.69 ff.
4 Weyreuther, DVBl 1969, 295(299)
5 Hablitzel, BayVBl 1974, 392(396); kritisch jedoch Stelkens, NuR 1985, 213(219)

tragliche Beziehung begründen kann.1) Wie bereits weiter oben festgestellt werden konnte, finden die Grundsätze über zivilrechtliche Willenserklärungen auch auf Willenserklärungen im Bereich des öffentlichen Rechts Anwendung, da dieses kein ausreichendes Regelungsinstrumentarium aufweist. Besonderheiten, die es gebieten könnten, bei der hier in Rede stehenden Problemgestaltung von diesem Grundsatz abzuweichen, sind nicht ersichtlich.

Die Tatsache, daß es hierbei nicht um eine ausdrückliche Erklärung, sondern um einen tatsächlichen Willensakt handelt, steht einer Qualifizierung als Willenserklärung nicht entgegen. Das rechtlich Gewollte kommt hier unmittelbar in der Handlung des Betroffenen zum Ausdruck.2) Daher kann als Zwischenergebnis folgendes festgestellt werden: Die Schaffung einer erlaubnis- oder genehmigungspflichtigen Sachlage genügt in der Regel den Anforderungen, die an das materiell-rechtliche Mitwirkungserfordernis zu stellen sind und ist als stillschweigende/konkludente öffentlich-rechtliche Willenserklärung zu qualifizieren.3) Ausnahmen ergeben sich nur, wenn und soweit die tatsächliche Vornahme der Handlung durch den Betroffenen nicht auf seinen fehlerfrei gebildeten Willen zurückzuführen ist. Wurde der Betroffene durch arglistige Täuschung oder widerrechtliche Drohung seitens der Behörde oder eines Dritten zur Vornahme seiner Handlung veranlaßt, so wird diese ihm nicht zuzurechnen sein. Dasselbe

---

1 Vgl. dazu die Entscheidung des Bundesgerichtshofes zum bekannten "Hamburger Parkplatzfall" in BGHZ 21, 319 ff.; grundlegend dazu G.Haupt, Über faktische Vertragsverhältnisse, in: Festschrift für Siber, 1943, Band II, S.1 ff; J. Köndgen, Selbstbindung ohne Vertrag. Zur Haftung aus geschäftsbezogenem Handeln, 1981; Sp.Simitis, Die faktischen Vertragsverhältnisse als Ausdruck der gewandelten Funktion der Rechtsinstitute des Privatrechts, 1957.

2 Vgl. HessVGH, NVwZ 1985, 498(499)

3 Der Begriff "stillschweigende Willenserklärung" ist nicht unumstritten; so ist auch von einer "mittelbaren" oder "indirekten" Willenserklärung oder einer Erklärung mittels "schlüssigen" oder "konkludenten" Verhaltens die Rede, vgl. Larenz, Allgemeiner Teil des deutschen Bürgerlichen Rechts, § 19 IV, S.323 ff.

gilt, wenn die Behörde gegenüber dem Betroffenen eine ihr obliegende Fürsorge-, Beratungs- und Betreuungspflicht verletzt hat.

Der aufgrund konkludenter Mitwirkung erlassene Verwaltungsakt rechtfertigt auch die Auferlegung einer Gebührenpflicht gegenüber dem Betroffenen. Der von Bachof1) vertretenen Auffassung, der in diesen Fällen die Zulässigkeit einer Genehmigung nur insoweit anerkennen will, als diese nicht mit einer Gebührenpflicht verbunden ist, ist entgegenzutreten. Mit seiner tatsächlichen Handlung legt der Erlaubnispflichtige den Umfang seines Einverständnisses fest, der sich einerseits nach dem aus seinem tatsächlichen Verhalten erschlossenen Rechtsfolgewillen und andererseits nach dem Inhalt der jeweils einschlägigen gesetzlichen Regelung bestimmt. Sehen diese Regelungen die Auferlegung von Gebührenpflichten oder anderen Belastungen gegenüber dem Betroffenen vor, so muß davon ausgegangen werden, daß das in dem tatsächlichen Verhalten des Betroffenen zum Ausdruck kommende Einverständnis auch diese Nachteile umfaßt, denn die dadurch eintretende Teilbelastung ändert nicht den begünstigenden Rechtscharakter des Verwaltungsaktes.2)

II. Konkludente Ausübung formell-rechtlicher Mitwirkung unter Beachtung geltender Formgebote

Setzt der Erlaß des Verwaltungsaktes ein formell-rechtliches Element privater Mitwirkung voraus, weil das Gesetz die Rechtsmacht zur Verfahrenseinleitung dem Privaten zugewiesen hat,3) so ist für den konkreten Fall zu fragen, welche individuellen Voraussetzungen an die Mitwirkungshandlung zu stellen sind.

---

1 Bachof, Verfassungsrecht, Verwaltungsrecht, Verfahrensrecht in der Rechtsprechung des Bundesverwaltungsgerichts, Band I, S.250 f.
2 Dazu bereits 8. Kapitel, B.I.2.
3 Dazu 1. Kapitel, B.I.2.

Mitunter ist die Mitwirkungshandlung formgebunden und hat schriftlich, formularmäßig oder in anderer Weise zu erfolgen.1) Diese Schriftformgebundenheit könnte die Zulässigkeit einer konkludenten Mitwirkungshandlung verbieten. Daher ist zu prüfen, welche Bedeutung dem Schriftformerfordernis zukommt. Nur in den Fällen, in denen der Verstoß gegen das Schriftformerfordernis zur Unzulässigkeit des Antrages führt, ist die Herstellung einer erlaubnispflichtigen Sachlage nicht geeignet, ein zur Genehmigung führendes Verwaltungsverfahren in Gang zu setzen. Dies ist insbesondere beim förmlichen Verwaltungsverfahren nach §§ 63 ff. VwVfG der Fall. Ansonsten gilt der Grundsatz der Nichtförmlichkeit des Verwaltungsverfahrens. § 10 VwVfG, der dies bestimmt, läßt jedoch spezialgesetzlich normierte Ausnahmen zu.

Die Subsidiaritätsklausel des § 1 Abs.1 und 2 VwVfG legt fest, daß die Regelungen dieses Gesetzes für die öffentliche Verwaltungstätigkeit der Behörden des Bundes, der Länder und der Gemeinden und Gemeindeverbände nur gelten, soweit nicht Rechtsvorschriften des Bundes "inhaltsgleiche oder entgegenstehende Vorschriften enthalten".2) Den jeweils geltenden Spezialvor-

---

1 Beispielsweise beim atomrechtlichen Genehmigungsverfahren nach §§ 7 AtG, 2 ff. AtVfV und beim Baugenehmigungsverfahren sind die Antragserfordernisse durch entsprechende Vorschriften im einzelnen spezifiziert. Vgl. etwa beim Baugenehmigungsverfahren in Niedersachsen die Verordnung über Bauantrag und Bauvorlagen im bauaufsichtlichen Genehmigungsverfahren (Bauvorlagenverordnung - Bau VorlVO) vom 14.12.1973 (NdsGVBl S.521), geändert durch Verordnung vom 25.7.1976 (NdsGVBl S. 135). Dort ist vorgeschrieben, welchen Inhalt der Bauantrag aufzuweisen hat und daß bei der Antragstellung ein bestimmter Vordruck zu verwenden ist. Ferner ist vorgeschrieben, daß neben dem Bauantrag Lageplan, Bauzeichnungen, Baubeschreibungen, der Standsicherheitsnachweis, eine Darlegung der Grundstücksentwässerung usw. beizufügen sind. Ähnlich sind die Vorschriften der anderen Bundesländer. Vgl. zum Formularzwang etwa § 1 Abs.4 Bau VerfV (Bayern), der vorschreibt, daß bestimmte Vordrucke (vgl. MABl 1982 S.492) zu verwenden sind.

2 Ule, DVBl 1976, 729

schriften[1]) ist zu entnehmen, ob die dort postulierten Formerfordernisse lediglich eine Ordnungsfunktion besitzen oder ob ihnen auch im Hinblick auf die Wirksamkeit des Antrages eine Bedeutung zukommt.[2]) Dies zu erkennen bereitet jedoch Probleme, weil die gesetzlichen Vorschriften allesamt keine Auskunft darüber geben, welches Schicksal die Mitwirkungshandlung erleidet, wenn sie gegen ein Formerfordernis verstößt. Mangels einer entsprechenden Bestimmung im öffentlichen Recht könnte auch an dieser Stelle ein Rückgriff auf die Regeln des Bürgerlichen Gesetzbuches angezeigt sein, die den Ausdruck eines allgemeinen Rechtsgedankens darstellen.[3]) Daher könnte die Vorschrift des § 125 BGB auch auf die Mitwirkungshandlungen des Betroffenen Anwendung finden. Nach § 125 BGB ist ein Rechtsgeschäft, welches der durch Gesetz vorgeschriebenen Form ermangelt, nichtig. Dies hätte zur Folge, daß eine Mitwirkungshandlung immer schon dann unwirksam wäre, wenn sie gegen ein Formerfordernis verstößt.

Gegen die Anwendbarkeit dieser Vorschrift auf öffentlich-rechtliche Willenserklärungen bestehen jedoch erhebliche Bedenken. Die im öffentlichen und privaten Recht geltenden Formerfordernisse erfüllen jeweils eine unterschiedliche Schutzfunktion. Während § 125 BGB zum einen den Schutz des Erklärenden und zum anderen den Schutz des Geschäftsgegners bezweckt, liegt den im öffentlichen Recht geltenden Formvorschriften eine andere gesetzgeberische Intention zugrunde. Neben der Beweissicherungsfunktion, die der Rechtssicherheit und der Rechtsklarheit dient und die Aufgabe hat, klarzulegen, welchen Antrag der Betroffene gestellt hat, erfüllt die Einrichtung des Formzwanges zugunsten des Antragstel-

---

1 Das Subsidiaritätsverhältnis zwischen allgemeinen und speziellen Rechtsvorschriften gilt auch auf der Ebene des Landesrechts. Hier gelten die Verwaltungsverfahrensgesetze der Länder ohnedies, da der Bund insoweit keine Gesetzgebungskompetenz hat. Auch auf der Ebene des Landesrechts ist die Geltung besonderer Rechtsvorschriften für die Form des Verfahrens gesetzlich zugelassen, vgl. etwa § 1 i.V.m. § 10 BremVwVfG, § 1 Nds.VwVfG i.V.m. § 10 VwVfG, § 1 i.V.m. § 10 VwVfGNW, Art.1 i.V.m. Art.10 BayVwVfG.

2 Hablitzel, BayVBl 1974, 392(397,398)

3 Dazu 4. Kapitel, B.

lers eine Warnfunktion, die diesen vor Übereilung schützen soll. Beide Schutzfunktionen, denen die Schriftform dient, werden jedoch auch dann gewahrt, wenn statt der förmlichen Antragstellung der Betroffene das erlaubnis- oder genehmigungsbedürftige Verhalten tatsächlich ausführt. Inhalt und Umfang der Mitwirkungshandlung sind durch deren tatsächliche Vornahme hinreichend bestimmt und beweisbar. Ein Schutz vor Übereilung zugunsten des Betroffenen scheidet dann jedenfalls aus, wenn er die Handlung schon vorgenommen hat.1)

Die Formerfordernisse dienen darüber hinaus dem Interesse der Behörde an einer vereinfachten und damit effizienten Bearbeitung des Antrages, wenn die für die Bearbeitung des Antrages maßgeblichen Gesichtspunkte schriftlich dargelegt werden. Aus diesen Gründen ist eine formularmäßige Antragstellung ratsam. Daraus folgt jedoch nicht unbedingt, daß ein Antrag, der gegen ein geltendes Formerfordernis verstößt, auch unwirksam ist.2) § 45 Abs.1 Nr.1 VwVfG legt ausdrücklich fest, daß eine Verletzung von Verfahrens- und Formvorschriften unbeachtlich ist, wenn der für den Erlaß des Verwaltungsaktes erforderliche Antrag nachträglich gestellt wird. Aus diesen Gründen kommt einem im öffentlichen Recht bestehenden Formerfordernis nicht dieselbe Funktion und Bedeutung zu wie einem im Privatrecht geltenden Formgebot. Auch eine tatsächliche Handlung des Betroffenen ist damit grundsätzlich geeignet, ein Verwaltungsverfahren gemäß § 22 VwVfG einzuleiten. Der daraufhin erlassene Verwaltungsakt ist nicht unwirksam, sondern allenfalls rechtswidrig oder sogar rechtmäßig, sofern § 46 VwVfG die Unbeachtlichkeit des Fehlers anordnet.3)

---

1 Schnell, S.69 ff.

2 Die mitunter vorzufindende Verpflichtung, bei der Antragstellung ein bestimmtes Formblatt zu verwenden, besitzt eine reine Ordnungsfunktion, hat aber auf die Wirksamkeit des Antrages keinen Einfluß. BVerwG, NJW 1960, 213; BVerwG, MDR 1963, 527.

3 Vgl. dazu im einzelnen Klappstein, in Knaak, VwVfG, § 45 Rdnr.2 ff.; W.Skouris, Die Rücknahme form- und verfahrensfehlerhafter Verwaltungsakte, NJW 1980, 1721.

Dies wiederum hängt jedoch von der Ausgestaltung des gesetzlichen Mitwirkungserfordernisses ab.

Im Bereich der Sozialverwaltung sind an die Qualität der Mitwirkungshandlung geringere Anforderungen zu stellen als etwa bei der Erteilung einer Baugenehmigung. Hier ist der vom Bundessozialgericht vertretenen Ansicht beizupflichten, daß schon ein "Vorstelligwerden" bei der Behörde genügen kann, um eine wirksame Antragstellung anzunehmen. In diesen Fällen genügt auch in formell-rechtlicher Hinsicht die Vornahme eines tatsächlichen Willensaktes den Anforderungen, auf die § 45 Abs.1 Nr.1 VwVfG mit dem Begriff "erforderlich" hinweist.

Etwas anderes gilt etwa für die Genehmigungserteilung im Atom- oder Baurecht. Hier legen die genannten Verfahrensvorschriften eindeutig und rechtsverbindlich fest, welche Qualität ein Antrag aufzuweisen hat. Errichtet der Betroffene, ohne zuvor einen Antrag gestellt zu haben, eine Atomanlage oder ein Bauwerk, so kann allein hierin eine dem Mitwirkungserfordernis genügende Mitwirkungshandlung des Betroffenen nicht erblickt werden. In beiden Fällen ist die Behörde nur dann in der Lage, die ihr gesetzlich zugewiesenen Aufgaben zu erfüllen, wenn der Betroffene in ausreichendem und angemessenem Umfang prüfungsfähige Unterlagen vorlegt und damit dem gesetzlichen Mitwirkungserfordernis genügt. Etwas anderes gilt nur dann, wenn es sich um einen in tatsächlicher und rechtlicher Hinsicht einfachen Sachverhalt handelt, wie es etwa bei der straßenrechtlichen Sondernutzung der Fall sein kann. In der Nutzung eines Gehweges als "Straßencafé"1) liegt die erforderliche2) formell-rechtliche und materiell-rechtliche Mitwirkungshandlung des Betreibers, aufgrund derer die Behörde den Betrieb als Sondernutzung genehmigen

---

1 Vgl. schon die Erörterung dieses Beispieles bei Geck/Furkel, JuS 1968, 35.

2 Handelt es sich etwa um eine Bundesstraße, so folgt das Mitwirkungserfordernis aus § 8 Abs.1 BFStrG. Gleiches gilt entsprechend für Straßen, die keine Bundesstraßen sind; vgl. § 18 Abs.1 NStrG, § 18 Abs.1 BremLStrG.

kann,1) wenn und soweit die Behörde in zumutbarer Weise und ohne erheblichen Verwaltungsaufwand in der Lage ist, alle zur Genehmigungserteilung erforderlichen Informationen2) zu ermitteln.3)

Der materiell-rechtliche Gehalt dieser konkludenten öffentlich-rechtlichen Willenserklärung deckt auch die mit der Genehmigung einhergehende Gebührenpflicht. Schreibt das Gesetz vor, daß der Erlaubnisnehmer die durch die Erteilung der Erlaubnis entstehenden Kosten und Gebühren zu tragen hat,4) so ist anzunehmen, daß in der Beantragung der Erlaubnis die Erklärung liegt, der Erlaubnisnehmer sei bereit, auch diese entstehenden Kosten und Gebühren zu tragen. Die Tatsache, daß die Erklärung durch konkludentes Handeln abgegeben worden ist, führt zu keiner anderen Bewertung. Daher geht der von Bachof5) vorgetragene Einwand, der Adressat dürfe nicht mit einer Gebühr bedacht werden, die er nicht beantragt habe, fehl. In der Schaffung eines erlaubnis- oder genehmigungspflichtigen Tatbestandes liegt ein Umstand, der auch die Auferlegung einer Teilbelastung rechtfertigt, denn die tatsächliche Ausführung des Vorhabens stellt die stärkste Form der Mitwirkung dar. Der gebührenpflichtige Verwaltungsakt ist ein begünstigender.6) Dem Betroffenen steht es frei, die Begünstigung weiterhin in Anspruch zu nehmen. In jedem Falle jedoch hat er die durch sein bis dahin rechtswidriges Verhalten ausgelösten Kosten- und Gebührenfolgen zu tragen. Der ihm diese Pflichten auferlegende Verwaltungsakt ist rechtmäßig. Keineswegs ist zu unterstellen, in der tatsächlichen Sondernutzung liege nur das Ein-

---

1 Das Vorliegen der weiteren Genehmigungsvoraussetzungen unterstellt.

2 Größe und Belegenheit der genutzten Fläche, Anzahl der Tische und Stühle, usw.

3 Etwa dann, wenn für das Vorjahr oder den Vorbesitzer des Cafés schon einmal eine Genehmigung erteilt worden war und sämtliche Einzelheiten aus den Behördenakten hervorgehen.

4 So etwa gemäß § 8 Abs.2 a S.3, Abs.3 S.1 BFStrG; § 18 Abs.4 S.3 NStrG, § 18 Abs.5 S.1 BremLStrG

5 Bachof, Verfassungsrecht, Verwaltungsrecht, Verfahrensrecht in der Rechtsprechung des Bundesverwaltungsgerichts, Band I, S.250 f.

6 Dazu 8. Kapitel, B.I.2.

verständnis in die behördliche Erlaubniserteilung, nicht aber das Einverständnis in die mit der Erlaubniserteilung verbundene Gebührenpflicht. Wer eine gebührenpflichtige Leistung in Anspruch nimmt, kann die Bezahlung nicht mit der Begründung verweigern, er wolle zwar die Leistung, nicht aber die Zahlungspflicht. Protestatio facto contraria non valet.

An dieser Stelle zeigt sich auch, daß die im Verlauf der vorliegenden Untersuchung vielfach vorgenommene Unterscheidung zwischen begünstigenden und belastenden Verwaltungsakten nicht immer und in allen Fällen ein geeignetes Abgrenzungsmerkmal darstellt. Es kann damit nicht gefolgert werden, beim Erlaß eines begünstigenden Verwaltungsaktes sei eine leichtere Ersetzbarkeit der Mitwirkungshandlung anzunehmen. Dieser Schluß erweist sich zwar für den Fall der Gewährung von Sozialleistungen noch als richtig, zeigt jedoch seine Schwächen bei der Betrachtung anderer Beispielsfälle. Bei der atomrechtlichen Genehmigung, die gleichfalls einen begünstigenden Verwaltungsakt darstellt, dürfte offenbar werden, daß allein die Frage, ob der Hoheitsakt einen begünstigenden oder belastenden Inhalt aufweist, bei der Untersuchung der Ersetzbarkeit der vom Gesetz geforderten Mitwirkungshandlung nicht weiterhelfen kann.

Dasselbe gilt für die im Schrifttum vielfach geforderte Unterscheidung zwischen präventiven und repressiven Verboten. Für das präventive Verbot, durch das die unter Verbot gestellte Tätigkeit nicht wirklich verboten, sondern nur einer wirksamen administrativen Kontrolle unterzogen werden soll, kann nicht nachgewiesen werden, daß an die Ersetzbarkeit der Mitwirkungshandlung leichtere Anforderungen zu stellen sind. Andererseits kann festgestellt werden, daß zwei präventive Verbote im Hinblick auf die Ersetzbarkeit der Mitwirkungshandlung sehr strenge Anforderungen stellen. Im Falle einer Genehmigungserteilung nach dem Atom- oder

Bundes-Immissionsschutzgesetz1) stellt die Beachtung der gesetzlichen Mitwirkungserfordernisse eine unabdingbare Verfahrensvoraussetzung dar.

Bei der straßenrechtlichen Sondernutzungserlaubnis, die hingegen einem repressiven Verbot entspringt, kann unter Umständen bereits die Schaffung einer erlaubnispflichtigen Sachlage genügen, um vom Vorliegen einer "erforderlichen" Mitwirkungshandlung im Sinne des § 45 Abs.1 Nr.1 VwVfG ausgehen zu können. Bei einem weiteren repressiven Verbot mit Befreiungsvorbehalt kann andererseits nachgewiesen werden, daß die Ersetzbarkeit der erforderlichen Mitwirkungshandlung durch Schaffung einer erlaubnispflichtigen Sachlage infolge spezialgesetzlicher Anordnung ausgeschlossen sein kann.2) Aus § 29 Abs.2 NatSchG BW3) folgt zum Schutze der Pflanzen- und Tierwelt das Verbot des Abbrennens bestimmter Teile der Vegetation. Danach ist das Abbrennen formell und materiell verboten, solange nicht gemäß § 29 Abs.4 Nr.1 NatSchG BW die Berechtigung des Betroffenen durch die behördliche Aufhebung des Verbots geschaffen worden ist.4) Die konkludente Antragstellung durch ein Abbrennen bestimmter Flächen mit der Möglichkeit einer nachträglichen Zulassung scheidet jedoch aus, weil hierdurch bereits der Tatbestand einer Ordnungswidrigkeit nach § 64 Abs.2 Nr.10 NatSchG BW unwiderruflich verwirklicht worden ist.5) Daraus folgt, daß sich auch aus der Unterscheidung zwischen

---

1 Zur Einordnung als präventives Verbot vgl. BVerfGE 49, 89 (145), "§ 7 Abs.2 AtomG stellt ein präventives Verbot mit Erlaubnisvorbehalt dar"; G. Feldhaus, in: Feldhaus/Vallendar/Ludwig/Hansel, Bundesimmissionsschutzrecht, § 4 Anm. 35, und Maurer, Allgemeines Verwaltungsrecht, § 9 Rdnr. 51, zur Anlagengenehmigung gemäß § 4 BImSchG.

2 Vgl. dazu VGH Mannheim, NuR 1981, 208 f.

3 Ebenso die Parallelvorschriften der anderen Bundesländer, vgl. etwa §§ 28 Abs.1 Nr.5, 49 Abs.1 Nr.11 BremNatSchG, §§ 36 Abs.1, 64 Nr.8 NNatSchG.

4 Siehe im einzelnen: S.Künkele/J.Schillinger, Naturschutzrecht für Baden-Württemberg, § 29 Rdnr.7

5 Eine ähnliche Regelung enthalten etwa auch §§ 2, 3, 4, 6, 16, 18 KriegswaffKG. Wer vorsätzlich und ohne Genehmigung Kriegswaffen herstellt oder vertreibt, macht sich nach § 16 KriegswaffKG strafbar. Vgl. hierzu G. Potrykus, Kriegswaff KG, § 16 Anm. 1 ff.

präventiven und repressiven Verboten für den Rechtswert der Mitwirkungshandlung keine tauglichen Abgrenzungskriterien gewinnen lassen.1)

Eine Regel des Inhalts, daß der eine oder andere Umstand jeweils die eine oder andere Folge nach sich zu ziehen habe, läßt sich im Hinblick auf die Ersetzbarkeit der Mitwirkungshandlung durch Schaffung eines erlaubnis- oder genehmigungspflichtigen Tatbestandes nicht erarbeiten. Vielmehr muß das Ergebnis für jeden Einzelfall individuell bestimmt werden.

1 Im Ergebnis ebenso OVG Koblenz, NVwZ 1986, 576(577).

10. Kapitel

Die Befugnis der Behörde zur Erzwingung einer Mitwirkungshandlung

A. Problemstellung

Die Frage nach der möglichen Erzwingbarkeit einer Mitwirkungshandlung durch die Behörde kann unter verschiedenen rechtlichen Aspekten von Interesse sein. Zunächst einmal stellt sich die grundsätzliche Frage, ob aus bestehenden gesetzlichen Vorschriften, die eine Mitwirkungshandlung vorsehen, nicht nur ein Mitwirkungsrecht zugunsten des Betroffenen, sondern vielleicht auch eine zu seinen Lasten bestehende Last abgeleitet werden kann. Daneben ist zu untersuchen, ob sich aus einem bestimmten Verhalten des Betroffenen unter Umständen eine Pflicht zur Vornahme einer bestimmten Mitwirkungshandlung ergeben kann. Dieses könnte in den erörterten Fallgruppen der Schaffung einer erlaubnis- oder genehmigungspflichtigen Sachlage der Fall sein. Etwa beim Beispiel der Baugenehmigung ist zu prüfen, ob für die Behörde die Möglichkeit besteht, den Bauherrn zur Stellung eines Bauantrages anzuhalten. Dieses Problem stellt sich auch bei anderen Genehmigungsverfahren, wie etwa bei der Erteilung einer Genehmigung nach dem Bundes-Immissionsschutzgesetz oder einer Sondernutzungserlaubnis nach den Straßengesetzen. Weiterhin ist zu prüfen, ob die Einhaltung bestimmter Formerfordernisse erzwungen werden kann.

B. Der Streitstand in Schrifttum und Rechtsprechung

I. Befürwortende Auffassung

Speziell im Hinblick auf das Baugenehmigungsverfahren wird vielfach die Ansicht vertreten, es sei zulässig, dem Bauherrn die Einreichung eines ordnungsgemäßen Antrages aufzuerlegen.1) Befinde sich ein Bauvorhaben im Widerspruch zum Baurecht, so könne die Behörde zur Überprüfung des Vorhabens die Einreichung eines Bauantrages mit Bauvorlagen verlangen. Diese Anordnung könne auch im Wege des Verwaltungszwanges durchgesetzt werden.2)

In diesem Sinne hat sich auch das Bundesverwaltungsgericht3) zur Anzeigepflicht4) nach § 14 Abs.1 GewO geäußert. Wer mit dem selbständigen Betrieb eines stehenden Gewerbes beginnen wolle, müsse dies der zuständigen Behörde anzeigen. Die Aufforderung an den Betroffenen, eine Anzeige nach § 14 Abs.1 GewO zu erstatten, sei nicht schon deshalb rechtswidrig, weil der Behörde die wirtschaftliche Tätigkeit auch ohne diese Anzeige schon bekannt sei. Dadurch entfalle die gesetzliche Verpflichtung zur Anzeige nicht. Aus § 14 Abs.1 GewO ergebe sich auch, daß von dem Anzeigepflichtigen die Ausfüllung eines Anzeigenvordruckes verlangt werden dürfe, der Angaben zur Person und zum ausgeübten Gewerbe vorsehe. Die Erfüllung dieser Pflicht könne zwangsweise durchgesetzt werden.

---

1 Badura, JuS 1964, 103(106); Schlez, LBO BW, § 53 Rdnr.3, § 64 Rdnr.25

2 Koch/Molodovsky, BayBauO, Art.86 Rdnr.2, Art.100 Rdnr.3; Simon, BayBauO, Art.82 Rdnr.63; siehe auch R. Herzog/W. Schick, Allgemeines Verwaltungsrecht, Nr.173: "Allerdings kann die Behörde dem Bauherrn nicht die Genehmigung "oktroyieren". Sie kann ihn vielmehr nur durch Verhängung von Ordnungsstrafen zum Stellen eines Antrages veranlassen."

3 BVerwG, NJW 1977, 772

4 Zum Rechtscharakter der Anzeige siehe bereits 1. Kapitel, B. I. 3.

II. Ablehnende Auffassung

Es wird aber auch die Auffassung vertreten, die Verwaltung sei nicht berechtigt, den Betroffenen zur Vornahme einer Mitwirkungshandlung zu zwingen. Bachof1) bemerkte, daß ein erzwungener Antrag eine contradictio in adiecto sei, denn man könne niemanden zwingen, eine Begünstigung zu wollen. Der Verwaltungsgerichtshof Baden-Württemberg2) entschied, daß der Betreiber einer nicht genehmigten Tankanlage nicht gezwungen werden könne, nachträglich einen Baugenehmigungsantrag zu stellen. Für eine solche Verfügung fehle jede Rechtsgrundlage. Dies ergebe sich aus der Erwägung, daß niemand gezwungen werden könne, eine Begünstigung zu wollen, denn es sei auch unzulässig, einen Antrag auf Genehmigung zu erzwingen.3)

Ein Bauantrag sei auch nicht erforderlich, um eine Baugenehmigung erteilen zu können. Die Baurechtsbehörde habe unter Anwendung aller ihr zu Gebote stehenden Mittel nachzuprüfen, ob das erstellte Bauwerk materielles Baurecht verletze. Bestünden aus diesen Gründen keine Bedenken gegen das Gebäude, so habe die Behörde dem Bauherrn eine Baugenehmigung zu erteilen. Eines Bauantrages bedürfe es daher nicht. Zwar setze die Erteilung einer Baugenehmigung in der Regel einen Antrag des Bauherrn voraus, jedoch gelte dies dann nicht, wenn durch die Genehmigung lediglich ein formell rechtswidriger Zustand legalisiert werden solle. Doch sei es zulässig, dem Betroffenen die Vorlage von Plänen und Beschreibungen aufzugeben. Denn dieser Unterlagen bedürfe die Baurechtsbehörde, um prüfen zu können, ob das Bauwerk materiell baurechtswidrig sei.

---

1 Bachof, Verfassungsrecht, Verwaltungsrecht, Verfahrensrecht in der Rechtsprechung des Bundesverwaltungsgerichts, Band 1, S.250; ihm folgend Hablitzel, BayVBl 1974, 392 (398).

2 BaWüVGH, BaWüVBl 1969,107(108); BaWüVGH, BaWüVBl 1969,108,109.

3 Ebenso W. Scheerbarth, Das allgemeine Bauordnungsrecht, § 124, S.302; Schmaltz, in: Grosse-Suchsdorf/Schmaltz/Wiechert, NBauO, § 71 Rdnr.3.

Zum Genehmigungsverfahren nach dem Bundes-Immissionsschutzgesetz wird - ohne nähere Begründung - die Auffassung vertreten, daß die Behörde im Falle des nicht genehmigten Betriebes einer Anlage nicht befugt sei, die Stellung des erforderlichen Antrags zu erzwingen.1) Die Behörde sei vielmehr verpflichtet, gemäß § 20 Abs.2 BImSchG zu verfahren.2)

Auch zur Frage der Erteilung einer Genehmigung nach den Vorschriften des Gewerberechts wird die Auffassung vertreten, ein behördlicher Zwang gegenüber dem Betroffenen zur Einholung der fehlenden Genehmigung sei unzulässig. Schon das Preußische Oberverwaltungsgericht entschied in ständiger Rechtsprechung,3) daß niemand verpflichtet werden könne, eine erforderliche Genehmigung zu beantragen. Ob jemand um eine erforderliche Genehmigung nachsuchen wolle oder nicht, sei seine eigene Sache und eine zwangsweise Einwirkung auf diese Entscheidung gehöre nicht zu den polizeilichen Aufgaben.4) Diese Ansicht wird auch in der jüngeren Rechtsprechung5) und im Schrifttum6) zum Gewerberecht vertreten. Wer ein Gewerbe ohne die erforderliche Genehmigung betreibe, begehe zwar eine Ordnungswidrigkeit, aber nicht deshalb, weil er die Genehmigung nicht beantrage, sondern weil er das Gewerbe ohne die erforderliche Genehmigung betreibe.7)

---

1 Stich/Porger, BImSchG, § 10 Anm.5

2 Hans D. Jarass, BImSchG, § 10 Rdnr.11

3 Vgl. etwa Urteil v. 19.9.1911, PrOVGE 60, 393(394,398) bzgl. einer Ausschachtungsgenehmigung für die Lehmgewinnung eines Ziegeleibetriebes; Urteil v.14.11.1929, PrOVGE 85, 431 (433) bzgl. einer Baugenehmigung; Urteil v.10.11.1938, PrOVGE 103, 227(231) bzgl. einer gewerberechtlichen Genehmigung zum Betreiben eines Ladengeschäftes.

4 PrOVGE 103, 227(231)

5 BVerwG, DÖV 1972, 425(426) bzgl. der Genehmigung einer Talgschmelzanlage; OVG Münster, DVBl 1964, 681, bzgl. der Genehmigung eines Schotterwerkes.

6 Heß, in: Friauf, GewO, § 15 Rdnr.43; Fröhler/Kormann, GewO, § 15 Rdnr.16; Marcks, in: Landmann/Rohmer, GewO, § 15 Rdnr. 15.

7 Heß, a.a.O.

In diesem Sinne hat sich auch das Bundesverwaltungsgericht[1]) ausgesprochen. Die Genehmigungsbehörde könne dem Inhaber einer genehmigungsbedürftigen Anlage[2]) nicht gebieten, die erforderliche Genehmigung einzuholen. Der Gewerbetreibende könne hierzu nur mittelbar veranlaßt werden, indem ihm die Schließung der Anlage für den Fall angedroht werde, daß er nicht innerhalb einer bestimmten Zeit die Genehmigung beantragt habe oder diese ihm nicht bis zu einem bestimmten Zeitpunkt erteilt worden sei. Gegen eine solche Androhung der Behörde, nicht erst gegen die tatsächlich erfolgte Betriebsstillegung, müsse sich der Betroffene mit der Anfechtungsklage wehren können, da er andernfalls keinen genügenden Rechtsschutz habe.

---

1 BVerwG, DÖV 1972, 425(426)

2 Hier Genehmigung einer gewerblichen Anlage zum Schmelzen der tierischen Abfälle, die in Fettabscheidern von Fleischwarenfabriken gesammelt werden, § 16 GewO a.F., § 1 Nr.24 und 30 GewAnlVO 1960, § 1 Nr.55 GewAnlVO 1971.

C. Auseinandersetzung mit den in Schrifttum und Rechtsprechung vertretenen Auffassungen und Stellungnahme

Eine erste Prüfung der dargestellten Auffassungen läßt es zweifelhaft erscheinen, ob die Frage nach der Erzwingbarkeit einer Mitwirkungshandlung in dieser allgemeinen Form zu beantworten ist. Bedenken liegen darin begründet, daß materiell-rechtliche und formell-rechtliche Aspekte nicht klar voneinander abgegrenzt werden. Vielmehr ist die getrennte Behandlung von zwei Teilfragen erforderlich, nämlich der Teilfrage nach der Erzwingbarkeit der Mitwirkungshandlung als solcher und der Teilfrage nach der Erzwingbarkeit einer formgerechten Mitwirkungshandlung.

Führt der Betroffene ein erlaubnis- oder genehmigungspflichtiges Vorhaben ohne die Stellung des erforderlichen Antrages tatsächlich aus, so kommen für die Behörde drei Verhaltensmöglichkeiten in Betracht, von denen nur eine in der möglichen Erzwingung einer Mitwirkungshandlung besteht. Sie könnte erstens repressiv gegen den Bauherrn vorgehen und eine Stillegungs- oder Abrißverfügung erlassen, wobei letzteres ausscheidet, wenn das Bauwerk materiell-rechtlich nicht zu beanstanden ist. Als zweite Möglichkeit könnte die Behörde den Bauantrag selbst formulieren und Bauzeichnungen, Pläne und Berechnungen selbst anfertigen oder drittens diesbezüglich den Bauherrn in die Pflicht nehmen.

Während die Frage nach der Zulässigkeit repressiven Vorgehens nicht zum Gegenstand dieser Untersuchung gehört, kann auch die zweite Variante bereits an dieser Stelle aus der weiteren Untersuchung ausgeschieden werden, denn ein Anspruch des Bauwilligen gegenüber der Verwaltung, der diese zur Antragstellung und Erarbeitung sämtlicher Bauvorlagen verpflichten könnte, kann unter keinem rechtlichen Gesichtspunkt festgestellt werden. Damit bleibt die Untersuchung der dritten Verhaltensmöglichkeit, die auf den Zwang zur Einreichung eines Bauantrages und Vorlage der Bauvorlagen abzielt. Hierbei ist zu beachten, daß die Frage nach der Erzwingbarkeit der Mitwirkungshandlung im Rahmen der Erörterung dieses Beispielsfalles durch eine Besonderheit gekennzeichnet wird. Das Baugenehmigungsverfahren besitzt durch das Nebeneinander von Bauantrag und Bauvorlagen eine Eigentümlichkeit, die es von anderen Verwaltungsverfahren grundsätzlich unterscheidet, die sich jedoch in ähnlicher Form auch in einigen anderen komplexen Genehmigungsverfahren wiederfindet.1) Dabei bildet der Bauantrag als solcher den materiell-rechtlichen Aspekt einer möglicherweise erzwingbaren Mitwirkungshandlung, während die Vorlage der Bauvorlagen deren formell-rechtliches Moment darstellt. Demzufolge ist es geboten, beiden Verfahrenselementen gesonderte Aufmerksamkeit zuteil werden zu lassen. Ob jemand durch seine materiell-rechtliche Mitwirkung zum Ausdruck bringt, er wünsche die Erteilung einer Genehmigung, ist die eine Frage; ob er dabei die entsprechenden Formgebote beachtet, ist die andere. Was den erforderlichen Bauantrag des Betroffenen, also seine öffentlich-rechtliche Willenserklärung, er wünsche die Erteilung einer Baugenehmigung, anbelangt, konnte weiter oben bereits festgestellt werden,2) daß dieser Antrag bereits in der tatsächlichen Errichtung seines Bauwerkes hinreichend klar zum Ausdruck kommt. Dies gilt hingegen nicht für die vorgeschriebenen Bauvorlagen, denn Pläne, Berechnungen und Zeichnungen können durch die bloße Ausführung des Bauwerkes nicht ersetzt werden.

Diese Erwägungen gebieten es, die Frage nach der "Erzwingbarkeit des Bauantrages" neu zu überdenken und präziser zu formulieren. Sie muß folgerichtig dahingehend lauten, ob der Betroffene gezwungen werden kann, ein tatsächlich vorhandenes Einverständnis

---

1 Vgl. etwa das Antragserfordernis in § 10 Abs.1 S.1 BImSchG und die in der 9. BImSchV niedergelegten Grundsätze des Genehmigungsverfahrens, das Antragserfordernis in § 7 Abs.1 AtomG und das formalisierte Genehmigungsverfahren nach der AtVfV. Zur Trennung zwischen Antrag und Unterlagen siehe in diesem Verfahren § 2 Abs.2 AtVfV, der abschließend festlegt, welchen Inhalt der Antrag aufweisen muß. Daneben bestimmt § 3 Abs.1 AtVfV, "welche Unterlagen dem Antrag beizufügen sind". Daraus folgt, daß Sicherheitsbericht, Baupläne etc. nicht als konstitutiver Bestandteil des Genehmigungsantrages anzusehen sind, sondern nur eine Ordnungsfunktion besitzen und der sachgerechten Durchführung des durch den Antrag eingeleiteten Verfahrens dienen.

2 Dazu 9. Kapitel, D. I.

formgerecht zu erklären, und ob es möglich ist, ihm die Erstellung und Hergabe sämtlicher Bauvorlagen abzuverlangen. Die in dieser Weise vorzunehmende Unterscheidung zwischen Bauantrag und Bauvorlagen traf auch der Verwaltungsgerichtshof Baden-Württemberg,1) indem er ausführte, ein Zwang zur Antragstellung sei unzulässig, ein Zwang zur Einreichung der Bauvorlagen dagegen rechtmäßig. Dies geschah unter Berufung auf eine ältere Entscheidung des Preußischen Oberverwaltungsgerichts,2) in der festgestellt wurde, es sei unzulässig, dem Bauherrn polizeilich die Einholung einer nachträglichen Baugenehmigung aufzugeben. Doch sei die Anordnung zulässig, mit der die Einreichung der nach der Baupolizeiverordnung vorgeschriebenen Unterlagen eingefordert werde.

I. Zwang zur Vornahme einer Mitwirkungshandlung

Zunächst ist festzustellen, daß gesetzliche Vorschriften, die dem Betroffenen die Vornahme der gesetzlich vorgesehenen Mitwirkungshandlung auferlegen, nicht bestehen. Dies folgt bereits aus der Intention des Gesetzgebers, der es mit der Ausgestaltung der jeweiligen Vorschriften dem Privaten überlassen hat, eine Mitwirkungshandlung vorzunehmen oder nicht. Diesem Mitwirkungsrecht steht eine daraus abgeleitete Schutzfunktion gegenüber, die es der Verwaltung verbietet, den Betroffenen zur Vornahme einer von seinem Willen abhängigen Mitwirkungshandlung zu zwingen. Diese aus Art.2 Abs.1 GG resultierende Schutzfunktion gestattet dem Privaten zu bestimmen, wann und in welchem Umfang er den Erlaß ihn betreffender mitwirkungsbedürftiger Verwaltungsakte wünscht und bildet daher gleichsam die Kehrseite seiner Befugnis, daran mitzuwirken. Damit ist es der Verwaltung grundsätzlich verwehrt, den Privaten zur Vornahme eines Mitwirkungsaktes zu zwingen, denn dieses widerspricht der das Mitwirkungserfordernis enthaltenden

1 BaWüVGH, BaWüVBl 1969, 107 (108)
2 PrOVGE 85, 431

gesetzlichen Regelung.1) Die Erzwingbarkeit der Mitwirkungshandlung könnte daher allenfalls in Ausnahmefällen und nur unter besonderen Voraussetzungen in Betracht kommen.

Ein solcher Ausnahmefall könnte etwa in der Schaffung einer erlaubnis- oder genehmigungspflichtigen Sachlage zu sehen sein. In diesem Falle könnte an das vorausgegangene rechtswidrige Verhalten des Betroffenen anzuknüpfen sein. Damit würde sich durch eine Handlung des Betroffenen sein Recht auf Vornahme einer Mitwirkungshandlung in eine Mitwirkungspflicht umwandeln. Derartiges ist jedoch nicht anzunehmen. Die die Kehrseite seines Anspruchs auf Vornahme der erforderlichen Mitwirkungshandlung bildende materielle Schutzfunktion ist vielmehr auch dann gegeben, wenn der Betroffene dem Ergebnis eines administrativen Entscheidungsprozesses vorgreift, sich über geltende Regeln hinwegsetzt und ein erlaubnis- oder genehmigungspflichtiges Vorhaben ausführt, ohne durch einen entsprechenden Verwaltungsakt dazu legitimiert zu sein. Es macht keinen Unterschied, ob der Betroffene bereits eine bestimmte Sachlage geschaffen hat oder nicht, denn auch für diesen Fall sehen die das Mitwirkungserfordernis enthaltenen Vorschriften keine Regelungen vor, die für eine Zwangbefugnis zugunsten der Verwaltung sprechen könnten.

Damit kann auch der Betroffene grundsätzlich2) nicht gezwungen werden, ein tatsächlich vorhandenes Einverständnis zu erklären. Allein die Schaffung einer erlaubnis- oder genehmigungspflichtigen Sachlage kann insoweit nicht als ausreichend angesehen werden. Dem zuständigen Gesetzgeber bleibt es jedoch unbenommen, durch die Schaffung entsprechender Eingriffsermächtigungen der Verwaltung die Möglichkeit an die Hand zu geben, bei Vorliegen bestimmter Umstände die Vornahme einer Mitwirkungshandlung durchsetzen zu können. Von dieser Befugnis ist bereits Gebrauch gemacht worden. So bestimmt Art.100 S.3 BayBauO, daß (bei der

---

1 Zur Baugenehmigung in diesem Sinne auch L. Baumanns, Verfahrensrecht und Praxis der Bauaufsicht, Rdnr.302.

2 Zu möglichen Ausnahmen sogleich.

Errichtung materiell rechtmäßiger und nur formell rechtswidriger Anlagen[1] die Behörde die Stellung eines Bauantrages verlangen kann. Nur aufgrund einer solchen Rechtsgrundlage kommt die Erzwingbarkeit einer Mitwirkungshandlung in Betracht. Hat aber der jeweils zuständige Gesetzgeber von seiner Befugnis zum Erlaß einer derartigen Bestimmung keinen Gebrauch gemacht, so ist diese Entscheidung zu respektieren mit der Folge, daß die Erzwingung einer Mitwirkungshandlung unzulässig ist.

II. Zwang zur Einhaltung bestehender Formvorschriften

Eine andere Frage ist jedoch, ob der Betroffene verpflichtet werden kann, bei der Vornahme seiner Mitwirkungshandlung bestehende Formvorschriften einzuhalten. Das allgemeine und besondere Verwaltungsrecht kennt eine Vielzahl von Formvorschriften, die sich auf formell-rechtliche oder materiell-rechtliche Mitwirkungshandlungen des Privaten beziehen. Zu prüfen ist damit, wie sich bestehende Formgebote auswirken, in welchem Umfang sie vom Betroffenen zu beachten sind und inwieweit die Behörde ihre Beachtung durchzusetzen vermag.

1. Der Grundsatz der formfreien Mitwirkung

§ 10 S.1 VwVfG enthält den Grundsatz der Nichtförmlichkeit des Verwaltungsverfahrens, der ein wesentliches übergeordnetes Prinzip des gesamten Verwaltungsverfahrensrechts darstellt.[2] Das Verwaltungsverfahren hat einerseits rechtsstaatlichen Erfordernissen, andererseits der Forderung nach einfacher und wirksamer Verwaltung zu genügen. Die "Nichtförmlichkeit" des Verfahrens vermeidet eine justizförmliche Verfahrensausgestaltung und ermöglicht damit eine einfache und wirksame Verwaltungstätigkeit,[3] was letztlich die Leistungsfähigkeit des Verwaltungs-

---

1 Vgl. Koch/Molodowsky, BayBauO, Art.100 Rdnr.3
2 Clausen, in: Knack, VwVfG, § 10 Rdnr.2
3 Clausen, in: Knack, VwVfG, § 10 Rdnr.2; Leonhardt, in: Stelkens/Bonk/Leonhardt, VwVfG, § 10 Rdnr.2

apparates fördert.1) Aus der Nichtförmlichkeit des Verfahrens folgt, daß auch die Mitwirkungshandlungen des Betroffenen keinem Formzwang unterworfen sind. Auch § 26 Abs.2 S.1 VwVfG, der den am Verwaltungsverfahren Beteiligten bestimmte Mitwirkungslasten auferlegt, ist kein Hinweis darauf zu entnehmen, daß für eine Mitwirkung im allgemeinen oder die Mitwirkungshandlungen des Betroffenen im besonderen eine bestimmte Formgebundenheit bestehen könnte. § 26 Abs.2 S.1 VwVfG spricht lediglich von "Mitwirkung", läßt ihre Form aber gerade offen und legt damit klar, daß die Mitwirkung auch mündlich oder in anderer Weise geschehen kann und nicht schriftlich oder formularmäßig zu erfolgen hat.2)

Die jeweilige Ausgestaltung des Verwaltungsverfahrens ist gesetzlich nicht vorgeschrieben. Nach § 10 S.2 VwVfG ist es einfach und zweckmäßig durchzuführen. Damit ist seine Ausgestaltung in das Ermessen der Behörde gestellt, die in ordnungsgemäßer Ermessensausübung (§ 40 VwVfG), das heißt, in Abwägung ihrer eigenen und der schutzwürdigen Interessen des Betroffenen die sachgerechte Vorgehensweise auszuwählen hat.3) In jedem Falle begründet § 10 VwVfG eine Vermutung zugunsten der formfreien Verfahrensdurchführung4) und spricht damit auch für die formfreie Vornahme einer Mitwirkungshandlung.5)

---

1 Vgl. J. Schwarze, Administrative Leistungsfähigkeit als verwaltungsrechtliches Problem, DÖV 1980, 581(585) m.w.N.
2 Schnell, S.67
3 Vgl. Clausen, in: Knack, VwVfG, § 10 Rdnr.3.3; H. Hill, Verfahrensermessen der Verwaltung, NVwZ 1985, 449(450 ff.)
4 Kopp, VwVfG, § 10 Rdnr.5
5 Anders im Besteuerungsverfahren nach der AO. Hier hat der Steuerpflichtige Bücher und Aufzeichnungen zu führen, Unterlagen und Belege vorzulegen, Auskünfte zu erteilen, usw.; vgl. im einzelnen H.Mösbauer, Zum Umfang der Mitwirkungspflichten der Beteiligten und anderer Personen im Besteuerungsverfahren, DB 1985, 410.

2. Formgebundene Mitwirkungshandlungen

a) Gesetzliche Formgebote

Der Grundsatz der Nichtförmlichkeit des Verwaltungsverfahrens steht unter dem Vorbehalt, daß keine besonderen Rechtsvorschriften für die Form des Verfahrens bestehen. Als solche kommen Bestimmungen des VwVfG selbst wie auch Vorschriften außerhalb dessen in Betracht.1)

Gesetzliche Vorschriften, die die Mitwirkungshandlung des Betroffenen einer bestimmten Form unterwerfen, lassen sich auch hier nur beispielhaft aufführen.2) Häufig werden an die Mitwirkungshandlung keine besonderen Voraussetzungen geknüpft, wie es etwa im Recht der Sozialversicherung regelmäßig der Fall ist. Die Anträge nach §§ 604 RVO (Abfindung bei Erwerbsminderung unter 30 v.H.), 1230 RVO (Befreiung von der Versicherungspflicht) und 1248 RVO (Gewährung von vorgezogenem Altersruhegeld) sind durch den Gesetzgeber keinem Formzwang unterworfen worden. Sie können schriftlich, mündlich, konkludent oder in anderer Weise gestellt werden. Vielfach ist der Antrag in schriftlicher Form einzureichen, wie sich beispielsweise aus § 5 Abs.1 S.1 NamÄndG ergibt. Mitunter werden an die Mitwirkungshandlung noch weitere Anforderungen gestellt. Für die Stellung eines Bauantrages schreiben die Bauordnungen der Bundesländer die Schriftform vor; darüber hinaus besteht die Pflicht zur Vorlage der sog. Bauvorlagen,3) deren Umfang und Inhalt sich wiederum aus den jeweiligen Bauvorlagenverordnungen und Bauverfahrensordnungen ergibt.4) Der Betreiber einer nach dem Bundes-Immissionsschutzgesetz genehmigungsbedürftigen Anlage hat seinem Antrag, der ebenfalls der Schriftform bedarf, die zur Prüfung erforderlichen Zeichnungen, Erläuterungen und sonstigen Unterlagen beizufügen, § 10 Abs.1 S.1 BImSchG. Wer

---

1 Vgl. dazu im einzelnen Kopp, VwVfG, § 10 Rdnr.8; Obermayer, VwVfG, § 10 Rdnr.10 ff.
2 Siehe dazu auch 9. Kapitel, D.II.
3 So etwa gemäß § 71 Abs.2 NBauO, § 89 Abs.2 BremLBO
4 Vgl. hierzu auch S.236, Fn.1.

Tierversuche an Wirbeltieren durchführen will, hat dies schriftlich bei der zuständigen Behörde zu beantragen. In dem Antrag ist wissenschaftlich begründet darzulegen, daß bestimmte Voraussetzungen vorliegen, daß der Leiter des Vorhabens und sein Stellvertreter die erforderliche fachliche Eignung besitzen, § 8 Abs.2 TierSchG. Gemäß § 2 Abs.1 AtVfV ist der Antrag auf Errichtung einer Atomanlage schriftlich bei der Genehmigungsbehörde zu stellen. § 3 AtVfV verlangt darüber hinaus die Vorlage weiterer Unterlagen, wie etwa einen Sicherheitsbericht, Pläne, Zeichnungen und Beschreibungen der Anlage und ihrer Teile, Angaben über die Zuverlässigkeit der tätigen Personen und den Nachweis über Vorsorgemaßnahmen bei Störfällen.

Allein aus der Existenz dieser Formvorschriften ist aber noch nicht der Schluß zu ziehen, jede Mitwirkungshandlung, die den Formerfordernissen nicht genügt, sei unzulässig oder gar unwirksam. Welche Auswirkungen gesetzlichen Formgeboten zukommt, ist auch im Hinblick auf § 24 VwVfG zu ermitteln. Diese Vorschrift wendet sich an die Behörde und unterwirft die gesamte, dem Erlaß eines Verwaltungaktes dienende vorbereitende Tätigkeit der Verwaltung dem Untersuchungsgrundsatz. Danach hat sich die Behörde zu bemühen, den wahren Sachverhalt von Amts wegen zu ermitteln.1) Eine mit der gebotenen Genauigkeit durchzuführende Sachverhaltsermittlung ist jedoch bei komplizierten Genehmigungsverfahren nur dann möglich, wenn der Betroffene seinerseits alle entscheidungserheblichen Umstände in einer Weise aufbereitet, die eine sachgerechte Prüfung durch die Behörde ermöglicht. Wie dies zu erfolgen hat, legen die jeweiligen Verfahrensvorschriften fest. Hat der Betroffene durch die Schaffung einer erlaubnis- oder genehmigungspflichtigen Sachlage bereits konkludent einen Antrag auf Erteilung der entsprechenden Erlaubnis oder Genehmigung gestellt2) und ist die Behörde unter Beachtung ihrer aus

---

1 Vgl. im einzelnen W. Berg, Zur Untersuchungsmaxime im Verwaltungsverfahren, DV 9 (1976), 161; C. Pestalozza, Der Untersuchungsgrundsatz, in: Festschrift für den R. Boorberg Verlag, S.185; K.Redeker, Untersuchungsgrundsatz und Mitwirkung der Beteiligten im Verwaltungsprozeß, DVBl 1981, 83.

2 Dazu 9. Kapitel, D.II.

§ 24 VwVfG folgenden Aufklärungspflicht nicht in der Lage, die Genehmigungsfähigkeit des Vorhabens zu beurteilen, so darf sie dem Betroffenen die Einhaltung der geltenden Formvorschriften auferlegen.1)

So ist die Genehmigung einer Anlage nach dem Bundes-Immissionsschutzgesetz nur dann möglich, wenn der Betreiber alle zur Prüfung notwendigen Unterlagen beibringt und die vorgeschriebenen Antragsformulare verwendet. Dazu kann er gemäß §§ 10 Abs.1 S.3 BImSchG, 4, 5 der 9. BImSchV auch verpflichtet werden. Diese Befugnis besteht für die Genehmigungsbehörde der Sache nach auch in solchen Rechtsgebieten, in denen eine derartige Rechtsgrundlage nicht existiert. Der Betroffene kann zur Beibringung und Vorlage der erforderlichen Unterlagen dadurch veranlaßt werden, daß ihm die Behörde die Stillegung seines Vorhabens oder die Schließung seiner Anlage androht. Gegen diese Androhung kann sich der Betroffene mit der Anfechtungsklage wehren, was aber nur dann Erfolg haben dürfte, wenn ihm ein Verstoß gegen bestehende Formvorschriften nicht vorgeworfen werden kann, wofür jedoch zunächst einmal der erste Anschein spricht.2) Wenn der Betroffene eine ihm mögliche und zumutbare Aufklärung des Sachverhalts verweigert und alle der Behörde zur Verfügung stehenden Mittel zur Sachverhaltsaufklärung erschöpft sind, kommt nur eine Abweisung des Antrages bzw. eine Einstellung des Vorhabens durch repressive Maßnahmen in Betracht.3) Die Einhaltung der vom Gesetz4) vorge-

---

1 PrOVGE 85, 431

2 Zur Geltung des prima-facie-Beweises im Verwaltungsverfahren vgl. Clausen, in: Knack, VwVfG, § 24 Rdnr.4 f.; Kopp, VwVfG, § 24 Rdnr.32 f.

3 Dieser im gesamten öffentlichen Recht geltende Rechtsgedanke ist in § 66 SGB ausdrücklich gesetzlich normiert. Kommt der Betroffene seinen Mitwirkungspflichten nach den §§ 60 bis 62, 65 SGB (Angabe von Tatsachen, persönliches Erscheinen, Untersuchungen) nicht nach, so kann der Leistungsträger bis zur Nachholung der Mitwirkung die Leistung ganz oder teilweise versagen, vgl. dazu im einzelnen Burdenski, in: Burdenski/v.Maydell/Schellhorn, Kommentar zum SGB-AT, § 66 Rdnr.1 ff.

schriebenen Form stellt damit keine Wirksamkeitsbedingung,1) wohl aber eine Zulässigkeitsbedingung der Mitwirkungshandlung dar.2)

b) Behördliche Formgebote

Zu klären bleibt noch die Frage, wie sich Formgebote auswirken, die nicht gesetzlich normiert sind, sondern von einer Behörde in der Absicht erlassen wurden, einen schnellen und reibungslosen Verwaltungsablauf zu ermöglichen. Hierher sind insbesondere Formgebote zu zählen, die dem Betroffenen auferlegen, amtliche Vordrucke zu verwenden, mehrfache Ausfertigungen von Anträgen einzureichen oder bestimmte Unterlagen beizubringen.

Dazu wird die Auffassung vertreten, die Behörde könne auch ohne ausrückliche gesetzliche Anordnung eine schriftliche oder formularmäßige Antragstellung fordern, wenn sonst eine sachgemäße Bearbeitung des Antrages nicht möglich sei.3) Besondere formelle Anforderungen könnten durch Verwaltungsvorschriften oder durch eine entsprechende Verwaltungsübung gesetzt werden. Hierbei handele es sich in der Regel lediglich um verwaltungsinterne Anweisungen oder um Ordnungsregeln ohne Rechtssatzcharakter, denen die Aufgabe zukomme, die Arbeit der Behörde zu erleichtern. Trotzdem könne die Behörde von sich aus solche Verlangen stellen, denn dieses trage zur Zweckmäßigkeit des Verfahrens bei. Eine besondere gesetzliche Ermächtigung sei nicht erforderlich, denn dieses Recht ergebe sich bereits aus der jeweiligen Eingriffsnorm.4)

---

4 Gesetz in diesem Sinne ist jeder Beschluß der zur Gesetzgebung zuständigen Organe, der im ordnungsgemäßen Gesetzgebungsverfahren zustande gekommen ist. Hierzu zählen damit auch Rechtsverordnungen und Satzungen.

1 So aber Jarass, BImSchG, § 10 Rdnr.12

2 Treffend Gusy, BayVBl 1985, 484(485)

3 Badura, in: Erichsen/Martens (Hrsg.), Allgemeines Verwaltungsrecht, § 39 II, S.394.

4 Clausen, in: Knack, VwVfG, § 10 Rdnr. 2.2 unter Berufung auf BVerwG, NJW 1977, 772 zur Anzeige nach § 14 Abs.1 GewO

Es wird aber auch die Auffassung vertreten, eine Zurückweisung eines Antrages als unzulässig wegen mangelnder Formgemäßheit komme bei einem Verstoß gegen ein behördliches Formgebot nicht in Betracht.1) Schreibe die Behörde, ohne durch eine Rechtsvorschrift dazu ermächtigt zu sein, die Verwendung bestimmter Formulare vor, berechtige ein formfehlerhafter Antrag allein nicht zur Ablehnung als unzulässig. Sei aus dem vom Antragsteller vorgelegten Antrag dessen Wille zweifelsfrei erkennbar, rechtfertigten die nur zur Verwaltungsvereinfachung eingeführten Formulare, die nicht gesetzlich vorgeschrieben seien, nicht die Ablehnung des Antrages.2) Dies gelte insbesondere in solchen Fällen, in denen ein Anspruch auf die Leistung bestehe. Etwas anderes könne nur dann gelten, wenn der Verwaltung ein Ermessen auf die Leistungsgewährung und auf die Verfahrensgestaltung eingeräumt sei.3)

Für die erstgenannte Ansicht könnte sprechen, daß eine zeitgerechte und zweckmäßige Verwaltungstätigkeit nur gewährleistet ist, wenn auch der Einzelne in zumutbarer Weise dazu beiträgt. Dies gilt insbesondere bei verwaltungsmäßig zu bearbeitenden Massenverfahren und in Zeiten wachsender Mittel- und Personalknappheit der öffentlichen Hand. Gegenüber dem grundsätzlichen Streben der Verwaltung nach Verfahrenseffizienz sind zunächst einmal Bedenken nicht angebracht. Vielmehr dient das Gebot der Verfahrenseffizienz4) auch dem Rechtsschutz des betroffenen Bürgers, dessen Rechte mitunter nur dann gewahrt werden können, wenn über seinen Antrag in angemessener Zeit entschieden wird. Eine formularmäßige Antragstellung oder die Einreichung mehr-

---

1 Schnell, S.66 f.

2 Ähnlich Wolff/Bachof III, § 156 V a, Rdnr.56, S.342 f., die eine Ablehnung des Antrages allerdings auch dann für zulässig halten, wenn die zu verwendenden Formulare von der Behörde zur Verfügung gestellt werden.

3 Stelkens, in: Stelkens/Bonk/Leonhardt, VwVfG, § 24 Rdnr. 24

4 Siehe dazu im einzelnen A. v. Mutius, Grundrechtsschutz contra Verwaltungseffizienz im Verwaltungsverfahren, NJW 1982, 2150 ff. sowie R. Steinberg, Komplexe Verwaltungsverfahren zwischen Verwaltungseffizienz und Rechtsschutzauftrag, DÖV 1982, 619(620 ff.)

facher Ausfertigungen können damit auch den Zielvorstellungen des Betroffenen entgegenkommen, etwa wenn mehrere Behörden mit dem Vorgang befaßt sind oder die Bearbeitung des Antrages mittels einer EDV-Anlage erfolgt. Die Errichtung behördlicher Formgebote kann die Prüfung und Bearbeitung von Vorgängen wesentlich erleichtern und läßt bei vollständiger Ausfüllung Rückfragen und Irrtümer vermeiden und fördert somit - auch im Interesse des Betroffenen - einen reibungslosen Verfahrensablauf.1)

Doch geben diese (Zweckmäßigkeits-)Erwägungen noch keine Antwort auf die (Rechts-)Frage, ob die Verwaltung auch berechtigt ist, von ihr errichtete Formgebote durchzusetzen und einen insoweit formwidrigen Antrag als unzulässig zurückzuweisen. Für die zweitgenannte Auffassung spricht letztlich, daß es nicht ohne weiteres der Behörde überlassen bleiben kann, in welchen Fällen und in welchem Umfang sie den Betroffenen mit Verfahrensauflagen belastet. Die Verfahrensgesetze sprechen sich für den Grundsatz der Formfreiheit aus. § 10 VwVfG2) bestimmt die Nichtförmlichkeit des Verfahrens und legt der Behörde die Pflicht auf, dieses einfach und zweckmäßig durchzuführen.3) Gemäß § 10 S.1 VwVfG ist das Verwaltungsverfahren an bestimmte Formen nicht gebunden, soweit keine besonderen Rechtsvorschriften für die Form des Verfahrens bestehen. § 10 Abs.1 VwVfG spricht jedoch eindeutig von "Rechtsvorschriften" und nimmt damit Verwaltungsvorschriften und Verwaltungspraxis von seinem Anwendungsbereich aus. Demgegenüber erscheint es systemwidrig, eine Aufgabe, die ausdrücklich dem Gesetzgeber vorbehalten ist, durch die Verwaltung in eigener Machtvollkommenheit ausführen zu lassen.

Damit ist auch Schnell4) beizupflichten, der der weiter oben5)

---

1 Vgl. Clausen, in: Knack, VwVfG, § 10 Rdnr. 2.2
2 Ebenso § 9 SGB X und die Verfahrensgesetze der Bundesländer, vgl. etwa § 10 VwVfG Rh.-Pf., Art.10 BayVwVfG, § 10 VwVfG NW.
3 Vgl. im einzelnen: H. Hill, Verfahrensermessen der Verwaltung, NJW 1985, 449(450 ff.).
4 Schnell, S.68
5 10. Kapitel, B.I.; BVerwG, NJW 1977, 772

dargestellten Entscheidung des Bundesverwaltungsgerichts entgegengetreten ist. Darin wurde festgestellt, die Regelung des § 14 Abs.1 GewO gestatte der Behörde, die Ausfüllung eines Anzeigenvordruckes zu verlangen, wenn auch die wirtschaftliche Tätigkeit des Betroffenen schon bekannt sei. Dazu bedürfe es keiner ausdrücklichen gesetzlichen Ermächtigung. Demgegenüber hat Schnell überzeugend nachgewiesen, daß sich ein Verstoß gegen Formgebote auf die Zulässigkeit eines Antrages nur dann auswirkt, wenn es sich um ein gesetzliches Formgebot handelt. Ein Antrag, der ein behördliches Formgebot verletzt, darf allein aus diesem Grunde nicht als unzulässig abgewiesen werden. Die Befugnis der Behörde einen Formzwang mit dieser rechtlichen Wirkung festzusetzen, ergibt sich weder aus § 10 S.2 VwVfG noch aus § 26 Abs.2 S.1 VwVfG. § 10 S.2 VwVfG trifft lediglich eine Anordnung gegenüber der Behörde, begründet jedoch keine verfahrensrechtlichen Verhaltensanforderungen gegenüber dem Betroffenen. § 26 Abs.2 S.1 VwVfG legt dem Betroffenen nur bestimmte Lasten bei der Sachverhaltsermittlung auf, deren Verletzung jedoch nur dann nachteilige Folgen entfaltet, wenn sich der Sachverhalt allein durch die Behörde nicht ermitteln läßt, trifft aber hinsichtlich der Form der Mitwirkung keine Anordnungen.1) Die gesetzliche Formulierung "sollen mitwirken" deutet vielmehr auf eine bestehende Formfreiheit hin.

Die Errichtung eines Formzwanges belastet den Betroffenen und ist daher von der Behörde nur dann durchzusetzen, wenn hierfür eine ausdrückliche gesetzliche Ermächtigung besteht. Die Regelung des § 14 Abs.1 GewO etwa kann insoweit nicht als ausreichend angesehen werden. Allein aus der gesetzlichen Pflicht, eine Anzeige vornehmen zu müssen, folgt noch nicht, daß dieses auch in bestimmter Form zu geschehen habe. Aus einer gesetzlichen Vorschrift läßt sich ein Formzwang nur dann ableiten, wenn diese auch und gerade zur Form der Mitwirkung bestimmte Anordnungen trifft.2) Hat der zuständige Gesetzgeber von der Errichtung

---

1 Schnell, S.66 ff.
2 Ebenso auch Peters, in: Peters/Hommel, SGB X, § 18 Anm.5 d.

einer solchen Regelung abgesehen, so spricht auch hier die grundsätzliche Vermutung für die Zulässigkeit formfreier Mitwirkung. Die Verwaltung ist damit im Interesse eines effektiven Verwaltungsverfahrens wohl befugt, Formvorschriften zu erlassen, ist dabei jedoch auf deren freiwillige Beachtung durch den Bürger angewiesen. Sie darf gegenüber dem Betroffenen weder die Befolgung ihrer Formgebote zwangsweise durchsetzen noch eine Mitwirkungshandlung, die einem behördlichen Formgebot widerspricht, als unzulässig zurückweisen.

D. Darstellung der Ergebnisse an den Beispielen der Baugenehmigung und der straßenrechtlichen Sondernutzungserlaubnis

Aus den vorstehenden Erwägungen lassen sich für die erörterten Beispiele der Baugenehmigung und der Sondernutzung einer öffentlichen Straße folgende Konsequenzen ableiten:

Die Baubehörde ist im Falle der Errichtung eines sogenannten "Schwarzbaues" berechtigt, die Einreichung eines förmlichen Bauantrages nebst Bauvorlagen zu verlangen, wenn und soweit diese durch Gesetze oder Verordnungen vorgeschrieben wurden. Diese Berechtigung besteht auch angesichts der Tatsache, daß einerseits ein das materielle Einverständnis des Betroffenen enthaltender Bauantrag durch die tatsächliche Bauausführung konkludent gestellt wurde und andererseits sämtliche Zwecke, denen das gesetzliche Schriftformerfordernis dient, auch durch die tatsächliche Ausführung gewahrt werden. Der mit der Schriftform verfolgten Beweissicherungsfunktion ist durch die Errichtung eines Bauwerkes hinreichend Genüge getan und ein Schutz vor Übereilung zugunsten des Antragstellers scheidet jedenfalls dann aus, wenn er die genehmigungspflichtige Handlung schon vorgenommen hat.1) Die Befugnis der Behörde, die Einreichung eines formgerechten Bauantrages nebst Bauvorlagen zu verlangen, folgt damit nicht schon aus dem Schriftformgebot der Landesbauordnungen, sondern kann

1 Dazu im einzelnen 9. Kapitel, D.II.

sich erst aus einer weitergehenden gesetzlichen Regelung ergeben. So lautet beispielsweise § 2 Abs.2 der Niedersächsischen Bauvorlagenverordnung1) wie folgt: "Für den Bauantrag ist ein Vordruck nach dem Muster der Anlage2) zu verwenden."3) Dies legt dem Betroffenen die Pflicht auf, ein vorhandenes und bereits in der Schaffung der genehmigungspflichtigen Sachlage zum Ausdruck kommendes Einverständnis noch einmal förmlich zu erklären und dabei auch die vorgeschriebenen Formulare zu verwenden.4)

Ein etwas anderes Bild zeigt sich im Falle der straßenrechtlichen Sondernutzungserlaubnis. Auch hier ist die Behörde nicht befugt, die Vornahme einer materiell-rechtlichen Mitwirkungshandlung zu verlangen. Ob der Betreiber einer Gaststätte den vor seinem Hause gelegenen Gehweg als Straßencafé nutzen möchte oder nicht, ist allein seine Sache. In der tatsächlichen Inanspruchnahme der Fläche ist aber der konkludente Antrag zu sehen, er wünsche die Erteilung einer entsprechenden Erlaubnis.5) Mangels gesetzlicher Regelungen ist die Behörde jedoch nicht befugt, auf die Einhaltung bestimmter Förmlichkeiten bei der Antragstellung zu beste-

---

1 In der Fassung der Änderung vom 25.6.1976, Nds GVBl 1976, 135 ff.

2 Siehe ebenda.

3 Eine vergleichbare Regelung enthalten die Vorschriften zum Bundes-Immissionsschutzgesetz. Auch hier schreibt § 10 Abs. 1 S.1 BImSchG die Schriftform des Antrages vor. Einzelheiten der einzureichenden Unterlagen und die Pflicht, für die Antragstellung einen Vordruck zu verwenden, ergeben sich aus §§ 3 ff. der 9. BImSchV.

4 Zur Zwangsbefugnis der Behörde vgl. auch Böckenförde, in: Gädtke, BauO NW, § 70 Rdnr.35; der lediglich davon spricht, daß die Einreichung von Unterlagen erzwungen werden könne und damit offen läßt, ob auch die Einreichung formgerechter Unterlagen verlangt werden kann; dieser insoweit inkonsequent, als nach Prüfung der Behörde nicht eine nachträgliche Baugenehmigung erteilt werde, sondern lediglich festzustellen sei, daß das Vorhaben dem öffentlichen Recht entspreche; Schmaltz, in: Grosse-Suchsdorf/Schmaltz/Wiechert, NBauO, § 71 Rdnr. 3, der die Befugnis der Behörde anerkennt, die Einreichung der "erforderlichen" Unterlagen zu erzwingen, und meint, die Anforderung der "notwendigen" Bauvorlagen stelle den geringstmöglichen Eingriff gegenüber dem Betroffenen dar, a.a.O., Rdnr.6.

5 Dazu 9. Kapitel, D.

hen. Die Mitwirkung kann damit schriftlich, mündlich, konkludent oder in anderer Weise erfolgen. Der Betroffene kann zur Beibringung von Unterlagen, die sein Vorhaben darstellen, nur mittelbar dadurch angehalten werden, daß ihm die Schließung seines Straßencafés angedroht wird.1) Diese Androhung ist ihrerseits jedoch nur dann zulässig, wenn sich auf andere Weise der der Genehmigung zugrunde liegende Sachverhalt nicht in angemessener Weise durch die Behörde ermitteln läßt. Denn die Ermittlungspflicht der Behörde endet dort, wo der Betroffene ein ihm zumutbare Mitwirkung verweigert. § 26 Abs.2 S.1 VwVfG begründet für den Betroffenen eine verfahrensrechtliche Last,2) die es gerechtfertigt erscheinen läßt, ihm bestimmte Mühen3) aufzuerlegen, zumal die Genehmigung einen begünstigenden Verwaltungsakt darstellt und damit in erster Linie seinen Interessen dient. Verweigert der Betroffene eine zumutbare Mitwirkung und ist die Behörde zu einer weiteren Ermittlungstätigkeit nicht mehr verpflichtet, so bleibt nur die Möglichkeit repressiven Einschreitens mit der Folge, daß das Straßencafé geschlossen werden muß.

Damit ist im Ergebnis der Entscheidung des Preußischen Oberverwaltungsgerichts vom 14.11.1929 4) beizupflichten, die an Aktualität nichts eingebüßt hat: Es ist unzulässig, dem Betroffenen die Einholung einer Genehmigung5) aufzugeben. Doch ist eine Anordnung der Behörde zulässig, die die Einreichung der gesetzlich vorgeschriebenen Unterlagen fordert.

---

1 So BVerwG, DÖV 1972, 425(426) zum Betrieb einer Schotteranlage.
2 Vgl. Schnell, S.67; Stelkens, in: Stelkens/Bonk/Leonhardt, VwVfG, § 26 Rdnr.11.
3 Hierzu zählen etwa Angaben über die genutzte Fläche, mögliche Sicherheitsvorkehrungen, Öffnungszeiten, Dauer der Nutzung usw.
4 PrOVGE 85, 431
5 Im hiesigen Sinne: Vornahme einer materiell-rechtlichen Mitwirkungshandlung.

Übersicht zum System der mitwirkungsbedürftigen Verwaltungsakte nach hier vertretener Auffassung

MITWIRKUNGSBEDÜRFTIGE VERWALTUNGSAKTE

auf gesetzlicher Grundlage
beruhende Verwaltungsakte

Die Mitwirkung des Betroffenen

Funktion und Bedeutung der erforderlichen Mitwirkungshandlung bezogen auf den Inhalt des VAes und die Voraussetzungen seines Erlasses

Inhalt des VAes	Belastende VAe	Begünstigende VAe		
Form der Mitwirkung	Unterwerfung form-u.mat.-r.	formeller Antrag	materieller Antrag	Einwilligungs-erklärung
VA-Typus	Verw.-Akt auf Unterwerfung	antr.bedürft. VerwAkt	mat.antr.bed. VerwAkt	einwilligungs-bedürft.VAe
Rechtsqualität	Willens-erklärung	Erwirkungs-handlung	Willens-erklärung	Willens-erklärung
Nachholbarkeit + Heilbarkeit	ja	ja	ja	ja
Rücknahme + Anfechtung	ja	nein	ja	ja
Zulässigkeit konkludenter Mitwirkung	Frage des Einzelfalles			
Pflicht zur Mitwirkung	nein	nur aufgrund besonderer gesetzlicher Ermächtigung		
Rechtsfolgen				
defekte Mitwirkung	rw. + schw.unwirks.	rw. + wirks.	rw. + wirks.	rw. + wirks.
nach Nachholung bzw. Heilung	rm. + endg.wirks.	rm. + wirks.	rm. + wirks.	rm. + wirks.
ohne Nachholung bzw. Heilung	rw. + endg.unwirks.	rw. + wirks.	rw. + wirks.	rw. + wirks.

Zusammenfassung

I.

Den Gegenstand dieser Untersuchung bilden Handlungen oder Erklärungen des Privaten, die für die Rechtmäßigkeit und/oder Rechtswirksamkeit eines ihn betreffenden Verwaltungsaktes erheblich sind, die hier sog. "Mitwirkungshandlungen des Betroffenen". Ist ein Verwaltungsakt in seinem rechtlichen Bestand von einer solchen Mitwirkungshandlung des Betroffenen abhängig, so handelt es sich folglich um einen "mitwirkungsbedürftigen Verwaltungsakt".

Das Wirkungsverhältnis von Mitwirkungshandlung und Verwaltungsakt wird durch gesetzliche Regelungen, die allgemeiner oder spezieller Natur sein können, geprägt. Diese Normen bestimmen, welche qualitativen Anforderungen an eine Mitwirkungshandlung zu stellen sind. Es kommen drei Formen der Mitwirkung in Betracht:

1. Die Mitwirkungshandlung des Betroffenen kann lediglich eine formell-rechtliche Funktion aufweisen und damit allein der Einleitung eines Verwaltungsverfahrens dienen. Diese Form der Mitwirkung ist aber nur recht selten vorzufinden.

2. Der Betroffene nimmt eine Mitwirkungshandlung vor, die sowohl ein formell-rechtliches als auch ein materiell-rechtliches Element beinhaltet und damit einen dualistischen Charakter aufweist. Das formell-rechtliche Element seiner Mitwirkungshandlung besitzt eine verfahrenseinleitende Funktion und setzt ein Verwaltungsverfahren in Gang, in dessen Verlauf die einzelnen Voraussetzungen seines Begehrens überprüft werden. Das materiell-rechtliche Element dieser Mitwirkungshandlung schafft infolge gesetzlicher Anordnung eine Rechtsbedingung für den Erlaß eines Verwaltungsaktes in allen Fällen, in denen die Verwaltung mangels entsprechender gesetzlicher Ermächtigung zum Handeln gegenüber dem Betroffenen nicht befugt wäre.

3. Die Mitwirkungshandlung des Betroffenen besitzt lediglich eine materiell-rechtliche Funktion und ist daher nicht in der Lage, ein Verwaltungsverfahren einzuleiten. Eine formell-rechtliche Mitwirkungshandlung ist immer dann entbehrlich, wenn eine Verfahrenseinleitung durch den Betroffenen nicht vorgesehen ist, weil die insoweit herrschende Offizialmaxime die Rechtsmacht zur Einleitung eines Verwaltungsverfahrens allein der Verwaltung zugewiesen hat oder ein Verwaltungsverfahren - aus welchem Grunde auch immer - bereits eingeleitet worden ist.

II.

Mit dem Begriff "mitwirkungsbedürftige Verwaltungsakte" werden Verwaltungsakte bezeichnet, deren rechtmäßiger und/oder rechtswirksamer Erlaß aufgrund gesetzlicher Anordnung eine bestimmte Art der Beteiligung des Betroffenen voraussetzt. Die eine Gruppe mitwirkungsbedürftiger Verwaltungsakte bilden die mitwirkungsbedürftigen belastenden Verwaltungsakte, die andere Gruppe besteht aus den mitwirkungsbedürftigen begünstigenden Verwaltungsakten.

Bei den mitwirkungsbedürftigen belastenden Verwaltungsakten bildet das Einverständnis des Betroffenen - genauer: die Vornahme seiner materiell-rechtlichen Mitwirkungshandlung - eine Rechtsbedingung hoheitlicher, ihn belastender Verwaltungstätigkeit. Da sich der Betroffene durch seine freiwillige Mitwirkungshandlung einer Belastung unterwirft und erst damit die Verwaltung nach dem Willen des Gesetzgebers zum Handeln ermächtigt, sind die entsprechenden Verwaltungsakte als "Verwaltungsakte auf Unterwerfung" zu qualifizieren. Die Mitwirkungshandlung des Betroffenen, mit der er seine Unterwerfung zum Ausdruck bringt, stellt demzufolge eine "Unterwerfungserklärung" dar.

Bei den mitwirkungsbedürftigen begünstigenden Verwaltungsakten erklärt der Betroffene mit seiner materiell-rechtlichen Mitwirkungshandlung sein Einverständnis zum Erlaß eines ihn betreffenden Verwaltungsaktes. Diese Mitwirkungshandlung ist zur Abgrenzung gegenüber anderen Mitwirkungshandlungen als "Einwilligungserklärung" zu bezeichnen. Bedarf ein Verwaltungsakt einer solchen Einwilligungserklärung, so handelt es sich dabei um einen "einwilligungsbedürftigen Verwaltungsakt".

Wird die Einwilligungserklärung mit einem verfahrensrechtlichen Element verbunden, so erhält die Mitwirkungshandlung einen dualistischen Charakter und bildet damit den hier sogenannten "materiellen Antrag". Ein Verwaltungsakt, dessen Rechtmäßigkeit vom Vorliegen eines materiellen Antrages abhängt, ist als "materiellantragsbedürftiger Verwaltungsakt" zu bezeichnen. Dies ermöglicht eine klare begriffliche und inhaltliche Abgrenzung zur Gruppe der "antragsbedürftigen Verwaltungsakte", die lediglich einer formell-rechtlichen Mitwirkungshandlung, des "formellen Antrages", bedürfen.

III.

Bei der rechtlichen Qualifizierung der Mitwirkungshandlung ist zwischen dem formell-rechtlichen und dem materiell-rechtlichen Element der Mitwirkung zu differenzieren, da beide eine unterschiedliche Bedeutung besitzen und ein voneinander unabhängiges rechtliches Schicksal erleiden können. Der formelle Antrag, der lediglich als Mittel der Verfahrenseinleitung dient, ist nicht imstande, weitergehende Rechtswirkungen zu entfalten, denn durch die Stellung eines formellen Antrages nimmt der Betroffene auf den materiellen Inhalt des Verwaltungsaktes keinen Einfluß. Der antragsgemäß erlassene Verwaltungsakt berücksichtigt lediglich die seinem Erlaß zugrunde liegenden Gesetze, nicht aber den Willen des Betroffenen. Der formelle Antrag ist daher nicht als Willenserklärung, sondern lediglich als geschäftsähnliche Handlung oder als Erwirkungshandlung zu qualifizieren.

Mit dem materiell-rechtlichen Element seiner Mitwirkungshandlung verleiht der Private seinem Willen bei der Begründung und Ausgestaltung öffentlich-rechtlicher Rechtsverhältnisse Ausdruck. Es handelt sich daher bei diesen materiell-rechtlichen Mitwirkungshandlungen um "öffentlich-rechtliche Willenserklärungen". Der objektive Erklärungstatbestand kann einer ausdrücklichen Erklärung des Betroffenen oder aber einem konkludenten Verhalten zu entnehmen sein, das nach der Vereinbarung, dem Verständnis der Beteiligten oder der Verkehrssitte den Schluß auf einen bestimmten Verkehrswillen zuläßt. Das Vorliegen einer Willenserklärung erfordert darüber hinaus das Vorhandensein von Handlungswille, Erklärungsbewußtsein und Rechtsfolgewille in der Person des Erklärenden. Der Begriff der "öffentlich-rechtlichen Willenserklärung" trägt dem Umstand Rechnung, daß ein Privater die Möglichkeit hat, durch Abgabe von Willenserklärungen auch auf dem Gebiete des öffentlichen Rechts seine Rechtsbeziehungen zu gestalten. Es handelt sich um rechtsgeschäftliche Handlungen, die final auf die Herbeiführung eines rechtlichen Erfolges auf dem Gebiete des öffentlichen Rechts bezogen sind. Ob und wann der rechtliche Erfolg einer Erklärung im öffentlichen Recht eintritt, bestimmt sich nach objektiven Gesichtspunkten und ist anhand der bekannten, von Rechtsprechung und Lehre entwickelten Abgrenzungskriterien zu ermitteln.

Auf diese öffentlich-rechtlichen Willenserklärungen des Betroffenen sind die Vorschriften des Bürgerlichen Gesetzbuches über Willenserklärungen und die dazu entwickelten Lehren als Ausdruck eines allgemeinen Rechtsgedankens anwendbar, da das öffentliche Recht für die Behandlung der Mitwirkungshandlungen des Betroffenen kein geeignetes Regelungsinstrumentarium aufweist und damit lückenhaft und ausfüllungsbedürftig ist. Um die im öffentlichen Recht nicht geregelten Fälle von Anfechtung, Geschäftsunfähigkeit, Wirksamwerden, Widerruf usw. zu erfassen und bearbeiten zu können, ist ein Rückgriff auf die weit entwickelten Lehren des Zivilrechts unerläßlich. Mitunter stehen sich zivilrechtliche und öffentlich-rechtliche Vorschriften oder Rechtsinstitute gegenüber; dann ist letzteren im Zweifel die Präponderanz zuzuerkennen.

IV.

Ein Fehlen der Mitwirkungshandlung kann ebenso wie deren Fehlerhaftigkeit eine Reihe von Ursachen haben. In beiden Fällen stellt sich die Frage, unter welchen Voraussetzungen und bis zu welchem Zeitpunkt es für den Betroffenen möglich ist, eine fehlende Mitwirkungshandlung nachzuholen oder den Defekt einer fehlerhaften Mitwirkungshandlung zu beseitigen.

Formell-rechtliche und materiell-rechtliche Mitwirkungshandlungen sind im Falle ihres Fehlens grundsätzlich unbegrenzt nachholbar. Gemäß § 45 Abs.1 Nr.1 VwVfG ist eine Verletzung von Verfahrens- und Formvorschriften unbeachtlich, wenn der für den Erlaß eines Verwaltungsaktes erforderliche Antrag nachträglich gestellt wird. Diese Regelung würde leerlaufen, wenn das Fehlen eines Antrages stets zur Nichtigkeit des Verwaltungsaktes führen würde. Demzufolge stehen der Nachholung einer Mitwirkungshandlung keine Bedenken entgegen. Dies gilt auch für eine materiell-rechtliche Mitwirkung, obwohl sich der Wortlaut des § 45 VwVfG nur auf die Heilung von Form- und Verfahrensfehlern bezieht. Die in Abs.1 verwendete Bezeichnung "Antrag" ist zwar ungenau; ein Vergleich mit anderen gesetzlichen Vorschriften, die gleichfalls mit den Begriffen "Antrag" oder "Antragstellung" arbeiten, zeigt jedoch, daß der Gesetzgeber in seinem Sprachgebrauch generell nicht zwischen formell-rechtlicher und materiell-rechtlicher Mitwirkung unterscheidet und damit sprachliche Ungenauigkeiten in Kauf nimmt. Folglich ist davon auszugehen, daß § 45 Abs.1 Nr.1 VwVfG nicht nur solche Mitwirkungshandlungen erfassen will, die das den Antrag kennzeichnende formell-rechtliche Element enthalten, sondern darüber hinaus auch auf materiell-rechtliche Mitwirkungshandlungen des Betroffenen auszudehnen ist. Eine teleologische Auslegung der Norm gebietet es, dem Betroffenen die Möglichkeit einzuräumen, auch den materiellen Fehler zu beseitigen und seine fehlende materiell-rechtliche Mitwirkungshandlung nachzuholen.

Die Nachholung der erforderlichen Mitwirkung kann durch gesetzliche Fristen zeitlich begrenzt sein. Durch Auslegung ist den eine Fristbestimmung enthaltenden Vorschriften zu entnehmen, welche Funktion der jeweiligen Fristbestimmung beizumessen ist. Neben einer Ordnungs- und Beschleunigungsfunktion kann einer Frist bisweilen auch eine Ausschlußfunktion zukommen. Nach Ablauf einer Ausschlußfrist können Mitwirkungshandlungen durch den Betroffenen nicht mehr wirksam vorgenommen werden, denn mit der Versäumung der Frist gehen das Antragsrecht und der ihm zugrunde liegende materielle Anspruch verloren.

Die nach Ablauf einer Ausschlußfrist vorgenommene Mitwirkungshandlung heilt lediglich den Mangel formell-rechtlicher Mitwirkung, denn sie schafft eine Voraussetzung für die Einleitung eines Verwaltungsverfahrens. Die Versäumung der Antragsfrist ist insoweit unschädlich, da die Behörde gemäß § 22 VwVfG auch in diesem Falle gehalten ist, ein Verwaltungsverfahren einzuleiten. Dieses Verfahren endet mit dem Erlaß eines Verwaltungsaktes, der gegenüber dem Betroffenen feststellt, daß sein materieller Anspruch infolge Fristversäumung verloren gegangen ist. Ausnahmen, die dem Betroffenen die Nachholung einer Mitwirkungshandlung trotz Fristversäumung gestatten, sind nur dann anzuerkennen, wenn die Mitwirkungshandlung infolge eines Verschuldens seitens der Behörde unterblieben ist. Nur wenn der Betroffene durch fehlerhaftes Behördenhandeln Rechtsnachteile zu erleiden droht, ist ihm Nachsicht zu gewähren. Er ist dann so zu behandeln, als habe er seine erforderliche Mitwirkungshandlung fristgerecht vorgenommen.

Auch eine Mitwirkungshandlung, die tatsächlich vorliegt, aber fehlerhaft ist, kann grundsätzlich ohne zeitliche Begrenzung geheilt werden. Eine Mitwirkungshandlung, die zwar vorliegt, aber notwendige Bedingungen ihrer Wirksamkeit nicht erfüllt, ist wie eine fehlende zu behandeln. Auch sie entspricht nicht den Anforderungen, auf die § 45 Abs.1 Nr.1 VwVfG mit dem Begriff "erforderlich" hinweist. Die Heilung einer fehlerhaften Mitwirkungshandlung wirkt grundsätzlich auf den Zeitpunkt ihrer Vornahme zurück. Ein geheilter Antrag ist damit so zu behandeln, als habe er von Anfang an wirksam vorgelegen. Etwas anderes gilt nur dann, wenn Ausschlußfristen Gegenteiliges bestimmen. In diesen Fällen ist die Heilungshandlung nicht imstande, die Ausschlußwirkung der Fristversäumung aufzuheben. Stellt die Einhaltung einer Frist eine gesetzliche Anspruchsvoraussetzung dar, so ist die Heilungshandlung nicht geeignet, mit rückwirkender Kraft aus der fehlerhaften Mitwirkungshandlung eine zum Zeitpunkt des Fristablaufes ausreichende Mitwirkungshandlung zu machen. Da diese Fristen unabdingbar sind, ist entscheidend darauf abzustellen, ob im Zeitpunkt des Fristablaufs eine dem geltenden Mitwirkungserfordernis genügende Mitwirkungshandlung vorgelegen hat.

V.

Möchte der Betroffene seine Mitwirkungshandlung beseitigen, um den Rechtsfolgen des darauf gerichteten Verwaltungsaktes zu entgehen, so kommen deren Widerruf, Rücknahme oder Anfechtung in Betracht. Weichen der ursprüngliche oder der aktuelle Wille des Betroffenen vom objektiven Erklärungsinhalt seiner Mitwirkungshandlung ab, so ist eine derartige Abweichung nur dort relevant, wo dem Willen des Betroffenen eine Funktion zukommt, die für die Rechtmäßigkeit oder die Rechtswirksamkeit des Verwaltungsaktes von Bedeutung ist. Hat die Verwaltung im Vertrauen auf den Rechtsbestand der Mitwirkungshandlung bereits einen Verwaltungsakt erlassen oder sonstige Dispositionen getroffen, kann es gerechtfertigt sein, den Betroffenen an seiner Erklärung festzuhalten. Demzufolge können sich das Lossagungsinteresse des Betroffenen und das Bindungsinteresse der Behörde gegenüberstehen. Diese sind gegeneinander abzuwägen.

Ist der Betroffene durch gesetzliche Regelungen befugt, eine formell- oder materiell-rechtliche Mitwirkungshandlung vorzunehmen oder dies zu unterlassen, so ist grundsätzlich davon auszugehen, daß diese Befugnis auch die Beseitigung einer bereits vorgenommenen Mitwirkungshandlung umfaßt. Dem Betroffenen steht das Recht zu, seine Mitwirkungshandlung bis zum Eintritt der Unanfechtbarkeit des darauf gerichteten Verwaltungsaktes zurückzunehmen. Ein generelles, das Lossagungsinteresse des Betroffenen überwiegendes Bindungsinteresse der Verwaltung, das es gebieten könnte, den Erklärenden an einer Erklärung festzuhalten, die seinem wahren Willen widerspricht, kann nicht festgestellt werden, da eine dem Bürger dienende Verwaltungstätigkeit verlangt, seinem wahren Willen möglichst weitgehend Rechnung zu tragen.

Für ein Anfechtungsrecht des Betroffenen besteht erst dann ein Bedürfnis, wenn dieser nicht mehr die Möglichkeit hat, die Rechtswirkungen seiner Mitwirkungshandlung durch deren Rücknahme zu beseitigen. Erst nach Eintritt der Unanfechtbarkeit des Verwaltungsaktes kommt eine Anfechtung der Mitwirkungshandlung durch den Betroffenen in Betracht. Wird dem Privaten durch eine Entscheidung des Gesetzgebers die Dispositionsbefugnis darüber eingeräumt, ob und in welcher Weise er einen Verwaltungsakt für oder gegen sich gelten lassen will, so führt der Eintritt der Unanfechtbarkeit des Verwaltungsaktes noch nicht zum Verlust der Entscheidungsbefugnis des Betroffenen über den Bestand seiner Mitwirkungshandlung. Es prägt vielmehr den Charakter des mitwirkungsbedürftigen Verwaltungsaktes, daß er auf einem vom Konsens der Beteiligten getragenen Rechtsverhältnis beruht. Daher ist kein Grund ersichtlich, aus dem der Betroffene auch nach Eintritt der Unanfechtbarkeit des Verwaltungsaktes an einer Erklärung festzuhalten sein sollte, die seinem tatsächlichen Willen ausdrücklich widerspricht. Demzufolge gebührt dem Lossagungsinteresse des Betroffenen gegenüber dem Bindungsinteresse der Verwaltung der Vorrang.

Mit der Einräumung einer Anfechtungsbefugnis auch nach dem Eintritt der Unanfechtbarkeit des Verwaltungsaktes ist noch keine Aussage darüber getroffen, wie sich die eintretende Fehlerhaftigkeit der Mitwirkungshandlung auf den Rechtsbestand des Verwaltungsaktes auswirkt. Beide Rechtsakte sind auf verschiedene Rechtssubjekte zurückzuführen und erleiden regelmäßig je für sich ein eigenständiges rechtliches Schicksal. Selbst wenn die Anfechtung der Mitwirkungshandlung nicht unmittelbar zur Beseitigung des Verwaltungsaktes führen sollte, bleibt sie doch insoweit sinnvoll, als sie in Verbindung mit einem Antrag auf Rücknahme des Verwaltungsaktes nach § 48 VwVfG zu dessen Aufhebung führen kann.

VI.

Die Frage, wie sich ein Fehlen oder die Fehlerhaftigkeit einer Mitwirkungshandlung auf den Verwaltungsakt auswirkt und dessen Rechtsbestand beeinflußt, kann nicht generell und pauschal beantwortet werden. Die Antwort ist individuell für jeden Einzelfall gesondert zu ermitteln. Der Entscheidungsprozeß, bei dem zu klären ist, ob ein Defekt der Mitwirkungshandlung die Rechtmäßigkeit oder die Rechtswirksamkeit des Verwaltungsaktes beeinflußt oder gar unbeachtlich ist, wird durch ein hochdifferenziertes kompliziertes System von Rechtssätzen gesteuert. Dabei sind widerstreitende Prinzipien, wie Gesetzmäßigkeit, Rechtssicherheit, Vertrauensschutz, öffentliches Interesse usw. in eine ausbalancierte Konkordanz zu bringen.

Der Defekt einer formell-rechtlichen Mitwirkungshandlung führt lediglich zur Anfechtbarkeit des Verwaltungsaktes, nicht aber zu dessen Nichtigkeit. Der Annahme der Nichtigkeit steht die Regelung des § 45 Abs.1 Nr.1 VwVfG entgegen, nach der Form- und Verfahrensfehler durch die Nachholung oder Heilung der Verfahrenshandlung geheilt werden können. Ein unter Verletzung von Verfahrensvorschriften zustandegekommener Verwaltungsakt ist rechtswidrig und anfechtbar, wenn und soweit nicht § 46 VwVfG die gänzliche Unbeachtlichkeit des Fehlers anordnet. Nur in wenigen Ausnahmefällen führt ein formeller Fehler über § 44 Abs.1 VwVfG zur Nichtigkeit des Verwaltungsaktes.

Bei der Bestimmung der rechtlichen Folgen fehlender oder fehlerhafter materiell-rechtlicher Mitwirkung ist zwischen begünstigenden und belastenden Verwaltungsakten zu unterscheiden. Beim Erlaß eines begünstigenden Verwaltungsaktes ist die Verwaltung in geringerem Umfange gesetzlichen Restriktionen unterworfen, als dies beim Erlaß belastender Verwaltungsakte der Fall ist. Mitunter ist unklar, ob ein Verwaltungsakt als belastender oder begünstigender Verwaltungsakt zu qualifizieren ist, weil er gleichsam belastende und begünstigende Elemente enthält. Abgrenzungsschwierigkeiten können dort auftreten, wo die tatsächliche und rechtliche Qualität nicht offenkundig zutage tritt und der Hoheitsakt eine Mehrzahl von Bürgern - teils begünstigend, teils belastend - in ihren Rechtssphären tangiert und/oder gleichermaßen begünstigende und belastende Elemente enthält. In allen Fällen der Misch-, Doppel- oder Drittwirkung ist darauf abzustellen, ob der begünstigende oder belastende Teil überwiegt. Bei der durchzuführenden Abwägung ist das individuelle Interesse des Betroffenen zugrundezulegen.

Der einwilligungsbedürftige Verwaltungsakt ist im Falle fehlender oder fehlerhafter Mitwirkung rechtswidrig, anfechtbar und gemäß § 43 Abs.1 VwVfG wirksam. Die Beschwer des Betroffenen mit einer von ihm nicht gewünschten Begünstigung stellt keinen so schwerwiegenden Eingriff in seine Rechtssphäre dar, daß daraus zu folgern sein müßte, der Verwaltungsakt könne ohne die erforderliche Einwilligung des Betroffenen keinen rechtlichen Bestand haben. Er erwächst mit dem Ablauf der Anfechtungsfristen in eine gesteigerte Bestandskraft und ist vom Betroffenen hinzunehmen.

Beim Verwaltungsakt auf Unterwerfung bildet die materiell-rechtliche Unterwerfungserklärung des Betroffenen eine Rechtsbedingung für den Erlaß eines ihn belastenden Verwaltungsaktes. Damit ist die Unterwerfung des Betroffenen aufgrund gesetzlicher Anordnung geeignet, staatliches Handeln zu legitimieren. Wo jedoch der erklärte Wille des Betroffenen, eine für ihn ungünstige

Rechtsänderung hinnehmen zu wollen, fehlt, befindet sich hoheitliche Tätigkeit mangels gesetzlicher Ermächtigung im Widerspruch zur Rechtsordnung. Das Fehlen der erforderlichen Unterwerfungserklärung schlägt direkt und unmittelbar auf die Wirksamkeit des Verwaltungsaktes durch, weil die Annahme einer bloßen Anfechtbarkeit die Rechtsposition des Betroffenen in unzulässiger Weise verkürzt. Allein die Möglichkeit, durch Widerspruch und Klage der unerwünschten und belastenden Regelung entgegen zu können, berücksichtigt das Interesse des Bürgers an einem ungeschmälerten Fortbestand seiner Rechte nicht hinreichend. Mit seiner Bekanntgabe gegenüber dem Betroffenen wird der rechtswidrige und anfechtbare Verwaltungsakt in Abweichung von § 43 VwVfG nicht wirksam, sondern nur schwebend unwirksam. Nimmt der Betroffene seine Mitwirkungshandlung vor, so verhilft er dem Verwaltungsakt zu dessen endgültiger Wirksamkeit. Verweigert er sie, wird der Akt endgültig unwirksam. Innerhalb einer Monatsfrist, deren Lauf mit der Bekanntgabe des Verwaltungsaktes gegenüber dem Betroffenen beginnt, kann dieser seine Mitwirkungshandlung vornehmen oder deren Vornahme verweigern. Die Erklärung ist gegenüber der handelnden Behörde abzugeben. Nach fruchtlosem Ablauf der Monatsfrist wird der Verwaltungsakt endgültig unwirksam (§§ 70, 74 VwGO analog).

In dieser Rechtsfolge zeigt sich der Unterschied zwischen mitwirkungsfreien belastenden und mitwirkungsbedürftigen belastenden Verwaltungsakten. Während bei ersteren der Verwaltungsakt mit seiner Bekanntgabe gegenüber dem Betroffenen gemäß § 43 VwVfG wirksam wird und durch den Ablauf der Anfechtungsfristen in eine gesteigerte Bestandskraft erwächst, verliert der mitwirkungsbedürftige belastende Verwaltungsakt im Falle einer defekten Mitwirkungshandlung nach Fristablauf seine sämtlichen Rechtswirkungen.

VII.

Fehlende und fehlerhafte Mitwirkungshandlungen sind grundsätzlich gleich zu behandeln. Für die Rechtmäßigkeit oder Rechtswirksamkeit des Verwaltungsaktes ist es unerheblich, ob die Mitwirkungshandlung von vornherein fehlte oder zunächst vorlag, später aber wieder entfallen ist. In beiden Fällen genügt sie nicht den Anforderungen, auf die § 45 Abs.1 Nr.1 VwVfG mit dem Begriff "erforderlich" hinweist.

VIII.

Die Vornahme der erforderlichen Mitwirkungshandlung kann vielfach auch durch schlüssiges Verhalten, namentlich durch Schaffung eines erlaubnis- oder genehmigungspflichtigen Tatbestandes erfolgen. Die Frage der Ersetzbarkeit einer ausdrücklichen Mitwirkungshandlung kann jedoch nicht pauschal, sondern nur für jeden Einzelfall gesondert beantwortet werden. Durch eine Prüfung der jeweils geltenden Vorschriften, die allgemein- oder spezialgesetzlicher Art sein können, ist festzustellen, ob auf eine ausdrückliche Mitwirkungshandlung des Betroffenen verzichtet werden kann.

Im Falle positiver Entscheidung über die Zulässigkeit konkludenter Mitwirkung ist die Verwaltung befugt, einen Verwaltungsakt zu erlassen, wenn der Betroffene ein ihn begünstigendes erlaubnis- oder genehmnigungspflichtiges Vorhaben ausführt. Eine Erlaubnis- oder Genehmigungserteilung ist immer dann möglich, wenn das tatsächliche Verhalten des Betroffenen alle Merkmale aufweist, die dem jeweils gültigen Mitwirkungserfordernis genügen. Welche individuellen Merkmale gegeben sein müssen, bestimmt sich nach dem Inhalt der einschlägigen gesetzlichen Regelungen. Auch hier ist zwischen formell- und materiell-rechtlicher Mitwirkung zu unterscheiden.

Ein tatsächliches Verhalten weist nur dann den Rechtscharakter einer materiell-rechtlichen Mitwirkungshandlung auf, wenn der Betroffene auch hierdurch zum Ausdruck bringt, daß er mit dem Erlaß eines erlaubnis- oder genehmigungserteilenden Verwaltungsaktes einverstanden ist. Die Tatsache, daß es sich hierbei nicht um eine ausdrückliche Erklärung, sondern um einen tatsächlichen Willensakt handelt, steht einer Qualifizierung als Willenserklärung nicht entgegen. Das rechtlich Gewollte kommt hier unmittelbar in der Handlung des Betroffenen zum Ausdruck. Die seinem tatsächlichen Verhalten entgegenstehende Erklärung des Betroffenen, er verweigere die Stellung eines Antrages, weil er die Erlaubnis- oder Genehmigungserteilung nicht wünsche, ist insoweit unbeachtlich. Protestatio facto contraria non valet.

Der aufgrund konkludenter Mitwirkung erlassene Verwaltungsakt rechtfertigt auch die Auferlegung von Teilbelastungen. Eine ausdrückliche Einwilligung des Betroffenen in eine Gebührenpflicht, Auflage oder ähnliches ist insoweit nicht erforderlich. Denn dieser legt mit seiner Handlung den Umfang seines Einverständnisses fest, der sich einerseits nach dem aus seinem tatsächlichen Verhalten erschlossenen Rechtsfolgewillen und andererseits nach dem Inhalt der jeweils einschlägigen gesetzlichen Regelung bestimmt. Sehen diese Regelungen die Auferlegung von Gebührenpflichten oder anderen Belastungen gegenüber dem Betroffenen vor, so muß davon ausgegangen werden, daß das in dem tatsächlichen Verhalten des Betroffenen zum Ausdruck kommende Einverständnis auch die Auferlegung dieser Nachteile umfaßt. Der Rechtscharakter des Verwaltungsaktes wird dadurch nicht verändert; er ist und bleibt ein begünstigender.

Ein tatsächliches Verhalten des Betroffenen kann auch als formell-rechtliche Mitwirkungshandlung angesehen werden. Bedarf der Erlaß eines Verwaltungsaktes gemäß § 22 S.2 VwVfG einer verfahrenseinleitenden Rechtshandlung des Betroffenen, so ist davon auszugehen, daß auch die Ausübung formell-rechtlicher Mitwirkungshandlungen grundsätzlich nicht fomgebunden zu erfolgen hat.

Auch die Schaffung einer erlaubnis- oder genehmigungspflichtigen Sachlage oder die tatsächliche Inanspruchnahme einer Leistung sind geeignet, ein behördliches Verfahren in Gang zu setzen, in dem die Voraussetzungen der Erlaubnis- oder Genehmigungserteilung oder die Voraussetzungen der zu gewährenden Leistung überprüft werden.

IX.

Die Verwaltung ist nicht befugt, den Betroffenen zur Vornahme einer materiell-rechtlichen Mitwirkungshandlung zu zwingen. Dem Schutzzweck, den die Einräumung einer Mitwirkungsbefugnis an den Betroffenen hat, widerspricht es, von diesem die Vornahme einer von seinem Willen abhängigen Mitwirkungshandlung zu verlangen.

Eine andere Frage ist jedoch, ob und in welchem Umfange der Betroffene bei seiner Mitwirkung zur Beachtung bestehender Formgebote angehalten werden kann. Gemäß § 10 VwVfG steht das Verwaltungsverfahren unter dem Grundsatz der Nichtförmlichkeit. Es ist einfach und zweckmäßig durchzuführen. Damit spricht auch eine generelle Vermutung für eine formfreie Vornahme der Mitwirkungshandlung. Mitunter ist jedoch aufgrund spezieller gesetzlicher oder behördlicher Anordnung die Mitwirkungshandlung formgebunden und hat schriftlich, formularmäßig oder in anderer vorgeschriebener Weise zu erfolgen.

Das häufig vorzufindende Schriftformerfordernis verfolgt immer eine Beweissicherungsfunktion, die die Aufgabe hat, klarzulegen, welchen Inhalt der vom Betroffenen gestellte Antrag aufweist. Daneben erfüllt die Errichtung eines Formzwanges zugunsten des Antragstellers eine Warnfunktion, die diesen vor Übereilung schützen soll. Der Zweck beider Schutzfunktionen wird jedoch auch dann gewahrt, wenn statt der förmlichen Antragstellung der Betroffene das erlaubnis- oder genehmigungspflichtige Vorhaben tatsächlich ausführt oder eine antragsbedürftige Leistung bereits in Anspruch nimmt. In diesen Fällen sind Inhalt und Umfang der

Mitwirkungshandlung durch die tatsächliche Vornahme hinreichend bestimmt und beweisbar, so daß auf die Schriftform verzichtet werden kann. Auch ein Schutz vor Übereilung scheidet aus, wenn das Vorhaben bereits ausgeführt wurde.

In einigen komplexen Verwaltungsverfahren, wie etwa beim Baugenehmigungsverfahren oder beim atomrechtlichen Genehmigungsverfahren legen gesetzliche Vorschriften die Ausgestaltung der erforderlichen Mitwirkungshandlung im einzelnen fest. So kann beispielsweise die Pflicht bestehen, bei der Antragstellung einen Vordruck zu verwenden, bestimmte Unterlagen, Zeichnungen oder Berechnungen vorzulegen oder bestimmte Genehmigungsvoraussetzungen umfassend darzulegen. Hat der Betroffene mit der Ausführung des Vorhabens begonnen, ohne diesen Pflichten nachgegangen zu sein, und läßt sich die Genehmigungsfähigkeit nicht ohne die Einreichung der vom Betroffenen beizubringenden Unterlagen beurteilen, so ist es zulässig, die Einhaltung dieser Formvorschriften zwangsweise durchzusetzen oder auf repressivem Wege die Fortführung des Vorhabens zu unterbinden.

Diese Zwangbefugnis gilt jedoch nicht hinsichtlich der Beachtung solcher Formgebote, die nicht gesetzlich normiert sind, sondern lediglich von der Behörde in der Absicht erlassen wurden, einen einfacheren und schnelleren Verfahrensablauf zu ermöglichen. Der Grundsatz der Verfahrenseffizienz gestattet der Behörde, dem Privaten etwa die Einreichung von Mehrfachausfertigungen und die Verwendung von Formblättern aufzuerlegen. Dabei ist sie jedoch auf die freiwillige Beachtung durch den Betroffenen angewiesen. Sie darf weder die Einhaltung behördlicher Formgebote zwangsweise durchsetzen, noch eine Mitwirkungshandlung als unzulässig zurückweisen, die lediglich eine behördliche Formvorschrift mißachtet.

Literaturverzeichnis

Achterberg, Norbert: Kriterien des Gesetzesbegriffes unter dem Grundgesetz, DÖV 1973, S.289

- Allgemeines Verwaltungsrecht, Fälle und Lösungen nach höchstrichterlichen Entscheidungen, 6. Aufl., Heidelberg 1986

- Allgemeines Verwaltungsrecht, Ein Lehrbuch, 2. Aufl., Heidelberg 1986 (zit.: Lehrbuch)

- Allgemeines Verwaltungsrecht (Schaeffers Grundriß), Heidelberg 1988 (zit.: Grundriß)

Anders, Claus: Verwaltungsrecht und allgemeine Rechtsgrundsätze, ZfS 1954, S.155

Apelt, Willibalt: Der verwaltungsrechtliche Vertrag, Leipzig 1920

Bachof, Otto: Verfassungsrecht, Verwaltungsrecht, Verfahrensrecht in der Rechtsprechung des Bundesverwaltungsgerichts, Band I, 3. Aufl., Tübingen 1966

Badura, Peter: Der mitwirkungsbedürftige Verwaltungsakt mit belastender Auflage, JuS 1964, S.103

Battis, Ulrich: Allgemeines Verwaltungsrecht, Heidelberg 1985

- Öffentliches Baurecht und Raumordnungsrecht, 2. Aufl., Stuttgart-Berlin-Köln-Mainz 1987

Baumanns, Lothar: Verfahrensrecht und Praxis der Bauaufsicht, Köln 1982

Becker-Kavan, Ingo: Verwaltungsrecht und Verwaltungsverfahren, Heidelberg-Hamburg 1980

Bellstedt, Christoph: Bedürfen Subventionen gesetzlicher Grundlage?, DÖV 1961, S.161

Berg, Walter: Zur Untersuchungsmaxime im Verwaltungsverfahren, Die Verwaltung, Band 9 (1976), S.161

Bergmann, Hans: Wann ist das "verwaltungsgerichtliche" Vorverfahren abgeschlossen?, BayVBl 1967, S.195

Beyer, Bruno: Die Bedeutung der Zustimmung eines Beteiligten zu Verwaltungsakten, VerwArch 32 (1927), S.226

Boruttau, Ernst Paul/Klein, Otto: Grunderwerbsteuergesetz, Kommentar, bearb. von Hans Egly, Peter Fischer, Friedrich-K. Schwackenberg und Heinrich Sigloch, 12. Aufl., München 1986

Bovermann, Wolf Dieter/Bösche, Dieter: Allgemeines Verwaltungsrecht einschließlich Verwaltungsverfahrensrecht, Herne-Berlin 1984

Brand, Arthur: Das Beamtenrecht, 3. Aufl., Berlin 1928

Brand, Jürgen: Grundbegriffe des Allgemeinen Verwaltungsrechts, Stuttgart-Berlin-Köln-Mainz 1978

Braun, Hans-Dieter/Kanzok, Ulrich: Allgemeines Verwaltungsrecht und Verwaltungsverfahren, Regensburg 1984

Brönner, Herbert/Kamprad, Balduin: Kommentar zum Kapitalverkehrsgesetz, 4. Aufl., Köln 1986

Brox, Hans: Allgemeiner Teil des Bürgerlichen Gesetzbuches, 12. Aufl., Köln-Berlin-Bonn-München 1988

Brügelmann, Hermann: Bundesbaugesetz, Kommentar, bearb. von Hansjochen Dürr u.a., Stuttgart-Berlin-Köln-Mainz, Loseblattausgabe, Stand Februar 1986

Bull, Hans Peter: Allgemeines Verwaltungsrecht, 2. Aufl., Heidelberg 1986

Bulling, Manfred: Zur Frage des mandelnden Antrags bei antragsbedürftigen begünstigenden Verwaltungsakten, DÖV 1962, S.378

Bullinger, Martin: Vertrag und Verwaltungsakt. Zu den Handlungsformen und Handlungsprinzipien der öffentlichen Verwaltung nach deutschem und englischem Recht. Diss. jur. Stuttgart 1962 (zit.: Vertrag und Verwaltungsakt)

Burdenski, Wolfhart/Maydell, Bernd von/Schellhorn, Walter: Kommentar zum Sozialgesetzbuch - Allgemeiner Teil, Darmstadt 1976

Creifelds, Carl: Rechtswörterbuch, 7. Aufl., München 1983

Dagtoglou, Prodromos: Partizipation Privater an Verwaltungsentscheidungen, DVBl 1972, S.712

Dersch, Hermann/Knoll, Ernst/Brockhoff, Gustav/Schieckel, Horst/ Schroeter, Kurt/Aye, Adolf/Göbelmann, Walter: Kommentar zum gesamten Recht der Rechtsversicherungsordnung einschließlich zwischenstaatlicher Abkommen und internationaler Übereinkommen, Stand 49. Lieferung 1988 (zit.: Dersch, RVO-Gesamtkommentar)

Diederichsen, Uwe: Der Allgemeine Teil des Bürgerlichen Gesetzbuches für Studienanfänger, 5. Aufl., Heidelberg 1984

Dölker, Wolfgang: Baugenehmigung ohne Antrag und stillschweigende Baugenehmigung?, BayVBl 1974, S.400

Dörffler, Wolfgang: Verwaltungsakte mit Drittwirkung, NJW 1963, S.14

Drews, Bill: Preußisches Polizeirecht, Allgemeiner Teil, 5.Aufl., Berlin 1936

Drews, Bill/Wacke, Gerhard: Allgemeines Polizeirecht, Allgemeimeiner Teil, 6. Aufl., Köln 1957

Elleringmann, Rudolf: Die rechtliche Natur der Beamtenanstellung in Theorie und Rechtsprechung, BJB 1935, S.286

Elster, Theodor: Begünstigende Verwaltungsakte mit Bedingungen, Einschränkungen und Auflagen, Göttingen 1978

Engelhardt, Hanns: Bundes-Immissionsschutzgesetz, Kommentar, 2. Aufl., Erster Band, Köln-Berlin 1980

Erichsen, Hans-Uwe: Das Bundesverwaltungsgericht und die Verwaltungsrechtswissenschaft, DVBl 1978, S.569

Erichsen, Hans-Uwe/Martens, Wolfgang (Hrsg.): Allgemeines Verwaltungsrecht,
7. Aufl., Berlin-New York 1986
(zit.: Erichsen/Martens, 7. Aufl.)
8. Aufl., Berlin-New York 1988
(zit.: Erichsen/Martens)

Eyermann, Erich/Fröhler, Ludwig: Verwaltungsgerichtsordnung,
7. Aufl., München 1977
(zit.: Eyermann/Fröhler, VwGO, 7. Aufl.);
8. Aufl., München 1980
(zit.: Eyermann/Fröhler, VwGO, 8. Aufl.)

Eyermann, Erich/Fröhler, Ludwig/Kormann, Joachim: Verwaltungsgerichtsordnung, 9. Aufl., München 1988 (zit.: Eyermann/Fröhler/Kormann, VwGO, 9. Aufl.)

Faber, Heiko: Verwaltungsrecht, Tübingen 1987

Feldhaus, Gerhard/Vallendar, Willi/Ludwig, Herbert/Hansel, Horst D.: Bundesimmissionsschutzrecht, Band 1 A, 2. Aufl., Wiesbaden, Stand Oktober 1988

Fleiner, Fritz: Institutionen des Deutschen Verwaltungsrechts, 8. Aufl., Tübingen 1928

Fliegauf, Harald: Inwieweit ist nach geltendem Recht die Anordnung der Abschiebungshaft durch die Verwaltungsbehörde noch zulässig?, DVBl 1961, S.270

Förster, Hans/Grundei, Albrecht H./Steinhoff, Dietrich/Dageförde, Hans-Jürgen/Wilke, Dieter: Bauordnung für Berlin, Kommentar, 4. Aufl., Braunschweig 1986 (zit.: Bearb., BauOBln)

Forsthoff, Ernst: Lehrbuch des Verwaltungsrechts, Erster Band, Allgemeiner Teil, 10. Aufl., München 1973

Friauf, Karl Heinrich: Die behördliche Zustimmung zu Verwaltungsakten anderer Behörden - Verwaltungsakt oder bloßes Verwaltungsinternum, DÖV 1961, S.666

- Das Verbot mit Erlaubnisvorbehalt, JuS 1962, S.422

- (Hrsg.): Kommentar zur Gewerbeordnung, Gewerberechtlicher Teil, Darmstadt-Neuwied, Stand Februar 1989

Friedrichs, Karl: Der Allgemeine Teil des Rechts. Eine Darstellung der gemeinsamen Lehren des öffentlichen und des privaten Rechts, Berlin-Leipzig 1927 (zit.: Der Allgemeine Teil des Rechts)

Frischmann, Otto/Weingart, Olaf: Zur selbständigen Anfechtbarkeit behördlicher Mitwirkungsakte, DÖV 1962, S.721

Fröhler, Ludwig/Kormann, Joachim: Kommentar zur Gewerbeordnung, Heidelberg 1978

Fromm, Günter: Die einstweilige Erlaubnis im Personenbeförderungsrecht, DVBl 1962, S.801

Gädtke, Horst/Böckenförde, Dieter/Temme, Heinz-Georg/Krebs, Winnifried: Landesbauordnung Nordrhein-Westfalen, Kommentar, 7. Aufl., Düsseldorf 1987 (zit.: Bearb., BauO NW)

Geck, Wilhelm Karl/Furkel, Rüdiger: Öffentliches Recht: Das Café auf dem Gehweg, JuS 1968, S.35

Giemulla, Elmar/Jaworsky, Nikolaus/Müller-Uri, Rolf: Verwaltungsrecht, 3. Aufl., Köln-Berlin-Bonn-München 1988

Gitzinger, Hans-Lutwin: Verwaltungsakt auf Unterwerfung, Antragsbedingter Verwaltungsakt oder Öffentlichrechtlicher Vertrag, Diss.jur. Saarbrücken 1963

Götz, Volkmar: Das neue Verwaltungsverfahrensgesetz, NJW 1976, S.1425

- Rückforderung von Subventionen, NVwZ 1984, S.480

- Allgemeines Verwaltungsrecht, 3. Aufl., München 1985

Grimm, Dieter: Verfahrensfehler als Grundrechtsverstöße, NVwZ 1985, S.865

Grosse-Suchsdorf, Ulrich/Schmaltz, Hans Karsten/Wiechert, Reinald: Niedersächsische Bauordnung - Niedersächsisches Denkmalschutzgesetz, 3. Aufl., Hannover 1984 (zit.: Bearb., NBauO)

Gusy, Christoph: Verbot mit Erlaubnisvorbehalt - Verbot mit Dispensvorbehalt, JA 1981, S.80

- Öffentlich-rechtliche Verträge zwischen Staat und Bürgern, DVBl 1983, S.1222

- Der Antrag im Verwaltungsverfahren, BayVBl 1985, S.484

- Freiheit der Formenwahl und Rechtsbindung der Verwaltung, Jura 1985, 578

Hablitzel, Hans: Öffentlich-rechtliche Willenserklärung und Minderjährigenrecht, BayVBl 1973, S.197

- Zur Dogmatik des Antrags beim mitwirkungs bedürftigen Verwaltungsakt, BayVBl 1974, S.392

Häberle, Peter: Grundrechte im Leistungsstaat, VVDStRL 30 (1972), S.43

Haselau, Klaus: Stellt eine Erlaubnis oder Ausnahmebewilligung "lediglich natürliche" Handlungsfreiheit wieder her?, DÖV 1965, S.449

Haueisen, Fritz: Zur rechtlichen Qualifizierung eines Rentenbescheides, NJW 1958, S.441

- Die Voraussetzungen der Rechtswidrigkeit eines Verwaltungsaktes, NJW 1960, S.1881

- Zur Bedeutung der Antragsfristen bei öffentlich-rechtlichen Leistungen, NJW 1966, S.1433

- Verwaltungsverfahren und Verwaltungsakt, DÖV 1973, S.653

Haupt, Günter: Über faktische Vertragsverhältnisse, in: Festschrift der Leipziger Juristenfakultät für Heinrich Siber zum 10. April 1940, Band II, Leipzig 1943 (zit.: Festschrift für Siber)

Heberlein, Ingo: Auswirkungen der Verwaltungsverfahrensgesetze auf die Dogmatik des Verwaltungsrechts, Band 1, Speyer 1981

Heinze, Christian: Das Zusammenwirken von Behörden beim Erlaß von Verwaltungsakten, VerwArch 52 (1962), S.159, S. 275

Heiß, Ludwig/Hablitzel, Hans: Grundprobleme der Widmungszustimmungserklärung im Straßen- und Wegerecht, DVBl 1976, S.93

Held, Jürgen: Der Grundrechtsbezug des Verwaltungsverfahrens, Diss. jur. Bonn 1984

Herzog, Roman/Schick, Walter: Allgemeines Verwaltungsrecht, 4. Aufl., München 1980

Hill, Herrmann: Verfahrensermessen der Verwaltung, NVwZ 1985, S.449

Hoffmann, Bodo-Falk: Die aufgedrängte Erlaubnis. Zur Lehre von der sog. "modifizierenden Auflage", DVBl 1977, S.514

Hofmann, Bernhard: Der Antrag auf beamtenrechtliche Versorgungsleistungen, ZBR 1965, S.6

Hufen, Friedhelm: Heilung und Unbeachtlichkeit grundrechtsrelevanter Verfahrensfehler?, NJW 1982, S.2160

- Fehler im Verwaltungsverfahren, Baden-Baden 1986

Jarass, Hans D.: Bundes-Immissionsschutzgesetz, Kommentar, München 1983

Jellinek, Walter: Zweiseitiger Verwaltungsakt und Verwaltungsakt auf Unterwerfung, in: Verwaltungsrechtliche Abhandlungen. Festgabe zur Feier des 50jährigen Bestehens des PrOVG 1875, 20. November 1925, Berlin 1925, S.84 (zit.: Festgabe für das PrOVG)

- Verwaltungsrecht, 3. Aufl., Offenburg 1931

Jülicher, Friedrich: Anmerkung zum Urteil des BSG vom 22.3.1979, BSGE 8, 120 = SGb 1981, 26, ebenda, S.30

Kirchhof, Ferdinand: Der Verwaltungsakt auf Zustimmung, DVBl 1985, S.651

Kisker, Gunter: Gruppenmitbestimmung in der öffentlichen Verwaltung, DÖV 1972, S.520

Klein, Karl Heinz: Die öffentlichrechtliche Assessorarbeit, JuS 1963, S.185

- Gutachten und Urteil im Verwaltungsprozeß, 2. Aufl., München 1976

Kleinknecht, Theodor/Meyer, Karlheinz: Strafprozeßordnung, 39. Aufl., München 1989

Knack, Hans Joachim: Verwaltungsverfahrensgesetz, Kommentar, 2. Aufl., Köln - Berlin - Bonn - München 1982 (zit.: Bearb., in: Knack, VwVfG)

Koch, Hans/Molodovsky, Paul: Bayerische Bauordnung, Kommentar, 5. Aufl., München 1969

Koch, Hans-Joachim: Allgemeines Verwaltungsrecht, Frankfurt am Main 1984

Köhler, Ludwig v.: Grundlehren des Deutschen Verwaltungsrechts, Stuttgart-Berlin 1935

Köndgen, Johannes: Selbstbindung ohne Vertrag. Zur Haftung aus geschäftsbezogenem Handeln, Tübingen 1981

Köppl, Paul: Die Ausschlußfristen im öffentlichen Recht, Diss.jur. München 1970

Kopp, Ferdinand: Der Beteiligtenbegriff des Verwaltungsverfahrensrechts, in: Schmitt Glaeser, Walter (Hrsg.), Verwaltungsverfahren, Festschrift zum 50jährigen Bestehen des Richard Boorberg Verlages, Stuttgart 1977, S.159 (zit.: Festschrift für den R. Boorberg Verlag)

- Verwaltungsverfahrensgesetz, 4. Aufl., München 1986

Kormann, Karl: System der rechtsgeschäftlichen Staatsakte, Berlin 1910

Krause, Peter: Die Willenserklärung des Bürgers im Bereich des öffentlichen Rechts, VerwArch 61 (1970), S.297

- Willensmängel bei mitwirkungsbedürftigen Verwaltungsakten und öffentlichrechtlichen Verträgen, JuS 1972, S.425

- Rechtsformen des Verwaltungshandelns, Berlin 1974

Krüger, Herbert: "Verbot mit Erlaubnisvorbehalt" und "Gewährung mit Auslesevorbehalt", DÖV 1958, S.673

Küchenhoff, Günter: Die öffentlich-rechtliche Willenserklärung der Privatperson, in: Institut für Staatslehre und Politik in Mainz (Hrsg.), Verfassung und Verwaltung in Theorie und Wirklichkeit, Festschrift für Wilhelm Laforet, München 1952, S.317 (zit.: Festschrift für Laforet)

- Die öffentlichrechtliche Willenserklärung nichthoheitlicher Art, BayVBl 1958, S.325

- Handelsrechtliche Willenserklärungen an die Öffentlichkeit und öffentlich-rechtliche Willenserklärungen von Privatpersonen, in: Ius et commercium. Studien zum Handels- und Wirtschaftsrecht, Festschrift für Franz Laufke, Würzburg 1971, S.271 (zit.: Festschrift für Laufke)

Künkele, Siegfried/Schillinger, Josef: Naturschutzrecht in Baden-Württemberg, Stuttgart-Berlin-Köln-Mainz 1976

Kuhn, Gustav: Landesverwaltungsgesetz Schleswig-Holstein, Kommentar, Flensburg 1968

Landmann, Robert v./Rohmer, Gustav: Gewerbeordnung und ergänzende Vorschriften, Kommentar, Band 1, Gewerbeordnung, bearb. von K. Bender, P. Marcks u.a., München, Stand Februar 1988

Larenz, Karl: Allgemeiner Teil des deutschen Bürgerlichen Rechts, 5. Aufl., München 1983

Laubinger, Hans-Werner: Heilung und Folgen von Verfahrens- und Formfehlern, VerwArch 72 (1981), S.333

Lehmann, Heinrich/Hübner, Heinz: Allgemeiner Teil des Bürgerlichen Gesetzbuches, 16. Aufl., Berlin 1966

Löwer, Wolfgang: Funktion und Begriff des Verwaltungsakts, JuS 1980, S.805

Lorz, Albert: Tierschutzgesetz mit Rechtsverordnungen und Europäischen Übereinkommen, Kommentar, 3. Aufl., München 1987

Louis, H.W./Abry, Nicole: Wechsel der örtlichen Zuständigkeit einer Behörde während des Widerspruchs- oder Klageverfahrens, DVBl 1986, S.331

Lüke, Gerhard/Zawar, Rolf: Die Fehlerhaftigkeit von Rechtsakten, JuS 1970, S.205, S.495

Martens, Joachim: Einführung in die Praxis des Verwaltungsverfahrens, JuS 1978, S.99

- Die Rechtsprechung zum Verwaltungsverfahrensrecht, NVwZ 1982, S.13

- Die Rechtsprechung zum Verwaltungsverfahrensrecht, NVwZ 1986, S.533

Maunz, Theodor: Rechtsfragen der Leistungsverwaltung, BayVBl 1986, S.545

Maunz, Theodor/Zippelius, Reinhold: Deutsches Stasatsrecht, 27. Aufl., München 1988

Maurer, Hartmut: Allgemeines Verwaltungsrecht, 6. Aufl., München 1988

Mayer, Franz: Allgemeines Verwaltungsrecht, 3. Aufl., Stuttgart-München-Hannover 1972

Mayer, Otto: Zur Lehre vom öffentlichrechtlichen Vertrage, AöR 3 (1888), S.1

- Deutsches Verwaltungsrecht, Erster Band, 3. Aufl., Berlin 1924; Zweiter Band, 3. Aufl., Berlin 1924 (zit.: Otto Mayer, Band I, Band II)

Meinecke, Manfred: Anmerkung zum Urteil des BVerwG vom 11. 2.1983, DVBl 1983, S.810, DVBl 1984, S.725

Menger, Christian-Friedrich: Höchstrichterliche Rechtsprechung zum Verwaltungsrecht, VerwArch 54 (1963), S.198

Merk, Wilhelm: Deutsches Verwaltungsrecht, Band 1, Berlin 1962

Messerschmidt, Lothar: Zur Heilung und Folgenlosigkeit von Verfahrens- und Formfehlern bei Verwaltungsakten gem. §§ 45 und 46 VwVfG, NVwZ 1985, S.877

Meyer, Hans: Die Kodifikation des Verwaltungsverfahrens und die Sanktion für Verfahrensfehler, NVwZ 1986, S.513

Meyer, Hans/Borgs-Maciejewski, Hermann: Verwaltungsverfahrensgesetz, 2. Aufl., Frankfurt am Main 1982 (zit.: Meyer/Borgs, VwVfG)

Meyers, Georg/Anschütz, Gerhard: Lehrbuch des Staatsrechts, 7. Aufl., München-Leipzig 1919

Middel, Dieter: Öffentlich-rechtliche Willenserklärungen von Privatpersonen, Diss.jur. Berlin 1971

Mösbauer, Heinz: Zum Umfang der Mitwirkungspflichten der Beteiligten und anderer Personen im Besteuerungsverfahren, DB 1985, S.410

Müller, Klaus: Allgemeines Verwaltungsrecht, 2. Aufl., Köln-Berlin-Bonn-München 1980

Münch, Ingo v.(Hrsg.): Besonderes Verwaltungsrecht, bearbeitet von P. Badura u.a., 6. Aufl., Berlin-New York 1982

Münchener Kommentar zum Bürgerlichen Gesetzbuch, Bd.1, Allgemeiner Teil (§§ 1 - 240), Red.: Franz-Jürgen Säcker, 2. Aufl., München 1984

Mutius, Albert von: Grundrechtsschutz contra Verwaltungseffizienz im Verwaltungsverfahren, NJW 1982, S.2150

Nipperdey, Hans-Carl: Fristversäumnis bei der Anmeldung von Versorgungsansprüchen, NJW 1982, S.321

Obermayer, Klaus: Kommentar zum Verwaltungsverfahrensgesetz, Darmstadt-Neuwied 1983

Oldiges, Martin: Richtlinien als Ordnungsrahmen der Subventionsverwaltung, NJW 1984, S.1927

Ossenbühl, Fritz: Eine Fehlerlehre für untergesetzliche Normen, NJW 1986, S.2805

Palandt, Otto: Bürgerliches Gesetzbuch, 48. Aufl., München 1989

Pestalozza, Christian Graf v.: Der Untersuchungsgrundsatz, in: Schmitt Glaeser, Walter (Hrsg.), Das Verwaltungsverfahren, Festschrift zum 50jährigen Bestehen des Richard Boorberg Verlages, Stuttgart 1977, S.185 (zit.: Festschrift für den R.Boorberg Verlag)

Peters, Hans: Lehrbuch der Verwaltung, Berlin-Göttingen-Heidelberg 1949

Peters, Horst/Hommel, Hubertus: Kommentar zum Sozialgesetzbuch X, Loseblattsammlung, Stuttgart-Berlin-Köln-Mainz, 6. Lieferung, Stand 1.7. 1985

Pickel, Harald: Fehlerhafte Verwaltungsakte, SGb 1985, S.532

Pieper, Goswin: Zulässigkeit und Funktion des öffentlich-rechtlichen Vertrages im Verhältnis Staat und Bürger, insbesondere im Vergleich zur Funktion des Verwaltungsaktes, DVBl 1967, S.11

Pietzner, Rainer: Das Verbot mit Erlaubnisvorbehalt, JA 1973, S.691, S.763

Pietzner, Rainer/Ronellenfitsch, Michael: Das Assessorexamen im öffentlichen Recht. Widerspruchsverfahren und Verwaltungsprozeß, 5. Aufl., Düsseldorf 1985

Potrykus, Gerhard: Gesetz über die Kontrolle von Kriegswaffen, Kommentar, Köln-Berlin-Bonn-München 1962

Preuß, Hugo: Das städtische Amtsrecht in Preußen, Berlin 1902

Redeker, Konrad: Untersuchungsgrundsatz und Mitwirkung der Beteiligten im Verwaltungsprozeß, DVBl 1981, S.83

Redeker, Konrad/Oertzen, Hans-Joachim von: Verwaltungsgerichtsordnung, 9. Aufl., Stuttgart-Berlin-Köln-Mainz 1988

Renck, Ludwig: Verwaltungsakt und verwaltungsrechtlicher Vertrag, JuS 1971, S.77

Rößler, Gerhard: Aufhebung eines abgabenrechtlichen Verwaltungsaktes wegen Form- und Verfahrensfehler, NJW 1981, S.436

Rößler, Hans-Günter: Kommentar zur Landesbauordnung von Nordrhein-Westfalen, 3. Aufl., Köln-Berlin-Bonn-München 1984 (zit.: Rößler, BO NW)

Roellecke, Gerd: Grundbegriffe des Verwaltungsrechts, Stuttgart-Berlin-Köln-Mainz 1972

Rosen-v.Hoewel, Harry v.: Allgemeines Verwaltungsrecht mit Verwaltungsprozeßrecht, 22. Aufl., Stuttgart 1977

Rupp, Hans Heinrich: Bemerkungen zum verfahrensfehlerhaften Verwaltungsakt, in: Festschrift für Otto Bachof, München 1984, S.151

Sachs, Michael: Volenti non fit inuiria, VerwArch 76 (1985), S.398

Schachel, Jens: Nebenbestimmungen zu Verwaltungsakten, Diss. jur. Berlin 1979

- Nebenbestimmungen zu Verwaltungsakten, Jura 1981, S.449

Scheerbarth, Walter: Das allgemeine Bauordnungsrecht unter besonderer Berücksichtigung der Landesbauordnungen, 2. Aufl., Köln 1966

Schenke, Wolf-Rüdiger: Der verfahrensfehlerhafte Verwaltungsakt gemäß § 46 VwVfG, DÖV 1986, S.305

Scherer, Werner/Steinlechner, Wolfgang: Wehrpflichtgesetz, Kommentar, 4. Aufl., München 1988

Schick, Walter: Das Verbot mit Anzeigevorbehalt, BayVBl 1967, S.341

Schieckel, Walter: Anmerkung zum Urteil des BSG vom 9.6.1961, SGb 1963, 79, ebenda, S.81

Schiedermair, Werner: Der Verwaltungsakt auf Unterwerfung, Diss.jur. Würzburg 1967

Schlez, Georg: Landesbauordnung für Baden-Württemberg, Kommentar, 3. Aufl. München 1985 (zit.: Schlez, LBO BW)

Schmalz, Dieter: Allgemeines Verwaltungsrecht, Teil 1, 3. Aufl., Köln 1983

Schmidt, Jörg: Der Verlust der örtlichen Zuständigkeit während des Verwaltungsverfahrens, DVBl 1977, S.774

Schmitt Glaeser, Walter: Partizipation an Verwaltungsentscheidungen, VVDStRL 31 (1973), S.179

- Die Position der Bürger als Beteiligte im Entscheidungsverfahren gestaltender Verwaltung, in: Lerche, Peter/Schmitt Glaeser, Walter/Schmidt-Aßmann, Eberhard: Verfahren als staats- und verwaltungsgerichtliche Kategorie, Heidelberg 1984 (zit.: Verfahren)

Schnell, Martin: Der Antrag im Verwaltungsverfahren, Berlin 1986

Schönke, Adolf/Schröder, Horst: Strafgesetzbuch, Kommentar, 23. Aufl., München 1988

Scholz, Georg: Allgemeines Verwaltungsrecht II, 4. Aufl., München 1982

Schroeder-Printzen, Günther: Allgemeines Verwaltungsrecht in Leitsätzen, 2. Aufl. Köln-Berlin-Bonn-München 1970

- Allgemeines Verwaltungsrecht in Leitsätzen mit Berücksichtigung des Sozialrechts, bearb. von Herbert Lohaus und Helge Loytved, 3. Aufl., Köln-Berlin-Bonn-München 1986

Schulke, Erichheinz: Die Zustimmung des Betroffenen als Rechtsgrundlage belastender Verwaltungsakte, DÖV 1959, S.132

Schulze, Hermann: Lehrbuch des Deutschen Staatsrechts, Band 1, Leipzig 1886

Schwarze, Jürgen: Administrative Leistungsfähigkeit als verwaltungsrechtliches Problem, DÖV 1980, S.581

Schwarzer, Herbert: Bayerische Bauordnung, Textausgabe mit Erläuterungen, München 1984

Schweickhardt, Rudolf (Hrsg.): Allgemeines Verwaltungsrecht, bearb. von Eugen Brandel u.a., 4. Aufl., Stuttgart-Berlin-Köln-Mainz 1985

- Allgemeines Verwaltungsrecht, bearb. von Dietmar Brandt u.a., 5. Aufl., Stuttgart-Berlin-Köln-Mainz 1987

Selmer, Peter: Der Vorbehalt des Gesetzes, JuS 1968, S.489

Siebecke, Friedrich F.: Die mitwirkungsbedürftigen Verwaltungsakte, Diss.jur. Münster 1958

Simitis, Spiros: Die faktischen Vertragsverhältnisse als Ausdruck der gewandelten sozialen Funktion der Rechtsinstitute des Privatrechts, Frankfurt 1957

Simon, Alfons: Bayerische Bauordnung, Kommentar, Band 1, 9.Aufl., München, Loseblattausgabe, Stand Juni 1988

Skouris, Wassilios: Die Rücknahme form- und verfahrensfehlerhafter Verwaltungsakte, NJW 1980, S.1721

Staudinger, Julius von: Kommentar zum Bürgerlichen Gesetzbuch, Erstes Buch: Allgemeiner Teil, §§ 90 - 240, 12. Aufl., Berlin 1980

Steinberg, Rudolf: Komplexe Verwaltungsverfahren zwischen Verwaltungseffizienz und Rechtsschutzauftrag, DÖV 1982, S.619

Stelkens, Paul: Der Antrag - Voraussetzung eines Verwaltungsverfahrens und eines Verwaltungsaktes?, Natur und Recht 1985, S.213

Stelkens, Paul/Bonk, Heinz Joachim/Leonhardt, Klaus: Verwaltungsverfahrensgesetz, Kommentar, 2. Aufl., München 1983

Stern, Klaus: Das Staatsrecht der Bundesrepublik Deutschland, Band I: Grundbegriffe und Grundlagen des Staatsrechts, Strukturprinzipien der Verfassung, 2. Aufl., München 1984 (zit.: Stern, Staatsrecht I)

Stich, Rudolf/Porger, Karl-Wilhelm: Immissionsschutzrecht des Bundes und der Länder, Kommentar, Band 1, Stuttgart-Berlin-Köln-Mainz, Loseblattsammlung, Stand Oktober 1987

Stichlberger, Günther: Anfechtung öffentlich-rechtlicher Willenserklärungen durch Private, BayVBl 1980, S.393

Stober, Rolf: Zur Problematik des § 44 a Abs.1 BHO und des entsprechenden Länderrechts, DÖV 1984, S.265

Suckow, Horst: Allgemeines Verwaltungs- und Verfahrensrecht, 2. Aufl., Köln 1980

Ule, Carl Hermann, Anmerkung zum Urteil des HessVGH vom 19.1. 1949, DV 1949, S.501, ebenda, S.502

- Anmerkung zum Urteil des BaWüVGH vom 30.7.1951, DVBl 1951, S.667, ebenda, S.669

- Anmerkung zum Urteil des BayVGH vom 18. 2.1955, DVBl 1955, S.253, ebenda, S.257

- Die Bedeutung des Verwaltungsverfahrensgesetzes für das Bundes-Immissionsschutzgesetz, DVBl 1976, S.729

- Zur rechtlichen Bedeutung von Ausschlußfristen im Verwaltungsverfahren für den Verwaltungsprozeß, BB 1979, S.1009

- Bundes-Immissionsschutzgesetz, Kommentar, Loseblattsammlung, Stand April 1979

Ule, Carl Hermann/Laubinger, Hans-Werner: Verwaltungsverfahrensrecht, 3. Aufl., Köln-Berlin-Bonn-München 1986

Vogel, Klaus: Gesetzgeber und Verwaltung, VVDStRL 24 (1966), S.125

Wallerath, Maximilian: Allgemeines Verwaltungsrecht, 3. Aufl., Siegburg 1985

Walter, Robert: Partizipation an Verwaltungsentscheidungen, VVDStRL 31 (1973), S.179

Weides, Peter: Widerruf von Zuwendungsbescheiden, JuS 1985, S.364

- Verwaltungsverfahren und Widerspruchsverfahren, 2. Aufl., München 1981

Weyreuther, Felix: Über "Baubedingungen", DVBl 1969, S.232, S.295

Wittern, Andreas: Grundriß des Verwaltungsrechts, 15. Aufl., Köln-Stuttgart-Berlin-Mainz 1985

Wolff, Hans J./Bachof, Otto:
Verwaltungsrecht I, 9. Aufl., München 1974
Verwaltungsrecht III, 4. Aufl., München 1978
(zit.: Wolff/Bachof, Band, Paragraph)

Zschacke, Rudolf: Die Rücknahme unanfechtbarer rechtswidriger belastender Verwaltungsakte der Leistungsverwaltung, DVBl 1982, S.322

Thomas J. Horn

Die Aufhebung des der Drittanfechtung unterliegenden Verwaltungsakts

Frankfurt/M., Bern, New York, Paris, 1989. XXIII, 187 S.
Europäische Hochschulschriften: Reihe 2, Rechtswissenschaft.
Bd. 861
ISBN 3-631-41902-3 br./lam. DM 56.--/sFr. 49.--

Die Aufhebung des der Drittanfechtung unterliegenden Verwaltungsakts wirft, zumal in Anbetracht einer nur lückenhaften gesetzlichen Normierung, in verschiedener Hinsicht schwierige Probleme auf, zu deren Lösung es der Heranziehung einerseits des materiell-rechtlichen Aufhebungsanspruchs und andererseits des Vertrauensschutzes bedarf. Eine hieran anknüpfende Fragestellung ergibt sich in bezug auf die Folgenbeseitigung beim aufgehobenen Verwaltungsakt mit Drittwirkung.

Aus dem Inhalt: Der Aufhebungsanspruch und der Anspruch bei Unzweckmäßigkeit des Verwaltungsakts mit Drittwirkung – Die Folgenbeseitigung beim aufgehobenen Verwaltungsakt mit Drittwirkung

Verlag Peter Lang Frankfurt a.M. · Bern · New York · Paris
Auslieferung: Verlag Peter Lang AG, Jupiterstr. 15, CH-3000 Bern 15
Telefon (004131) 321122, Telex pela ch 912 651, Telefax (004131) 321131
- Preisänderungen vorbehalten -